SAGE 質的研究キット
ウヴェ・フリック監修

②
質的研究のための「インター・ビュー」

スタイナー・クヴァール
能智正博・徳田治子 [訳]

新曜社

DOING INTERVIEWS
Steinar Kvale
SAGE Qualitative Research Kit 2

Copyright © Steinar Kvale 2007. All rights reserved.
This translation is published under cooperation contract between SAGE and Shinyosha.

編者から
ウヴェ・フリック

- 「SAGE 質的研究キット」の紹介
- 質的研究とは何か
- 質的研究をどのように行うか
- 「SAGE 質的研究キット」が扱う範囲

「SAGE 質的研究キット」の紹介

　近年質的研究は、そのアプローチがさまざまな学問分野にわたってしだいに確立され、尊重されるようにもなってきたため、これまでにない成長と多様化の時期を謳歌している。そのためますます多くの学生、教師、実践家が、一般的にも個々の特定の目的のためにも、質的研究をどのように行ったらよいのかという問題と疑問に直面している。こうした問題に答えること、そしてハウツーのレベルでそうした実際的な問題に取り組むことが、「SAGE 質的研究キット」（以下「キット」）の主な目的である。

　この「キット」に収められた各巻は、全体が合わさって、質的研究を実際に行う際に生じる中心的な諸問題に取り組んでいる。それぞれの巻は、社会的世界を質的な見地から研究するために用いられる主要な手法（たとえば、インタビューやフォーカスグループ）や資料（たとえば、ビジュアルデータやディスコース）に、焦点を当てている。さらに、「キット」の各巻は、多くの多様なタイプの読者のニーズを念頭に置いて書かれている。「キット」とこれに収められたそれぞれの巻は、以下のような広範なユーザーに役立つだろう。

- 質的な手法を使った研究を計画し実行する上で問題に直面している、社会科学、医学研究、マーケットリサーチ、評価研究、組織研究、ビジネ

ス研究、経営研究、認知科学等の質的研究の**実践者**たち。
- こうした分野で質的手法を使用する**大学教員**。授業の基礎としてこのシリーズを用いることが期待される。
- 質的手法が、実際の適用（たとえば論文執筆のため）を含めて大学の学業訓練の（主要な）一部である、社会科学、看護、教育、心理学、その他の分野の**学部生**と**大学院生**。

「キット」に収められた各巻は、フィールドでの広範な経験をもつだけでなく、その巻のテーマである手法の実践においても豊かな経験をもつすぐれた著者たちによって書かれている。全シリーズを最初から最後まで読むと、倫理や研究のデザイン、研究の質の査定といった、どのような種類の質的研究にとっても重要な諸問題に何度も出会うことだろう。しかし、そうした諸問題はそれぞれの巻において、著者の特定の方法論的視点と著者が述べるアプローチから取り組まれる。したがって読者はそれぞれの巻で、研究の質の問題へのさまざまなアプローチや、質的データの分析のしかたへのさまざまな示唆を見出すであろうが、それらが全体として合わさって、この分野の包括的な描写を得ることができるだろう。

質的研究とは何か

質的研究のさまざまなアプローチにも研究者の大多数にも共通に受け入れられている、質的研究の定義を見出すことはますます困難になっている。質的研究はもはや、たんに「量的研究ではない」研究ではなく、それ自身の一つのアイデンティティ（あるいは多数のアイデンティティ）を発展させている。

質的研究には多数のアプローチがあるとは言っても、質的研究に共通するいくつかの特徴を確認することができる。質的研究は「そこにある」世界（実験室のような特別に作られた研究状況ではなく）にアプローチし、「内側から」社会現象を理解し、記述し、時には説明することを意図する。しかしそのやり方は実にさまざまである。

- 個人や集団の経験を分析することによって——経験は生活史や日常的・専門的実践と関係づけられることもある。それらは、日常的な知識や説明や物語を分析することによって取り組まれるかもしれない。

- 進行中の相互作用とコミュニケーションを分析することによって——これは、相互作用とコミュニケーションの実際の観察と記録、およびそうした資料の分析に基づく。
- ドキュメント（テキスト、写真・映像、映画や音楽）を分析することによって、あるいはドキュメントに類した経験や相互作用が残した痕跡を分析することによって。

　このようなアプローチに共通するのは、人びとは周りにある世界をどのように作り上げるのか、人びとは何をしているのか、人びとに何が起きているのかを、意味のある豊かな洞察を与える言葉でひも解こうと試みることである。相互作用とドキュメントは、協同して（あるいは衝突しながら）社会的プロセスと社会的人工物を構成する方法と見なされる。これらのアプローチはみな意味生成の方法であり、意味はさまざまな質的手法で再構成し分析することができ、そうした質的手法によって研究者は、社会的な（あるいは心理学的な）問題を記述し説明するしかたとしての（多少とも一般化可能な）モデル、類型、理論を発展させることができるのである。

質的研究をどのように行うか

　質的研究にはさまざまな理論的・認識論的・方法論的アプローチがあること、そして研究される課題も非常に多岐にわたることを考慮するなら、質的研究を行う共通の方法を示すことはできるのだろうか。少なくとも、質的研究の行い方に共通するいくつかの特徴を挙げることはできる。

- 質的研究者は、経験と相互作用とドキュメントに、その自然な文脈において、そしてそれらの個々の独自性に余地を与えるようなやり方で、接近することに関心がある。
- 質的研究は、最初から研究する事柄についての明確に定義された概念を用意し、検証仮説を公式化することを控える。むしろ、概念（あるいは、もし使うなら仮説）は、研究の過程で発展し、洗練されてゆく。
- 質的研究は、手法と理論は研究される事柄に適したものであるべきだ、という考えのもとで始められる。既存の手法が具体的な問題やフィールドに合わないなら、必要に応じて修正されるか、新しい手法やアプロー

チが開発される。
- 研究者は研究するフィールドの一員であり、研究者自身が、研究者というあり方でそこに臨むという点でも、フィールドでの経験とそこでの役割への反省を持ち込むという点でも、研究過程の重要な部分である。
- 質的研究は、研究課題の理解にあたって文脈と事例を重視する。多くの質的研究は一事例研究や一連の事例研究に基づいており、しばしば事例（その歴史と複雑さ）が、研究されている事柄を理解する重要な文脈となる。
- 質的研究の主要な部分は、フィールドノーツやトランスクリプトに始まり、記述と解釈、最終的には知見の発表、研究全体の公刊に至るまでの、テクストと執筆に基づいている。したがって、複雑な社会状況（あるいは写真・映像のような他の資料）をテクストに変換するという問題（一般には文字化と執筆の問題）が、質的研究の主要な関心事となる。
- 手法が研究されている事柄に適切であると考えられる場合でも、それが質的研究にとって、そして質的研究の特定のアプローチにとって適切かという視点から、質的研究の質を定義し査定する諸アプローチについて（さらに）考察されなければならない。

「SAGE 質的研究キット」が扱う範囲

- 『質的研究のデザイン』（ウヴェ・フリック）は、何らかのかたちで質的研究を使う具体的な研究をどのように計画し、デザインするかという観点から書かれた質的研究の簡潔な入門書である。それは、研究過程でそうした諸問題をどう扱うか、どう解決するかに焦点を当てることで、「キット」の他の巻に対するおおよその枠組みを与えることを意図している。この本では、質的研究の研究デザインを作るという問題に取り組み、研究プロジェクトを機能させる足がかりについて概略を述べ、質的研究における資源といった実際的な諸問題について述べるが、質的研究の質といったより方法論的な問題や倫理についても考察する。この枠組みは、「キット」の他の巻でより詳しく説明される。
- 質的研究におけるデータの収集と産出に、3冊が当てられる。第1巻で簡潔に概説した諸問題を取り上げ、それぞれの手法に対して、さらに詳しく、集中的にアプローチする。まず、『質的研究のための「イン

ター・ビュー」』（スタイナー・クヴァール）は、特定の話題や生活史について人びとにインタビューすることのもつ、理論的、認識論的、倫理的、実践的な諸問題に取り組んでいる。『質的研究のためのエスノグラフィーと観察』（マイケル・アングロシーノ）は、質的データの収集と産出の第二の主要なアプローチに焦点を当てている。ここでも実践的な諸問題（サイトの選択、エスノグラフィーにおけるデータ収集の方法、データ分析における特殊な問題）が、より一般的な諸問題（倫理、表現、1つのアプローチとしてのエスノグラフィーの質と適切性）の文脈で考察される。『質的研究のためのフォーカスグループ』（ロザリン・バーバー）では、データ産出の第三のもっとも主要な質的手法が提示される。ここでも、フォーカスグループでサンプリングやデザインやデータ分析をどう行うかの問題と、データをどうやって生み出すかに焦点が強く当てられている。

- さらに3冊が、特定のタイプの質的研究の分析に当てられる。『質的研究におけるビジュアルデータの使用』（マーカス・バンクス）は、焦点を質的研究の第三のタイプに広げている（インタビューとフォーカスグループに由来する言語データと観察データに加えて）。一般に社会科学研究ではビジュアルデータの使用は主要なトレンドになっているだけでなく、データの使用と分析にあたって研究者を新たな実際的な問題に直面させ、新たな倫理的問題を生み出している。『質的研究におけるデータ分析』（グラハム・R・ギブズ）では、どのような種類の質的データの理解にも共通する、いくつかの実際的なアプローチと問題に取り組む。特にコード化、比較、コンピュータが支援する質的データ分析の使用に、注意が払われている。ここでの焦点は、インタビューやフォーカスグループや個人史と同じく言語データにある。『会話分析・ディスコース分析・ドキュメント分析』（ティム・ラプリー）では、言語データから、ディスコースに関連する異なるタイプのデータへと焦点が拡張され、ドキュメントのような現存資料、日常会話の記録、ディスコースが残す痕跡の発見に焦点が当てられる。アーカイヴの生成、ビデオ資料の文字化、それにこのようなタイプのデータのディスコースの分析のしかたといった、実際的な問題が考察される。

- 『質的研究の「質」管理』（ウヴェ・フリック）は、質的研究の質の問題を取り上げる。この問題は、「キット」の他の巻でもそれぞれのテーマ

の文脈で簡潔に触れられているが、本書でより一般的なかたちで取り上げる。ここでは研究の質を、質的研究の現存の規準を使って見たり、あるいは規準を再定式化したり新しく定義するといった角度から検討する。この巻では、質的方法論における「質」と妥当性を定めるのは何であるべきかについて現在も進行している議論を検討し、質的研究における質を高め、管理するための多くの戦略を検討することになる。質的研究におけるトライアンギュレーション戦略と、質的研究の質を高めるという文脈での量的研究の使用に、特に関心が払われている。

　本書の焦点、そしてそれが「キット」に果たす役割について概略を述べる前に、この「キット」が世に出る力添えをいただいたSAGE社の方々に感謝を述べたい。いつのことだったか、このプロジェクトを私に勧めてくれたのはマイケル・カーマイケルであるが、いざ始めるに当たって彼の示唆は非常に役に立った。パトリック・ブリンドルはこのシリーズへの支援を引き継ぎ、継続してくれた。ヴァネッサ・ハーウッドとジェレミィ・トインビーは、われわれの草稿を本に仕上げてくれた。

本書について
ウヴェ・フリック

　インタビューは、質的研究においてデータを収集する際に用いられる主要なアプローチの1つである。さまざまな目標と原理をもつインタビューをどのように実施するか、私たちは多様なやり方を知っている。しかし同時に、インタビューを実施する際には、インタビューに関わるすべての手順に共通した長所や慣習や難しさが数多く伴うものである。インタビューの実施に関しては、異なる観点から──たとえば理論的、認識論的、倫理的、実践的な観点から──論じることができる。また、ひとたびインタビューが実施された後には、次のようなステップが待っている。まずは、そのインタビューで聞き取った内容を記録する具体的な方法として文字起こしが必要で、そのルールが問題となる。続いて、インタビューのデータに質的な分析を施すために、具体的な方法が求められる。インタビューを実施するとさらに、インタビュー全般の質──特にその妥当性──を高める必要性が生まれるほか、何が語られそれをどのように分析したかについて最終的に報告することも必要になる。

　本書は、インタビューを行なうためのこうした問題のすべてを、きわめて詳細に扱っている。本書の土台には、インタビューを実施したり、インタビューとその実践について執筆したりしてきた筆者の長い経験がある。「SAGE 質的研究キット」の一冊として、本書はデータ収集を中心的なテーマにしているが、この特定のかたちのデータを分析し評価する際の具体的な問題にも注目している。

　本書で述べられていることを補うのに、質的研究キットの他の何冊かが役立つだろう。とりわけ、質的データの分析を扱っているギブズ（Gibbs, 2007）やディスコース分析や会話分析をテーマとするラプリー（Rapley, 2007）は、インタビュー（およびその他のデータ源）から得られた質的データを分析する方法について、より多くの情報をもたらしてくれる。フリック（Flick, 2007a）は、質的研究を計画しデザインすること（および、インタビューを行なうこと）の

詳細に踏み込んでいる。また、質的研究の質に関する諸問題は本書のテーマでもあるが、フリック（2007b）は質的研究の質の管理をテーマとした巻においてさらに詳しく議論している。データ収集に関する別の、ないし追加的な方法は、質的研究キットの他の巻に素描されている。たとえばアングロシーノ（Angrosino, 2007）は、参与観察とエスノグラフィーを（そこでのインタビューの利用も含めて）紹介している。バーバー（Barbour, 2007）は、1対1のインタビューに代わるものとして、フォーカスグループについてさらに詳しく論じている。また、バンクス（Banks, 2007）がより詳細に議論しているのは、ビジュアルデータの使用についてである。

はじめに

本書のねらい

　インタビュー調査はある種の職人技[訳注]*(craft)であり、その技は実際にインタビューを実施しながら習得される。本書では、インタビュー実践を実地に学んでいくための準備として、インタビューを用いた探求をいかに行なうかという実践的な課題に関し、調査の開始から最終レポートの執筆まで、具体例とガイドラインを示しながら解説する。また、調査インタビューの実施について理解するための概念的枠組みを示した上で、質的なインタビュー研究で生じる認識論的・倫理的問題についても議論していく。

　質的な調査インタビューが試みているのは、対象者の視点に立って世界を理解し、人々の経験の意味を明らかにし、科学的説明に先立つ体験世界の様相を明らかにすることである。本書では、社会科学研究における質的研究の豊かさと、その適用範囲について整理していく。そこで重視されるのは、インタビューが生成する知識の実践的な使用価値の問題、そして、研究のためにインタビューの会話を用いることでもたらされる倫理的な課題である。

　インタビューとは、インタビュアーとインタビュイーの相互作用を通して知を生成する、会話の特殊な形式である。本書では、調査インタビューを哲学的対話や心理療法における面接といった他の会話形式と比較しつつ、ナラティヴ・インタビュー、事実探求型インタビュー、フォーカスグループ・インタビュー、直面的インタビューといったさまざまな調査インタビューの形態についても解説する。なお、インタビューという会話それ自体は、より大きな調査プロセスの一段階である。たとえば、インタビューを用いた探求にはインタビューに先立つ諸段階、つまり研究テーマの明確化や研究プロジェクトのデザインが含まれるし、さらにはインタビュー後の、文字起こし、分析、インタビュー結果の検証と報告といった段階も存在する。

[訳注] 右上にアスタリスクが付されている語は、巻末の用語解説に含まれている。適宜参照していただきたい。

社会科学において、質的インタビューが組織だったやり方で適用され始めたのは比較的最近のことであり、この試みの適否についてはまだ議論も多い。会話を研究のために用いることの認識論にまつわる問題については、知に関する伝統的な考え方と最近の考え方に関連させて論じるつもりである。本書を通じて指摘したいのは、インタビューを用いた探求を進めるなかで解決すべき実践的な課題が、どれほど認識論的な前提に埋め込まれており、どれほど倫理的な面に影響をもたらすのかという点である。こうした議論は、誘導的な質問の妥当性の問題に始まり、公開を前提にプライベートな内容についてインタビューすることをめぐる倫理的な懸念にまで及んでいる。

本書の構成

　インタビュー実践に求められる職人技は、インタビューを実際に行なうことによって習得されるものであり、本を読むだけでは身につけることはできない。しかしながら、調査インタビューの実施を通じて蓄積された経験が本に書かれるなら、そこには、さまざまなインタビューの具体例やインタビュー実践から凝縮された、有用なガイドラインが要約されることになる。本書では、私の経験、私の指導学生の経験、そしてインタビュー文献で報告されてきた他の研究者の経験をもとに、インタビュー実践から得られるものやそこから引き出されるガイドラインを紹介していく。また、実際にインタビューを実施する代わりにインタビューの事例を用いて、会話を用いて研究する際に現れてくる多くの実践的、概念的問題の一部を解説する。後に続く章では、一見神秘的にも見えるインタビューの職人技を具体的な段階に分け、事例を示し、そこに含まれる技術的、概念的、そして倫理的問題を指摘していく。

　最初の章では、調査インタビューの例をいくつか示した後、調査インタビューの利用をめぐる歴史を概観する。次の2つの章では、会話を用いて研究することによって生じる認識論的・倫理的問題について述べる。その後の章では、実践的なレベルの説明として、インタビュー調査における7つの段階を1つひとつ示しながら解説していく。まず、調査のテーマを設定して研究の目的を明確化するインタビュー前の段階から始め、続いて、インタビュー調査全体をデザインする段階について述べる。実際のインタビューの場面については3章に分けて、生活世界に関する半構造化インタビュー*の実施の仕方、さまざまなインタビューの形式、インタビューの質といった題材を扱う。その後、文

字起こし、分析、妥当性の確認、一般化、結果の報告といったインタビュー後の諸段階について述べていく。

本書の焦点

　本書の主な焦点はインタビュー実施それ自体にあり、実施前後の段階はもっぱら、それがインタビュー状況に対してもっている意味という観点から扱われる。本書を通して強調されるのは、インタビューを用いた探求の各段階が相互に関係しあっているということである。インタビュー調査の1つの段階で行なった決定が、いかに他の段階での選択肢を広げたり狭めたりするかという点は、繰り返し指摘されるだろう。そこで研究者の方々には、インタビューという旅のどの段階にあっても、研究プロセス全体を思い描いておくようお勧めしたい。

　以下の章において私が試みるのは、インタビュアーの専門性とスキルと職人性（craftsmanship）に焦点をあてることによって、「方法がすべて」的なアプローチに見られる厳密で客観的な構造を重視する怪物と、「方法は必要なし」的なアプローチの自由で主観的な自発性を重視する別の怪物のはざまを、うまく舵取りしながら進むことである。インタビュー実践とは、インタビューを実際に行なうことを通して習得される職人技であり、理想的に言えば、経験豊かなインタビュー研究の先達がいる実践共同体のなかで徒弟修行期間を過ごすことによって身につけるべきものである。本書は、読者に演習を通して調査インタビューの実際を学ぶための準備をしてもらうこと、そして、インタビュー実践とそこで生成される知について議論するための概念的枠組みを提供することを目標としている。本書を読み終えた読者は、インタビュー研究に関する以下のような問いに対して、概念的に答える準備が整うだろう。

- インタビュー調査の認識論的問題をどのように理解するか（2章）
- インタビュー実施に関わる倫理的問題にどのように対処するか（3章）
- インタビュー研究をどのようにデザインするか（4章）
- 調査インタビューをどのように計画・実施するか（5章）
- インタビュー法のさまざまなタイプを、どのように選択するか（6章）
- インタビューの質をどのように評価するか（7章）
- インタビューの逐語録をどのように作成するか（8章）

- インタビューをどのように分析するか（9章）
- インタビューによって生成される知識をどのように検証するか（10章）
- インタビューをどのように報告するか（11章）

> **インタビューの実践を学ぶにあたってのエクササイズ**
>
> インタビューの実践を職人技が習得されるように学ぼうとする読者は、ただちに、あるいは遅くとも1～3章という導入的で概念的な章を読み終えたら、この本を閉じて次の課題を実行するとよい。
>
> 　調査インタビューの録音を3つ入手し、1週間ほどかけてそれを文字に起こす。その際、文字起こしとインタビュー実践のプロセスについて、また、その難しさについて、よく考えてみる。
>
> 読者が本書で示される実際的なハウツーを学び始めるのは、そうした実地の経験をした後で差し支えない。みなさんはおそらく、以下のページで書かれていることの多くを、その経験を通じてすでに学んでいることに気づくことだろう。期待される学習成果の一端は、本書の最終章にある「ボックス12.1　逐語録の作成を通してインタビュー実践を学ぶ」に掲載している。
>
> 逐語録を作る演習をせずに本書を読み進めることを選択する読者には、次のことを強く勧めたい。それは、本番のインタビュー・プロジェクトに取り組む前に、予備調査のかたちでインタビュー実践の訓練を行なうこと、理想的には、経験豊かな研究者のインタビュー・プロジェクトに見習いとして参加し、学びを進めていくことである。

謝　辞

　本書は調査インタビューの実践を扱っているが、本書のもとになっているのは、1996年刊のより詳細な著書、*InterViews — an Introduction to Qualitative Research Interviews*（『インター・ビュー：質的調査インタビュー入門』）である。本書は、調査インタビュー実践のハウツー的側面にいっそう焦点化した簡潔なものとなっており、より新しい文献の引用も増やしている。本書ではまた、前著のように共感的で合意的なインタビューを重視するだけではなく、アクティヴで直面的なインタビューについても議論したほか、意味に注目したインタビュー分析を概観することに加えて、言語形式に焦点化した分析にも視野を広げた。さらに今回の本では、インタビュー実践を学ぶためにインタビューを職人技として理解することの帰結を、いっそう詳しく述べている。

　本書の土台になったのは、インタビュー調査を実施し、教育し、指導してきた私の体験であり、同時に、学生たちや授業の共同教員であるT. K. ジェンセンから得たインスピレーションである。本書の原稿を準備する段階で、特に、E. H. ブラガソン、S. ブリンクマン、P. ドーン、M. N. ヘンリクセン、B. ラセーセン、P. ヘール、そして妻であるT. ソーグスタッドから有益なコメントをもらった。また秘書のL. ハンセンには、原稿のおびただしい書き直しをなんとかまとめてくれたことに対して心より感謝したい。

　　　　　　　　　　　　　　　　　　　　　　　　スタイナー・クヴァール

目　次

編者から（ウヴェ・フリック）―――――――――――――――――― i
　「SAGE 質的研究キット」の紹介　　　　　　　　　　　i
　質的研究とは何か　　　　　　　　　　　　　　　　　ii
　質的研究をどのように行うか　　　　　　　　　　　　iii
　「SAGE 質的研究キット」が扱う範囲　　　　　　　　 iv

本書について（ウヴェ・フリック）――――――――――――――――― vii

はじめに ――――――――――――――――――――――――――― ix
　本書のねらい　　　　　　　　　　　　　　　　　　　ix
　本書の構成　　　　　　　　　　　　　　　　　　　　x
　本書の焦点　　　　　　　　　　　　　　　　　　　　xi

謝　辞 ――――――――――――――――――――――――――― xiii

1章　インタビュー調査ことはじめ ――――――――――――――――― 1
　3つのインタビュー事例　　　　　　　　　　　　　　1
　歴史と社会科学のなかでのインタビュー調査　　　　　6
　方法論的・倫理的諸問題　　　　　　　　　　　　　 10

2章　インタビュー実践の認識論に関わる問題 ――――――――――― 17
　質的な調査インタビューにおける理解の様式　　　　 17
　質的な調査インタビューにおける力関係の不均衡　　 22
　哲学的対話と臨床面接の間に位置する調査インタビュー 23
　インタビュアーは鉱夫か旅人か　　　　　　　　　　 28
　インタビューの知に関わる認識論　　　　　　　　　 30

3章　インタビュー実践の倫理的課題 ――――――――――――――― 37
　道徳的探求としてのインタビュー実践　　　　　　　 37
　インタビュー研究全体を通じた倫理的課題　　　　　 38
　倫理ガイドライン　　　　　　　　　　　　　　　　 40

		インタビュー調査におけるミクロな倫理とマクロな倫理	46

4章　インタビュー調査を計画する ── 53

- インタビューを使った探求の7段階　54
- インタビュー調査のテーマ設定　58
- インタビュー調査のデザイン　63
- 混合法　69
- 方法と職人技のはざまにあるインタビュー実践　72

5章　インタビューを実施する ── 79

- 成績について教室で行なわれたインタビュー　80
- インタビューの場の設定　84
- インタビューの台本作り　86
- インタビュアーの問い　90
- 追加質問の技法　95

6章　インタビューの多様なかたち ── 101

- インタビューの対象者　101
- インタビューの諸形式　105
- 直面的なインタビュー　112

7章　インタビューの質 ── 121

- ハムレットのインタビュー　122
- インタビューの質　124
- すぐれたインタビュアーであるための条件　125
- インタビュー調査の質に関してありがちな異論　129
- 誘導的な質問　133
- 学術的責任と倫理的責任の緊張　135

8章　インタビューを文字に起こす ── 141

- 話し言葉と書き言葉　141
- インタビューを記録する　143
- インタビューの文字起こし　144
- 文字起こしの信頼性と妥当性　148
- インタビューの分析のためのコンピュータ・ツール　150

9章　インタビューを分析する ― *155*
　インタビューの分析をインタビュー研究に統合する　156
　分析の諸様式　158
　意味に注目した分析　159
　言語形式に注目した分析　165
　ブリコラージュとしてのインタビュー分析　173
　理論的な読みとしてのインタビュー分析　175

10章　インタビューから得られた知の妥当化と一般化 ― *185*
　インタビューから得られた知の客観性（オブジェクティヴィティ）　185
　インタビューから得られた知の信頼性と妥当性　187
　職人性の質としての妥当性　189
　コミュニケーションによる妥当性とプラグマティックな妥当性　191
　インタビュー調査からの一般化　193

11章　インタビューの知を報告する ― *199*
　インタビューの報告の対照的な受け取り手　199
　インタビューの報告を仕上げる　201
　インタビューの報告の質を高める　204

12章　インタビューの質のさらなる向上に向けて ― *209*
　インタビュー実践の職人技を学ぶ　210
　インタビューの知の価値　214
　インタビューの知の認識論と倫理についての概念　216

訳者あとがき　223
用語解説　227
文　献　235
人名索引　241
事項索引　242

装幀＝新曜社デザイン室

ボックスと図表リスト

ボックス

1.1	成績評価に関するインタビュー	2
1.2	チームワークに関するインタビュー	3
1.3	2人の若者とのインタビュー	4
2.1	質的な調査インタビューにおける力の不均衡	22
2.2	エロスに関する哲学的対話	24
2.3	憎しみに関する臨床面接	25
3.1	7つの研究段階における倫理的課題	38
3.2	インタビュー研究の開始時における倫理的問い	41
4.1	インタビューという旅における感情の力動	54
4.2	インタビュー研究の7段階	56
4.3	成績評価の研究の7段階	57
5.1	デモンストレーション・インタビュー	80
5.2	インタビューでの質問	91
5.3	質問の言語形式	94
5.4	追加質問	95
6.1	子どもに対してピアジェが行なった夢についてのインタビュー	103
6.2	ある職人のナラティヴ	108
6.3	能動的で挑戦的なインタビュー	113
7.1	ハムレットのインタビュー	122
7.2	インタビューの質を評価する基準	124
7.3	すぐれたインタビュアーであるための条件	125
7.4	すれ違うインタビュー談話	127
7.5	質的なインタビューに対するありがちな批判	129
8.1	会話分析のための文字起こし	146
9.1	分析の6段階	156
9.2	インタビューの分析におけるデータに即した技法の例	173
11.1	最終報告を念頭に研究を進める	201
12.1	逐語録の作成を通してインタビュー実践を学ぶ	210
12.2	インタビュー実習	212
12.3	インタビュー調査に対する内部からの批判	214

図
   9.1　教師と生徒の関係のカテゴリー化　　　　　　　　　　　　161

表
   4.1　インタビューのなかでの発言から質問紙の項目へ　　　　　 68
   5.1　研究設問（リサーチクエスチョン）とインタビューでの質問　89
   9.1　インタビュー分析の諸様式　　　　　　　　　　　　　　　159
   9.2　意味の縮約　　　　　　　　　　　　　　　　　　　　　　163
  10.1　解釈の文脈と妥当化のための共同体　　　　　　　　　　　192

1章　インタビュー調査ことはじめ

3つのインタビュー事例
歴史と社会科学のなかでのインタビュー調査
方法論的・倫理的諸問題

この章の目標
- 調査インタビューのいくつかの例について知る。
- インタビュー調査の歴史的・社会的文脈を知る。
- インタビュー実践にまつわる方法論的・倫理的諸問題について理解する。

3つのインタビュー事例

　もしあなたが、人々は自らの世界やその人生をどう理解しているのか知りたいと思ったならば、彼らと話をしてみたらどうだろう。会話*は人間の相互作用の基本的な様式である。人はお互いに話をし、やりとりし、質問をし、そして答える。他者についての知識を獲得し、彼らの経験や感情や希望や彼らの生きている世界がわかるようになるのは、会話を通じてである。インタビューという会話のなかで、研究者は問いを投げかけつつ耳を傾ける。人々は自分の生きる世界について、夢や恐れや希望について、何を語るだろうか。研究者は会話を通じて、人々のものの見方や意見を彼ら自身の言葉で聞き、彼らの学校や仕事での状況や家庭生活・社会生活について学ぶことになる。調査インタビューとは、インタビュアーとインタビュイーの間の相互行為（インター・アクション）のなかで知識が作られる営みであり、まなざし／見解の間で生じるもの（インター・ビュー）なのである。

　以下に挙げたのは、3つの調査プロジェクトから得られたインタビューの抜

粋である。それぞれ、デンマークの高校における成績評価に対する生徒の視点、ポストモダン社会の労働環境に関するカナダの教員の視点、フランスの都市郊外の生活条件について被抑圧者側の視点を検討したものである。これらの抜粋は、質的な調査インタビューがどのようなものか第一印象を得るのに役立つだろう。なおこの3つの研究には、インタビューの実践や分析について論じる際に本書全体を通じて繰り返し立ち戻ってくることになる。

ボックス 1.1　成績評価に関するインタビュー

インタビュアー　以前、成績の話をしてくれたことがありましたよね。それについてもっと話してもらえませんか？

生徒　成績は公平じゃないことが多いんですよ。単にどれだけよく発言するか、先生の意見にどれくらい近いかで決まってしまうことがよく——、よくあるんですね。たとえば、自分で納得している主義主張に基づいて僕が意見を述べることがあったとしますよね。それが先生の主義に反していると、先生は自分の主義がいちばんと思っているわけで、その場合にはだから、もちろん自分の言っていることが正しくて、僕の言っていることは間違いだということになるわけです。

インタビュアー　それがどう成績に影響することになるんですか？

生徒　えーと、そういうとき先生は、こっちが間違った答えを言っているバカと思うでしょうからね。

インタビュアー　それは、きみだけが思っていることでしょうか？

生徒　いいえ。具体的な例はいくらでもありますよ。

　最初のインタビューの抜粋（ボックス 1.1）は、デンマークの高等学校における成績評価の意味について私の行なった研究から引用したものである。この研究全体のデザインは後で示す（ボックス 4.3）が、インタビュー自体は私の指導学生のひとりが担当している。ここで見えてくるのは、インタビュアーからの開かれた質問に答えて、成績に関する経験の重要な面をどんなふうに——それは不当だと——生徒が自ら持ち込んでいるかという点である。そしてまた、なぜ不当であるのか、そのいくつかの理由をどのように自発的に説明しているかという点である。インタビュアーはその答えをさらに批判的に掘り下げ、具

体的なところを尋ね、言われたことが正しいかどうか反問することを通して生徒の信念の強さを検証している。かなりシンプルで率直なこの問いかけの形式は、日常会話に見られる相互性とは対照的である。インタビュアーは支配的な立ち位置を保ち、やりとりの話題を決めることによってインタビューの舞台をしつらえる。質問するのはインタビュアーであり、回答するのはインタビュイーである。研究者は自分の立場から自ら質問に答えることはなく、生徒の方もインタビュアーに成績についての意見を尋ねたりはしていない。

　次の抜粋（ボックス1.2）は、ポストモダン社会において学校でのリーダーシップ形態の変化を経験しているカナダの教師たちの仕事状況に関して、ハーグリーブス[訳注3]（Hargreaves, 1994）が行なった研究からの引用である。ハーグリーブスは、モダンからポストモダンへの移行期にあるカナダの教師たちにインタビューしたが、そこで現れてきた重要なテーマの1つは、個人主義と同僚性[訳注4]の間の緊張であった。ボックス1.2に登場する教師は、学校の管理者側がチームワークを求めてくることにかなり批判的である。この教師によるとそれは、個々の教師の創造的な教育活動を邪魔する上からのコントロールだと言う。インタビュアーは単に意見を記録するだけではなく、いっそう詳しく述べるようにうながす。つまり、従うことが求められるチームワークに全員加わる必要がないのはなぜか、その理由に関する教師の言い分を聞き出している。ハーグリーブスの解釈によれば、チームワークについてのここでの発言や他の箇所での発言は、「仕組まれた同僚性（contrived collegiality）」の現れであるという（本書9章を参照）。

ボックス1.2	チームワークに関するインタビュー
教員	それが今いっそう期待されているところなんです。すべての学校で起こっていることですが、上の人たちは、チームで動くことを求めているんですよ。
インタビュアー	それは望ましいことだとお思いですか？
教員	プログラムを変える場合に個人の創意工夫を認めてくれるならそう言えるでしょう。でも、もしすべてがガチガチに決められて、同じことを強いられるとしたら、答えはノーです。そうなってしまうと悲惨だと思いますね。自分でものを考えないで、他人の頭を頼りにしながらのはほんと過

	ごすだけの人ばかりの集まりになるでしょ。それは誰にとってもよくないと思います。
インタビュアー	現状ではそういう創意工夫の余地はあると感じられますか？
教員	（今組んでいる先生となら）あると思います。でも他の先生とだとそうは … こっちがおかしくなってしまうでしょうね。
インタビュアー	どんなふうに、でしょう？
教員	基本的にはコントロールされているんです。上の人たちが望んでいるのは、まず自分たちのアイデア通りになるということです。私もその教え方のスタイルに合わせなければならなかったり、彼らの時間枠に合わせなければならなかったりということにもなる。誰だろうとこういうふうに働かなくてはならないというのは、私はおかしいと思うんです。

出典：Hargreaves（1994, pp.178-179）

　次の抜粋は、被抑圧者側の人々を対象とした大規模なインタビュー調査で、実施したのはフランスの社会学者ブルデューとその共同研究者である。ボックス1.3の引用は、フランスにおける移民と貧困者の状況に関する著作のなかで、ブルデューらが詳しく報告している数多くのインタビューのうちの1つである。この抜粋に登場する2人の若者は、フランス北部の郊外の低所得者向け公営住宅で、悲惨な生活条件のもとで暮らしている（本書執筆中の2005年当時、フランスでは悲惨な生活状況と警察による嫌がらせに対する抗議のため、これらの郊外で若者の大規模な蜂起が起こった）。このインタビューは10年以上前に行なわれたものだが、ブルデューは中立的な質問者ではなかった。彼は、若者たちが暮らす状況に対して自らの態度や感情を表明すると同時に、彼らの言葉に対して批判的な態度もとっている。

ボックス1.3　2人の若者とのインタビュー

　―― ここは楽しくないと言ってくれたことがありましたが、どうしてでしょう？　仕事についてなのか遊びについてなのか。

フランソワ	ああ、仕事と遊びどっちもだね。このへんたいしたものないもんな。
アリ	遊べることが何もないんでね。
フランソワ	俺たちにはこのレジャーセンターがあるけど、近所の連中は文句タラタラだよなあ。
アリ	あいつら、まともな連中じゃないよ、絶対。
──	どうして文句を言うんでしょうか、その理由…
フランソワ	なんでって、俺たちはこの公園でつるんでるんだけど、夕方になるとここには何も俺たちのやりてーことがないんだよ。だから、外があんまり寒い日にはホールに入らせてもらうんだけど、そこで音がうるさすぎたりすると、やつらはお巡りを呼ぶわけよ。
	（中略）
──	まだ続きがありそうですね…。
アリ	俺たちが何かやっていると、いつもちょっかいかけてくるのさ。昨日も、ほんと、アパートの野郎が催涙ガスを撒いてきたんだ。ボディビルやってるヤクの売人がさ。
──	どうして…何をやってたんですか？ その人を挑発したとか？
フランソワ	いいや。野郎が真上に住んでいる入り口のところに俺たちがいて、廊下で俺たちがしゃべくっていただけなんだけどね、ときどき大声出したりもしてたかな。
──	でもそれって昼間に起こったのですか？ 夜ですか？
フランソワ	いや、まだ夕方だったよ。
──	遅い時間？
フランソワ	10時か11時くらいの遅さだったな。
──	まあその人にも寝る権利はありますしね。催涙ガスはちょっとやりすぎですが、夜じゅうその人をいらつかせたとしたら、怒るのもわかるでしょ？
アリ	まあなあ。でも野郎、降りてきて注意することもできたはずだぜ。
──	確かにね。降りてきてただ、「よそでやってほしい」と言えば…
アリ	ガスの代わりにね。

出典：Bourdieu et al. (1999, pp.64-65)

以上３つのインタビューは、対象者の生活世界[訳注6]における重要な問題——具体的には学校における成績であるとか、校内のリーダーシップの変化であるとか、郊外の悲惨な生活状況であるとか——にふれている。これらはブルデューの言う、単なる「録音機を使った社会学」ではない。というのも、インタビュアーはそこで、対象者の回答をもとに積極的に話を深め、得られた言葉を明確化し押し広げようと努力しているからだ。たとえば、教員がチームワークを拒絶する理由を探索したり、教師が偏った成績評価をしていると信じる生徒に対し批判的な質問を投げかけたり、嫌がらせを受けた無垢の被害者として自己呈示する若者に対し異議を唱えたり、といったことである。これらのインタビュー事例における知識の生成については、本書全体を通じて何度か立ち戻ることになる。

歴史と社会科学のなかでのインタビュー調査

　会話は昔から、体系的に知識を獲得する方法*とされてきた。古代ギリシャにおいてトゥキディデスは、戦史を書くためにペロポネソス戦争に従軍した人々にインタビューしたし、ソクラテスは論敵であるソフィストとの対話を通じて、哲学的な知を生み出した。しかし、**インタビュー**という用語の発生はそれほど昔ではなく、広く使われるようになったのは 17 世紀である。インタビューは、文字どおり、**インター・ビュー**であり、共通に関心をもつテーマについて会話する 2 人の間の、まなざし／見解（ビュー）の交換である。ジャーナリストによる初のインタビューは 1859 年に遡るが、これはモルモン教の指導者ブリガム・ヤングに対するもので、ニューヨーク・ヘラルド・トリビューン紙に掲載された（Silvester, 1993）。

　調査インタビューの実践に関する文献が幅広く見られるようになったのは、ここ 2, 30 年の新しい現象であるが、質的なインタビューはもっと古くから社会科学の諸領域において広く用いられてきた。人類学者や社会学者は、かねてよりインフォーマント（情報提供者）から知識を獲得しようとしてインフォーマルなインタビュー[訳注7]を行なっている。教育や健康科学の分野においても、過去 2, 30 年の間にインタビューは一般的な研究法になった。私自身の専門に目を向けてみても、心理学史を通じて質的なインタビューがいかに科学的・専門的な知識を生み出す重要な方法であったかという点は、いくつかの例で示すことができる。

- フロイトの精神分析理論は大部分、患者との治療的面接を土台にして築き上げられた。個々の患者につき1時間、総計で数百時間におよぶフロイトのインタビューは、患者の自由連想と治療者の「自由に漂う注意」に基づくものであった（Freud, 1963）。これらの質的なインタビューは、夢、神経症、パーソナリティ、性について新たな心理学的な知識を生み出し、100年後の現在においてもなお心理学の教科書において重要な位置を占めている。精神分析はまた、心理療法に対して専門的な影響をもち続けている以外にも、他の学問領域や一般の人々の関心を引きつけ、哲学者に対する挑戦でもあり続けている。
- ピアジェ（Piaget, 1930）による子どもの発達の理論は、しばしば簡単な実験課題と結びついているものの、もっぱら自然場面における子どもへのインタビューに基づくものだった。ピアジェは精神分析家としての訓練を受けており、彼の言う「臨床法」は精神分析的面接に想を得たものである。彼は、自然場面での観察と簡単な検査、そしてインタビューを組み合わせ、物の重さや大きさについて子どもに自発的に語らせて、子どもの思考がいかに発達するかを明らかにした。
- 1920年代、ウェスタン電機のホーソン・シカゴ工場において、生産効率に対する照明の変化の影響を調べる実験が行なわれた。その結果は予想外のもので、作業室の照明が明るくなった場合のみならず、暗くなった場合にも生産性や労働者の意欲が向上したのである。この意外な発見は、かつて行なわれたことのなかった大規模なインタビュー調査によって検証された。すなわち、21,000人以上の労働者各々が1時間以上のインタビューを受け、その逐語録が質的・量的に分析された。研究者たちは、臨床面接から刺激を受けてこれを行なったのだが、影響を受けた人物として挙がっているのは、ジャネ、フロイト、ユング、そしてとりわけピアジェであった。子どもにインタビューを行なうピアジェの臨床法は、結果を数量化に結びつけたという点で特に有用であったという（Roethlisberger & Dickson, 1939）。
- 1950年代以降、消費生活用品のデザインと広告は個別的な質的インタビューによって——ここ数十年はフォーカスグループ・インタビュー*によって——広く調査されてきた。その草分けのひとりであるディヒターは、『欲望を創り出す戦略（*The Strategy of Desire*）』（Dichter, 1964, 原著 1960）

のなかで、彼が1939年に行なったインタビュー調査を報告している。これは100回以上にわたる会話的で詳細なインタビューを用いて、消費者が自動車を購入する動機を調べたものである。主要な発見は、現在のマーケティングに照らせばありきたりの知見ではあるが、自動車の魅力は性能だけでなく、その「個性」にも大いに依存するという点であった。ディヒターは、彼のインタビュー技法は精神分析家の診断法に影響を受けたと述べ、それを「深層インタビュー」と名づけた。これはまた、心理療法家カール・ロジャーズの「非指示的面接」にも想を得たものであった。

以上4つの歴史的なインタビュー研究は、男性、女性、子どもに関する今日の私たちの考え方に変化をもたらし、心理療法等の社会的実践、および労働者や消費者の行動をコントロールするテクニックに多大な影響を与えてきた（Kvale, 2003）。フロイトとピアジェについて言えば、彼らの実証的エビデンス（証拠）は主にインタビューに基づくものだったが、今なお心理学者の間では科学的文献としての引用率がもっとも高いし、彼らによる患者や子どものインタビューの解釈は、私たちが今日パーソナリティや子どもの特徴を理解する方法に強い刺激を与え続けている。実際、TIME誌がもっとも影響力のある20世紀人100人を選んだ際に、傑出した20人の「科学者と思想家」に入った社会科学者は、経済学のケインズと、心理学のフロイトとピアジェだけだった。また、ホーソン研究は、工業生産の組織化に大きな影響を与え、労働者管理における「人間工学」的視点を転換し、「人間関係」的視点を導入する契機となった。今日の消費生活用品のマーケティングでは、消費者の購買行動を最大限予測しコントロールできるように、質的なインタビュー、特にフォーカスグループへの依存度が高くなっている。

今日、社会科学の諸領域においては、質的インタビューは研究方法としてそれ自体ますます使われるようになってきたほか、インタビュー調査に関する方法論的な文献も増加している。グレイザーとストラウスによる病院での社会学的調査は、『データ対話型理論の発見（*Discovery of Grounded Theory*）』（Glaser & Strauss, 1996, 原著1967）で報告されたが、これが社会科学における質的研究の運動の草分けとなった。彼らは病院という世界でのフィールド研究に統合するかたちで質的なインタビューを用いた。その他、体系的に調査インタビューの実践を紹介した初期の重要な書籍としては、スプラドレーの『エスノグラフィーにおけるインタビュー（*The Ethnographic Interview*）』

(Spradley, 1979)、および、ミシュラーの『調査インタビュー実践：文脈と物語（*Research Interviewing: Context and Narrative*）』(Mishler, 1986) がある。現代における調査インタビューの射程を概観するには、グブリアムとホルスタインの『調査インタビュー・ハンドブック（*The Handbook of Interview Research*）』[訳注12] (Gubrium & Holstein, 2002) を参照するとよい。さらに広く質的研究全般についての文献としては、デンジンとリンカンの『SAGE 質的調査ハンドブック（*The SAGE Handbook of Qualitative Research*）』[訳注13] (Denzin & Lincoln, 2005) がある。

　1980 年代以降、質的方法は、インタビューの参与観察からディスコース分析まで幅広い手法を含みつつ、社会調査の重要な方法となった。急速に増加する質的研究関連の書籍はこの趨勢の 1 つの現れである。この動きを牽引している出版社である SAGE 社に関して言えば、1980 年から 87 年までは 10 冊であった質的研究関連書が、1995 年から 2002 年には 130 冊に増えている（Seale et al., 2004）。そこで社会科学は人文学へと開かれ、解釈学*との結びつきが強まったばかりではなく、分析もナラティヴ分析、ディスコース分析、会話分析、言語学的分析へと広がってきている（たとえば Schwandt, 2001 を参照）。

　質的調査インタビューの広がりの背景には、技術的・認識論的*・文化的な理由も考えられる。1950 年代には、小さくポータブルなテープレコーダーが普及したことで簡単にインタビューの正確な記録ができるようになった。1980 年代には、コンピュータのプログラムによって、逐語化されたインタビューの質的な分析が容易になった。また、哲学に現れている現代思想の広範な変容は、インタビューの知の重要な面を強調している。すなわち、哲学の言語論的転回[訳注14]に伴って、会話、ディスコース（談話・言説）、ナラティヴ（語り、物語）が社会的世界に関する知識を得るために本質的なものとみなされるようになった。これに加えて、意識や生活世界の現象学*的記述や、知の社会的構成を強調するポストモダンの考え方もある（Gibbs, 2007; Rapley, 2007 参照）[訳注15]。

　インタビューはまた、大衆文化の一部ともなっている。すなわち、テレビのトークショーが典型的に示しているように、現代はアトキンソンとシルバーマン（Atkinson & Silverman, 1997）が名づけるところの、「インタビュー社会（interview society）」である。そこでは自己をプロデュースすることが関心の的となっており、インタビューは自己を構築するための社会的な技法として機能している。アトキンソンらは、インタビューの広がりを時代精神に帰属させているが、それに付け加えるとしたら、消費社会の経験経済[訳注16]——そこでは経験

やライフスタイルを売ることが経済にとって本質的である——においては、消費者行動を予測しコントロールするために、質的なインタビューが市場調査の重要なアプローチとなっている。

方法論的・倫理的諸問題

　インタビューとは、一方の参加者、つまりインタビュアーによって決められた構造と目的をもつ会話である。それは専門的な相互作用であり、日常会話に見られるような自発的な意見の交換にとどまるものではない。その目的は十分な検証を経た知識を獲得することであり、慎重に質問し傾聴するというアプローチがとられる。質的な調査インタビューは、知の構築の場なのである。本書では特に、生活世界に関する半構造化インタビュー（semi-structured life-world interview）＊と呼ばれる調査インタビューの一形態に焦点をあてる。定義としては、インタビュイーの生活世界の記述を収集し、述べられた現象の意味を解釈することを目的としたインタビュー、ということになる。

　調査インタビューは一見日常会話に似ているため、社会科学のなかでは、「インタビューなどは事前の準備や省察なしでもたやすく着手できる」といった手軽さの幻想——おかげで調査インタビューの人気が高まったということもあるが——が生み出されてきたように思われる。すぐれた着想をもつ新米の研究者がレコーダーを片手に外に出かけ、対象者を何人か見つけて質問を始めることがある。しかし、録音されたインタビューを文字起こしし、続いて逐語録の山を分析する段階になると、インタビューの目的や内容について次々と問題が出てくるものである。そうした自然発生的なインタビュー研究が、価値のある情報にたどり着く可能性は低い。そうしたインタビューは、トピックについて実質的な新しい知識を生み出すよりもむしろ、ありがちな意見や偏見を再生産するだけに終わるだろう。とは言え、インタビューは力強く価値の高い研究を可能にするわくわくするような方法でもある。ストーリーや新たな洞察が展開されるパーソナルな関係性は、インタビューに関わる両者に満足感をもたらしうるし、文字起こしされたインタビューのデータを読むことは、よく知られた現象の新たな解釈へと研究者を誘うかもしれない。インタビューの実践はまた、現場に対して実質的な新知識をもたらすこともある。本書全体を通じて呈示されるのは、そのようないくつかの例である。

　方法論に関心のある新米研究者であれば、インタビューのプロジェクトのな

かの技術的・概念的な側面について多くの疑問をもつだろう。たとえば次のような疑問である。インタビューのプロジェクトはどう始めればいいのか。対象者は何人くらい必要なのか。誘導的な質問で対象者に影響を与えることを避けるにはどうしたらいいか。インタビューが対象者のためにならないことはあるのか。インタビューの逐語録は必要なのか。どのようにすればインタビューを分析できるか。自分の解釈は単に主観的なものにすぎないのではないか。対象者が真に言おうとしていることを自分は確かに理解しているだろうか。多岐にわたる内容をもつインタビューのテクストをどう報告したらよいか。

同様の疑問がたとえば質問紙調査に関して投げかけられたとしたら、そのうちのいくつかに答えるのはそれほど難しくないだろう。標準的な技法やサーベイ調査のルールについて記した、権威ある教科書を調べてみればよいだけの話である。本書ではっきりしてくるように、質的なインタビュー調査はほとんど標準化されていない職人技であって、事情は正反対である。本書を読むとかえって欲求不満がたまってくるかもしれない。というのも、上で挙げたような疑問に答えるのに、標準的な手続きや固定的なルールを挙げるのではなく、「その調査の目的やトピックによって違う」といったかたちの説明をすることになるからである。

インタビュー研究はまた、倫理的な諸問題とも切り離すことができない。生成される知識はインタビュアーとインタビュイーの関係性によって違ってくるし、その関係性を左右するのはインタビュアーの能力、つまり、対象者が後で公刊されることを見越しつつ個人的な出来事を自由かつ安全に語ることのできる舞台を創り出す能力である。そこにはまた、興味深い知識を追いかけるインタビュアーの関心と、インタビュー対象者の人格性（integrity）を保つための倫理の尊重との間で、デリケートなバランスが必要とされる。調査インタビュー実践における知識と倫理の間の緊張は、セネットの著書『敬意（*Respect*）』（Sennett, 2004, pp.37-38）のなかにうまく表現されている。[訳注17]

> 深層を探るインタビューの実践は独特の、しばしば厄介な職人技である。世論調査員の質問と違って、深層を探るインタビュアーは人々の回答を掘り下げようとするものだ。掘り下げるためには、インタビュアーは石のごとく非情であるわけにはいかず、オープンな反応を引き出すために自分自身についても何か話さなくてはならない。だが、その会話はどちらかと言えば一方向的であり、友達に話すように話すのではないという点も肝要である。イン

タビュアーは、親しい友人や家族だけが超えられる一線を自分から侵犯する。対象者の気分を害してしまったことに気づくこともまれではない。このときの職人技は、対象者に顕微鏡下の昆虫であるかのように感じさせることなく、社会的な距離を調整するところにある。

キーポイント

- 質的インタビューは、対象者がどのように世界を経験し理解しているかを探求する主要な場の1つである。対象者はそこで、自らの言葉でその活動や経験、意見を述べ、結果として対象者が生きる世界と出会うユニークな機会がもたらされる。
- 質的調査インタビューは、社会科学で長い歴史をもっているが、インタビュー調査に関する体系だった文献の出現は、ここ2, 30年の新しい現象である。
- 過去になされたインタビュー研究が示しているように、インタビューは人間の生きる状況に関する知識を生み出す有力な方法の1つである。それらの研究は20世紀を通じて、人間の状況についての理解のあり方や人間行動の管理の仕方を変化させてきた。

さらに学ぶために

以下の著作を読むと、本章で簡単に紹介したインタビュー実践と質的調査に関してより詳細な理解を得ることができる。

Denzin, N. K. & Lincoln, Y. S. (eds.) (2005) *The Sage Handbook of Qualitative Research* (3rd ed.). Thousand Oaks, CA: Sage.

Fielding, N. (ed.) (2003) *Interviewing*, Vols. I.IV. Thousand Oaks, CA: Sage.

Flick, U. (2006) *An Introduction to Qualitative Research* (3rd ed.). London: Sage.

Gubrium, J. F. & Holstein, J. A. (eds.) (2002) *Handbook of Interview Research*. Thousand Oaks, CA: Sage.

Seale, C., Gobo. G., Gubrium, J. F. & Silverman, D. (eds.) (2004) *Qualitative Research Practice*. London: Sage.

Silvester, E. (ed.) (1993) *The Penguin Book of Interviews: An Anthology from 1859 to the Present Day*. London: Penguin Books.

訳者補遺

　上記の文献のなかで、Denzin & Lincoln (2005) の最新版は 2013 年の第 4 版である。また、Flick（2006）の関連書も邦訳されているので、それも挙げておく。日本語で読める質的研究やインタビュー研究の全般を概観できる入門書は、他にも数多く出版されている。以下には、どちらかと言えばインタビューにアクセントを置いて質的研究の全体像を伝える書籍を挙げた。

桜井厚・小林多寿子（編)(2005)『ライフストーリー・インタビュー：質的研究入門』
　　せりか書房
能智正博 (2011)『質的研究法』東京大学出版会
フリック, U.／小田博志（監訳)(2011)『新版　質的研究入門：〈人間の科学〉のための方法論』春秋社（特にⅣ部「口頭データ」）
やまだようこ（編)(2007)『質的心理学の方法：語りをきく』新曜社

訳注

[1]「ポストモダン」とはもとは「近代の次」というくらいの意味であり、そのニュアンスは使う人によっていくらか違っている。ここでは哲学者のリオタールの言うように、「大きな物語の終焉」、あるいはそうした物語への信の終焉というくらいのニュアンスでとっておけばよい。「大きな物語」とは、マルクス主義的な理念であったり、実証主義がその解明を目指す真理であったりする。2章、および用語解説の「ポストモダニズム」の項も参照のこと。

[2]「開かれた質問（open question）」とは、答え方にバリエーションがあって回答者の回答に自由度が大きいタイプの質問である。「どのように」「なぜ」などの疑問詞を伴う質問がその典型。反対に、「はい／いいえ」「AまたはB」で答える質問は、回答の自由度が小さい、「閉ざされた質問（closed question）」と呼ばれる。

[3] ハーグリーブス（Hargreaves, A.）はアメリカ合衆国の教育社会学者（1951-）。ボストン大学の教授で、学校内における「同僚性」と協働についての研究が有名。この1994年の著作ではないが、主要な著作の邦訳としては、『知識社会の学校と教師：不安定な時代における教育』（金子書房, 2015）がある。

[4]「同僚性（collegiality）」とは、学校のなかでの教師間の関係の特徴やその質を示す言葉。近年教育学のなかで、教師個人の力量や専門性の発達は、同僚の教師との協力関係や援助関係の内容によって大きく影響されることが注目されている。

[5] ブルデュー（Bourdieu, P.）はフランスの社会学者（1930-2002）。「ハビトゥス」や「文化資本」の概念は、社会学を超えて、幅広く思想の領域に影響を与えている。『ディスタンクシオン：社会的判断力批判』（藤原書店）など、著作の多くが邦訳されているが、引用されている著作は、共著であるためなのか未訳。

[6]「生活世界（life-world）」とは、現象学の創始者であるE. フッサールが、特にその晩年に

重視した概念で、科学的認識の基盤となる、直接的に体験される知覚的経験の世界のこと。フッサールによれば、ガリレオ以降の近代科学は、数式化され法則化された世界こそが本当の世界であるというイメージを広め、本来はその土台であったはずの生活世界を一時的で曖昧なものに貶めてしまったという。

［7］「インフォーマルなインタビュー」は「フォーマルなインタビュー」と対比して用いられる、インタビューの形式の1つ。後者が、時間と場所を設定して程度の差こそあれていねいな準備のもとで行なわれるのに対して、前者はその時々の状況のもとで突発的になされることが多い。ただここでは、質問をあらかじめすべて決定するのではなく、自由な会話のかたちで進められる、「非構造化インタビュー」に近い意味で使われているように思われる。

［8］日本における慣習的な用法に従って、臨床場面でのインタビューについては「面接」という訳語をあてているが、言語ではいずれも interview である。

［9］free hovering attention の訳で、差別なく自由に漂う注意のこと。自由に漂う注意（free floating attention）とも言う。これは自由連想法を行なうに際して分析家がとるべき態度である。フロイトは精神分析的な治療においては、特定のことだけに注目するのではなく、語られることのすべてに関心をもち耳を傾けるべきだとした。

［10］ピアジェの「臨床法（clinical method）」とは、子どもに何らかの課題をさせながら、質問を投げかける際に、定型的な質問に終始するのではなく、自由な話し合いをしながら、子どもの思考過程の特徴を浮かび上がらせようとする方法のこと。『児童の世界観』（同文書院, 1955）等に詳しい説明がある。

［11］フィールド調査の結果を詳細に報告しているのはむしろ、同じ著者による『死のアウェアネス理論と看護』（医学書院, 1988, 原著1965）である。『データ対話型理論の発見』は、グラウンデッドセオリーのアイデアを初めてまとまったかたちで提唱したものとして有名。

［12］この本は、グブリアムとホルスタインを含む4名の共同編集となり、The SAGE Handbook of Interview Research, 2nd ed. というタイトルで2012年に改訂、出版された。

［13］こちらは、同じデンジンとリンカンの編集で、The Sage Handbook of Qualitative Research, 4th ed. として2011年に出版された。なお、北大路書房より2006年に出版された『質的研究ハンドブック』（全3巻）は、この本の第2版を底本としている。

［14］対象の理解をその対象それ自体に内在する本質的な属性に基礎づけられると考えるのではなく、その対象を表現するために人々の間で共有されている言語に基づくものと考えようとする哲学思潮。たとえば、「ワンワン」と吼えるなどの共通の属性をもつ動物がいるから「犬」という言葉が生まれて使われているのではなく、「犬」という語が人々の間でその動物を実体として理解させる。アメリカの哲学者であるR・ローティの編著、Linguistic Turn（1967）以降、よく使われるようになった言葉である。

［15］実際の対象の属性が取り出されることで知識が作られるのではなく、人々が言葉を使ってやりとりをし、合意されたことが知識として流通する、という考え方。社会学者のP・バーガーとT・ルックマンは、『現実の社会的構成』（新曜社, 2003, 原著1966）のなかで、私たちが「現実」と呼ぶもの——そこに知識も含まれてくる——がいかなる社会的なプロセスを経てそのように呼ばれるようになるかを検討した。

［16］私たちは商品としてさまざまなサービスが提供される第三次産業中心の社会に住んでい

るが、現代ではさらに進んで、サービスのなかでも消費者の記憶に残る経験を提供することにターゲットが絞られている。そうした経験を売り買いするサービスによって回っている経済が、「経験経済（experiential economy）」である。ディズニーランドが例として挙げられることが多い。

[17] R. セネットは、都市社会学を専攻する研究者で、アメリカ合衆国マサチューセッツ工科大学教授（1943 - ）。その代表的な著書には、本書のなかでも何度も言及される『公共性の喪失』（晶文社, 1991）などがある。著書の何冊かはすでに邦訳されているが、ここで引用されている、*Respect: The Formation of Character in an Age of Inequality* は未訳。能力主義的な社会のなかでいかに相互の敬意が可能になるかを探求した著作として知られている。

2章　インタビュー実践の認識論に関わる問題

質的な調査インタビューにおける理解の様式
質的な調査インタビューにおける力関係の不均衡
哲学的対話と臨床面接の間に位置する調査インタビュー
インタビュアーは鉱夫か旅人か
インタビューの知に関わる認識論

この章の目標

- 調査目的でインタビューという会話が用いられる場合に生み出される知識の種類について、知に関する哲学を参照しながら認識論的な思考に親しむ。
- 質的な調査インタビューにおける理解の様式、およびインタビュー状況における力のダイナミクスについて理解する。
- 哲学的対話や治療的会話といったその他の会話の形式と比較しながら、調査インタビューの特徴を捉える。
- インタビューを通じて生成される知識に関し、多様な認識論的な考え方を対比させる手段として、インタビュー実践をめぐる鉱夫メタファーと旅人メタファーに関する理解を深める。
- インタビュー実践を事実の収集とみなす実証主義の考え方から、知識を社会的に構築されるものとみなすポストモダン的な考え方まで、種々の概念について理解する。

質的な調査インタビューにおける理解の様式

生活世界に関する半構造化インタビューでは、対象者自身の視点から日々の

体験世界にまつわるいろいろなテーマを理解しようとする。このタイプのインタビューが目指しているのは、インタビュイーによる体験世界の描写[訳注1]を獲得し、そこで描き出された現象の意味を解釈することである。それは日常会話に近いものではあるが、同時に専門的なインタビューとしての目的をもっており、そこには特殊なアプローチやテクニックが含まれる。つまりそれは半ば構造化[訳注2]されており、日常交わされるオープンな会話とも違うし、閉じられた形式の質問紙[訳注3]とも違うものである。以下では、現象学的な観点から、このインタビュー形式の 12 の側面を素描してみたい。より詳しくは 5 章で、他のインタビュー実践の形式については 6 章で述べる。

生活世界（life world）の理解

　質的な調査インタビューのトピックになるのは、インタビュイーの体験する日常世界である。対象者の日常世界の経験や体験された意味を把握するためには、インタビューは特に敏感で強力な方法と言える。対象者はインタビューを通じて、自らの状況を自分自身の視点から自分の言葉で他人に伝えることが可能になる。私自身のインタビュー調査で言えば、成績は高校生の生活世界の中心的テーマであり、この調査は生徒たちにとって成績がもっている意味を記述し、明示化していくことを目指すものであった。

意味（meaning）への注目

　インタビューの目的は、対象者の生活世界における中心的なテーマの意味を理解することである。インタビュアーは、何が言われたかだけでなく、どのように言われたかに注目してその意味を記録し、解釈する。インタビュアーは、インタビューのトピックに通じている必要があるし、声の出し方や顔の表情をはじめとして対象者のしぐさについての観察力ももち、それを解釈できなければならない。日常会話では事実の方が問題とされることが多い。たとえばある生徒が「僕は試験の成績ほどにはバカじゃないけど、勉強の習慣がまずいんだよね。」と言ったとしよう。この言葉を聞いたときにありがちなのは、事実の方に関心を向けるという反応であり、それは「きみの成績はどれくらい？」とか、「きみの勉強習慣とはどんな感じ？」といったかたちの問いになる。こういった質問でも重要な情報が引き出される可能性はある。しかし、意味を志向する問いかけでは、たとえば、「きみの能力を測るのに、成績は適当なものさしではないと感じているのかな？」といったものになるだろう。

質的な調査インタビューは、事実のレベルと意味のレベルの双方をカバーすることを目指すが、通常は意味のレベルでのインタビューの方が難しい。意味のレベルでインタビューを行なうためには、はっきりと描写されそこで表現される意味だけでなく、「行間で語られている」ことにも耳を傾ける必要がある。インタビュアーは、そうした暗黙のメッセージを言葉にして対象者に返してみてもよい。それによりインタビュイーが言ったことに対する解釈について、肯定や否定の反応をじかに引き出すことができるかもしれない。

質的であること（qualitative）

　質的インタビューは数量化を目的とはせず、日常言語のかたちで表現された質的な知を手に入れようとする。目指しているのは、インタビュイーの生活世界のさまざまな側面について、ニュアンスに富んだ説明を得ることである。そのため質的調査インタビューでは、数字ではなく言葉を用いて作業を進めていく。[訳注4] 量的な測定における精密さに相当するのは、質的インタビューでは記述の精度であったり、意味解釈の厳密さであったりする。

記述的であること（descriptive）

　質的インタビューを行なう場合、インタビュアーは対象者に対し、何を経験し何を感じたか、どのように行為したかをなるべく正確に描写するよう促す。そこで重視されるのは、内容をありきたりのカテゴリーに落としこんでしまうのではなく、むしろ質的な多様性——つまり、ある1つの現象がもつ多くの差異やバラエティ——を表現するような、ニュアンスに富んだ記述を行なうことである。

具体的であること（specificity）

　引き出されるのは、状況や行動に関する具体的な描写であって、一般的な見解ではない。インタビュアーは、特定の状況や出来事に対する幅広い説明をもとにして、具体性のあるレベルの意味に到達することができるだろう。それは、「成績評価についてどんな意見をもっていますか？」といった質問によって得られる一般的な見解ではない。ただし、この種の一般的見解を問う質問もまた、それ自体興味深い情報をもたらすという点は認める必要がある。

条件つきの純粋さ（qualified naïveté）

インタビュアーは、あらかじめ設定されたカテゴリーや解釈枠組みに頼るのではなく、むしろ、予期していなかった新たな現象に対して開かれた態度をもつ。質的インタビューでは、インタビュイーの生活世界の重要なテーマについて、可能な限り包括的で先入観から自由な描写が得られるよう試みる。「条件付きの純粋さ」、および「先入観の括弧入れ」[訳注5]といった用語は、予期しない新たな現象に開かれていることを意味している。インタビュアーは分析のために用意されたカテゴリーに応じて組み立てられた質問をするわけではない。インタビュー中のインタビュアーは好奇心にあふれ、語られたことのみならず語られなかったことにも敏感であり、自分自身の前提や仮説に批判的な目をもたなければならない。先入観からの自由とは、すなわち、インタビュアー自身の前提に対しても批判意識をもつことを意味している。

焦点づけ（focus）の方法

インタビューは特定のテーマに焦点をあてて行なわれるが、標準化された質問を用いた厳密に構造化されたものでも、完全に「非指示的」なものでもない。そこでは、開かれた質問を通じて研究トピックに焦点が絞られていく。その後は対象者次第であり、探求されるテーマに応じて対象者が重要と感じる次元が持ち出されることになる。インタビュアーは、ある特定のテーマに対象者を誘うが、そのテーマに関する特定の意見に誘導したりはしない。

多義性（ambiguity）への注目

ときとしてインタビュイーの回答は多義的である。1つの発言が複数の解釈の可能性に開かれているし、対象者はまたインタビュー中に明らかに矛盾した発言をする場合もある。質的な調査インタビューの目的は、焦点のあてられたテーマについて、数量化できる一義的な意味に到達することではない。インタビュアーに課されている作業は、矛盾を含んだ不明瞭な発言がインタビュー状況におけるコミュニケーションの失敗によるものなのか、それとも現実に経験されている非一貫性——つまりインタビュイーの生活状況に見られる矛盾や曖昧さ——を反映するものなのか、できる限り明確化することである。インタビュイーに見られる矛盾は、単にインタビューにおけるコミュニケーションの失敗やインタビュイーのパーソナリティによるものとは限らない。むしろそれは、インタビュイーが生きる世界に内在する矛盾を適切に反映している場合も

ある。

変化（change）の許容

対象者はインタビューの途中で、あるテーマに関する自分の語りや意味を変化させるかもしれない。これは対象者が、自分の描写しているテーマの新たな面を発見したり、それまで見えていなかった関係性に突然気がついたりすることがあるからだ。質問することは内省のプロセスを刺激する。そうした内省を経た場合、テーマについて対象者の述べる意味はインタビュー後には違ってくるだろう。インタビューは、インタビュアーにとってだけでなく、インタビュイーにとっても学びのプロセスになるかもしれないのだ。

感受性（sensitivity）の必要

インタビュアーが違えば、同じインタビューガイドを用いたとしても、当該テーマについて異なった発言が生み出される可能性がある。これは、インタビューのトピックに対するインタビュアーの感受性や知識のレベルが異なるためである。たとえば、音楽を鑑賞する耳をもたないインタビュアーだと、インタビュイーから音楽経験の微妙なニュアンスを含んだ語りを得ることは難しいかもしれない。特に、その音楽の意味を徹底して明らかにしようとする場合はなおさらである。ここでもし、人が違っても同じように再現されるデータを得るためには共通の方法的要請に従うべきだということならば、一定の標準的なインタビュー形式を使わざるをえなくなる。しかしそうなると、音楽経験に関する理解が、平均的なインタビュイーが了解可能なうわべだけのレベルにとどまってしまうことになるだろう。インタビューのトピックについて、感受性やいくらかの事前知識が求められる点は、先に述べた「先入観からの自由」とは一見矛盾するわけだが、これら2つの面の緊張は、インタビュアー側に求められる「条件つきの純粋さ」をもつための必要条件の一部でもある。

対人的状況（interpersonal situation）の考慮

調査インタビューとは、まなざし／見解（view）を交わす場であり、知識は、2人の人の間のやりとりのもとで構築される。インタビュアーと対象者は相互に行為し、お互いに影響を与えあう。つまり調査インタビューで生み出される知識とは、やりとりそれ自体——すなわちインタビュアーとインタビュイーの間で作られる個別の状況——のもとで作り出されるものなのである。したがっ

てインタビューアーが違えば異なった相互作用が生まれ、異なった知識が生み出されるであろう。

　肯定的な経験（positive experience）
　うまく実施された調査インタビューは、対象者にとって経験を豊かにしてくれる貴重なものとなり、対象者は自らの生に関して新たな洞察を得ることになるかもしれない。その一方、やりとりがインタビューアーだけでなくインタビュイーに怒りの感情を引き起こしたり、防衛機制を発動させたりすることもある。インタビューアーは、インタビュー内部で生じる対人的な力動に気づき、それに取り組めなければならない。1つのトピックに関する自分の見解や経験について、他人が1時間かそれ以上にもわたって関心を示し、敏感に受け取り、なるべく深く理解しようとしてくれる事態はおそらくめったにないことである。実際、質的なインタビューは終わらせるのに苦労する場合がある。というのも、対象者が会話を続けたがり、インタビューによってもたらされる生活世界への洞察を深めたいと望むためである。

質的な調査インタビューにおける力関係の不均衡

　以上で述べてきたような相互的な理解のあり方や個人的なインタビューでのやりとりを考慮したとしても、私たちは調査インタビューを、対等なパートナー同士で行なわれる開かれた対話とみなすべきではないだろう。それはむしろ、具体性と専門性をもつ会話であり、研究者と対象者の間には明確な力の不均衡が存在する。もし私たちが開かれた理解の様式と親密な人間的やりとりだけに注目するとしたら、ボックス2.1に概略を示した調査インタビューにおける力関係の不均衡は、たやすく見過ごされてしまう。それは、インタビューに見られる立ち位置の構造に関わるもので、必ずしもインタビューアーが意識的に力を行使しているわけではない。たとえば対象者は、インタビューという場の関係構造のもとで、インタビューアーという権威者が聞きたがっていると信じるところを、程度の差こそあれ意図的に語ることがある。

　ボックス2.1　質的な調査インタビューにおける力の不均衡
　インタビューは不均衡な力関係を伴う　調査インタビューは、対等なパー

トナー間でのオープンな日常会話ではない。インタビュアーは学術上の能力をもっており、インタビューという状況を開始し方向づける。また同時に、インタビューのトピックを決定し、質問を提示し、どの答えをさらに掘り下げるかを決め、会話を終わらせるのもインタビュアーの方である。

インタビューは一方向的な対話である インタビューでは、一方向的に問いかけが行なわれる。インタビュアーの役割は尋ねることであり、インタビュイーの役割は答えることである。

インタビューは道具的な対話である 調査インタビューでは、会話は何かを知るための道具として用いられ、会話の楽しさそれ自体が目的にはならない。インタビューは、研究関心にしたがって解釈や報告を行なうのに必要な記述、ナラティヴ、テクストを研究者にもたらす手段である。

インタビューはときに操作的な対話となる 調査インタビューは、多かれ少なかれ隠された思惑にしたがって実施されうる。インタビュアーは自分が何を求めているのかインタビュイーに知らせぬままに、「間接に、搦手から攻めたてて、必ず獲物をしとめる」[訳注6]ことを試みつつ、情報を手に入れたいと望むかもしれない。

インタビュアーは解釈を独占する 通常、研究者は対象者の言葉に関する解釈を独占し続ける。研究者は「強大な解釈者」として、インタビュイーの真意が何かを解釈し、レポートする例外的な特権を維持する。

インタビュイーの抵抗 インタビュアーの優位性への反応として、対象者のなかには、情報を口にしなかったりその問題についての一般的な見解を述べるだけですませたりする者も出てくる。インタビュアーに質問し始めたりインタビュアーの質問や解釈に異議を申し立てたりすることもある。まれには、インタビューに答えることを途中でやめてしまう者もいる。

例外的な対応方法 インタビュアーのなかには、研究者と対象者が質問、解釈、報告に関し対等に取り組むといった、協働的なインタビューを実施する者もいる。それによって、インタビュー状況の力の不均衡を減らそうとするわけである。

哲学的対話と臨床面接の間に位置する調査インタビュー

日常生活のなかで自然発生的に生じる会話においては、注意が向けられるのは会話のトピックであり、会話の目的や構造が注目されることはほとんどない。それに対して臨床面接、就職面接、取り調べといった専門的なインタビューは、

インタビュアーとインタビュイーのやりとりのダイナミクス、質問形式に対する方法的な意識、述べられた内容に対する批判的な視線に特徴づけられる。ここでは、調査インタビューに固有の相互作用を詳しく見ていくために、調査インタビューを2つの異なった会話形式――哲学的対話と臨床面接――と比較してみたい。

ボックス2.2　エロスに関する哲学的対話

「きみのその主張は、なるほどと思わせるものだった」とソクラテスは言った。「そして、もしそうだとしたら、エロスとは美しさを求めるものであって、醜さを求めるものではないということになるね。」

彼（アガトン）は認めた。

「そして、先ほどの同意では、自分に欠けていて所有していないものを求めるのだったね。」

「そうです」と彼は言った。

「そうすると、エロスは美しさを欠き、それを所有してはいないのだということになる」

「どうしても、そうなります」と彼は言った。

「では、どうだろう。美しさを欠き、美しさをまったく手に入れていないようなものを、きみは美しいと言うだろうか？」

「言いません。」

「それでは、もし以上のとおりだとしたら、きみは、エロスは美しいと認めるだろうか？」

そこでアガトンはこう言ったという。「ソクラテス、どうもわたしは、あのとき自分で言ったことを、まったくわかっていなかったようです。」

出典：プラトン（中澤務訳, 2013, 光文社, pp.118-119 より）

　プラトンの『饗宴』[訳注7]は、戯曲形式の**哲学的対話**である。対話の相手は形としては対等な立場にあり、両者はお互いの質問と答えの論理性についてのみならず、議論中の知の本性についても相互に質問をしあっている。ボックス2.2に引用された部分で、ソクラテスは議論の出発点として、エロスに関するアガトンの発言を取り上げる。彼は議論の主なポイントを短くまとめて繰り返し、アガトンが述べたことを解釈し、その解釈をアガトンが認めるか認めないかと問うのである。ソクラテスはまず純粋さと無知を装いながら議論を開始してお

り、エロス神についてのアガトンの見解を賞賛した後、上の引用に見られるように、次々とアガトンの立場の矛盾を明らかにしている。こうした哲学的対話は厳密な形式をもつやりとりであり、容赦のない厳格さをもつ論争的な談話を通して真実の知を探求しようとするものである。ソクラテスは、自らを裁判における尋問者になぞらえ、相手はソクラテスをシビレエイにたとえた。[訳注8]

　今日の**調査インタビュー**では、こうした論争的性格は少なくなる傾向にあり、インタビューの対象者は一般にインフォーマントないしパートナーと呼ばれて、敵対者とはみなされない。インタビュアーは、インタビュイーの生きる世界についての知識を獲得するために質問をするのであり、インタビュイーが述べたことの論理性やその真実性に分け入って、しつこく議論することはめったにない。さらに、インタビュアーが研究トピックに関する自分の考えの正しさを主張したり、対象者の信念を変えようとしたりすることは、調査インタビューの範囲を超えるものとなる。

　一方、**臨床面接**（therapeutic interview）は、論理に訴える論争によってというよりも、むしろ情動的な個人的相互作用を通して変化を引き起こすことを目指している。求められる変化は基本的に、概念的というよりも感情的で個人的なものである。臨床面接の主たる目的は患者が自らの苦悩を乗り越えるのを援助することだが、人の置かれている境遇に関する知識の生成という副産物がもたらされる。臨床面接も調査インタビューも理解と変化を推し進める可能性をもつ。しかしながら、調査インタビューでは知識を生み出すことに力点が置かれ、臨床面接では個人的変化の方に力点が置かれる。

ボックス2.3　憎しみに関する臨床面接

クライエント　先生は私がここに来たがっていると思っているんでしょうけど、とんでもない！　私はもうこれ以上来たくないです。何の役にも立たないんだもの。私、先生のこと嫌い。大嫌い！　先生なんて生まれてこなければよかったのに。

カウンセラー　本当に私のことをひどく嫌っているようですね。

クライエント　今思っているのは、先生を湖に投げ込んでバラバラにして、ということ。先生はみんなに好かれていると思っているでしょうけど、そうじゃないわ…。女性にもてると思っているんでしょうけど、そんな魅力はちっとも。くたばっちま

	えって言いたいくらい。
カウンセラー	私に嫌悪感をもっていて、ほんとにいなくなればいいと思っているんですね。
クライエント	先生は、父が私にひどいことをしたと思ってるけど、それは違うわ！ いい父親ではなかったと思っているんでしょうが、素敵な人だった。先生は私がセックスしたがっていると思っているけど、それも間違い。
カウンセラー	私はあなたの考えをまったく誤解していると思うわけですね。
…	
クライエント	先生は、私がまともじゃなかったと思ってるけど、私はまともだったわ。先生なんて大嫌いよ。私が経験してきたのはつらさだけ、つらさ、つらさ。先生は私が自活できないと思っているけど、ちゃんとやれるわ。治らないと思っているけど、治ることもできる。幻覚があったと思ってるけど、そんなものなかった。もう大嫌い。(長い沈黙。緊張し、疲れ切った様子で机につっぷす。)先生は私の頭がおかしいと思っているけど、私はおかしくないわ。
カウンセラー	あなたは頭がおかしいと、私がそう思ってるとはっきり感じるわけですね。
クライエント	(沈黙。)私、動きがとれないの。ただ、逃げられない！(絶望した口調と涙。沈黙。)あったわよ、幻覚、それをどうにかしなくちゃならないの！
…	
クライエント	仕事場にいたときわかったの、自分がこれをどこかに放り出してしまわなければならないってね。ここに来て先生に話ができるんだとも思った。先生にはわかってもらえると知っていたから。私、自分のことが大嫌いだって言えなかった。ほんと。でも言えなかった。だからそのかわり、先生に言えるありとあらゆるひどいことを考えたんだわ。
カウンセラー	自分について感じたことを口にできなかった。でも、私についてであればそれを言えた。
クライエント	わかってるわ。私たち最悪の関係になってるのよね。

出典：Rogers（1956, pp.211-213）

カール・ロジャーズは、すべてのインタビュー実践は何らかの指示の感覚をもたらすと洞察し、クライエント中心の開かれたインタビュー形式を創始した心理療法家である。このインタビュー形式は、当初は**非指示的**と呼ばれ、後に**クライエント中心**と呼ばれるようになった。ロジャーズは、フロイトの無意識の理論、および推論に基づく精神分析的な解釈に対して批判的であり、両者の思想は理論面で明確に異なっていた。しかしボックス2.3に示した来談者中心療法の面接は、精神分析的な面接の実践とそこそこ似たものになっている。これは、カウンセラーの応答が少なく慎重に選ばれたものであること、そして、激しい感情的なやりとりが見られることと関係する。この面接は、あるカウンセラーがロジャーズの治療的な面接技法を応用して行なったもので、質的な調査インタビューが行なわれ始めた当初影響力があったアプローチでもある。

　このセッションで最初から主導権を握っているのはクライエントである。彼女自身にとっての重要なテーマ——嫌悪すべきカウンセラー——がその場に持ち込まれ、自分がどれくらいカウンセラーを嫌っているかが語られている。カウンセラーは、彼女の言葉の感情面に注目しつつ、その言葉を反復したり言い換えたりする。通常の会話であれば、執拗に自分に向けられる非難に異議を唱えるところだが、カウンセラーはそれを避ける。明確化を促す質問をすることも解釈を与えることもしていない。クライエントは「すべてを吐き出した」後、カウンセラーに彼女を理解する力があることを最終的に認める。そして、「私、自分のことが大嫌いだって言えなかった。ほんと。でも言えなかった。だからそのかわり、先生に言えるありとあらゆるひどいことを考えたんだわ。」と、自ら1つの解釈を口にする。読者は、このカウンセラーの介入が必ずしも非指示的なものとは言えないことに気づくかもしれない。クライエントは、心理療法に来たくない、心理療法は自分のためにならないと述べたり、父親が自分に間違ったことをしたというセラピストの信念に異を唱えるといったかたちで、その場にいくつかのテーマを持ち込んだ。これに対してカウンセラーは、自分に向けられた彼女のネガティヴな発言を一貫して反復したり要約したりしながら、クライエントに感情の洞察がもたらされるよう働きかけたのである。

　専門的な心理療法のなかで発展してきた技法から、調査インタビュアーは何を学べるだろうか。上記の治療的なやりとりの流れは、その可能性を示唆しているわけだが、しかし同時に、臨床面接と調査インタビューの相違もまた示している。インタビュアーが対象者の発言を反復したり言い換えたりすることは、多くの調査インタビューの特徴でもある。その一方、心理療法のセッションで

引き起こされるような個人的な葛藤や強烈な感情的反応は、倫理的な面で調査インタビューの範囲を超えている。長期にわたる集中的でパーソナルな治療関係は、痛みを伴う隠された記憶をよみがえらせる引き金となり、より深いレベルの人格への接近を可能にするかもしれない。ただそれは、短期の調査インタビューではほとんどアプローチできないのみならず、倫理的に立ち入るべきではない領域でもある。調査インタビューの目的は、研究対象の現象に関する知識を生み出すことであり、インタビューの対象者に起こる変化は、どんなものであれその副産物にすぎない。それに対して臨床面接の目的は、患者に変化を促すことである。人間の置かれている状況に関する一般的な知識が治療の過程で得られたとしても、患者が神経症的な苦しみを克服するのを助ける上での単なる副産物なのである。

こうした重大な相違を念頭におきつつも、それでもなお調査インタビューは臨床面接から学ぶことができる。良好な関係──「ラポール」──の確立、問いかけと傾聴の様式、臨床面接のなかで発展した意味の解釈などがそうである。ただ、調査のインタビューアーにとって臨床面接から学ぶことと同じくらい大切なのは、方法面でも倫理面でもこれら2つのタイプの実践を区別しておくことである。実際フロイトは、治療中に事例を学問的な観点から概念化しないよう戒めているが、これは開かれた治療態度に対して概念化することが邪魔になるからにほかならない。そうした治療態度こそ、「無目的に治療を進行させ、いかなるものであれ意外な驚きとの出会いを許し、常に開かれた心を準備し、いかなる予想からも自由であることを可能にする」（Freud, 1963, p.120）のである。調査インタビューで研究者個人に向けられた表現や感情が次第に強くなる場合には、研究者はそのインタビューが心理療法的な場に転化しないように気をつけなければならない。そのような状況は明示的にも暗黙にもインタビュー契約を逸脱しているし、研究者がそうした状況を扱う資格をもっているとは限らないからである。

インタビュアーは鉱夫か旅人か

以上、調査インタビューを理解する様式や他のインタビュー形式との関連を検討してきたのだが、ここからはインタビューの相互作用のなかで生成される知に関する複数の考え方に目を転じたい。インタビュアーに関する2つの対照的なメタファー（隠喩）には鉱夫と旅人があり、それぞれ、インタビュー実践

に関する異なる認識論と対応している。前者は、インタビューを情報収集のプロセスとみなし、後者はそれを知識生成のプロセスとみなす。メタファーとは、1つのものごとをもう1つのものごとによって理解するという意味である。インタビュー実践に関わるこの2つのメタファーは、論理的にまったく無関係なカテゴリーとは言えないにせよ、インタビュー研究を通じて自分が生み出そうとしている知識がどのようなものなのか、研究者にじっくり考えてみるよう促すことになるだろう。

　鉱夫メタファーでは、知識は埋蔵された鉱石のようなものと理解され、インタビュアーは価値のある鉱石を掘り起こす鉱夫のような存在になる。知識は鉱夫によって汚されていないかたちで対象者の内部にあって発見されるのを待っている。インタビュアーは、対象者の純粋な経験から知識という金塊を、誘導的な質問による汚れがつかないようにしながら掘り起こしていく。その金塊は、客観的な実在に関するデータとみなされることもあれば、主観に現れる本来的意味と考えられることもある。調査目的のインタビュアーは意識的経験の表層をはぎ取る一方、治療目的の面接者はさらに深い無意識の層を掘り起こす。研究者は、今日であればコンピュータ・プログラム[訳注10]も使いつつ、さまざまなデータ掘り起こしの手法を駆使し、客観的な事実や本質的な意味を抽出する。ここで注意する必要があるのは、鉱夫メタファーは実証主義的ないし実証的なデータ収集に関係するだけではないという点である。それは、前もって存在する真実を求めるソクラテスの実践や、無意識下に埋め込まれて隠された意味に対するフロイトの探求にも結びついている。

　一方それに代わる**旅人メタファー**では、インタビュアーは遠く離れた土地に旅に出かける旅人として理解され、その旅によってもたらされるのは、家に戻ったときに語られる物語である。旅人としてのインタビュアーは、旅先の風景のなかを歩き回り、出会った人々との会話の中に入っていく。旅人はその国のさまざまな場所を、ときには当てもなく、ときには地図を携えて自由にめぐり歩きながら探索する。旅人としてのインタビュアーは、会話（conversation）のラテン語の原義である「ともにさまよう」という意味に即して、地元の住民とともに歩き、問いを投げかけ、その生きる世界に関して彼ら自身のストーリーを語るよう促す。そこで語られたストーリーが孕む潜在的な意味は、旅人が故郷の人々に持ち帰るナラティヴ（物語）のなかで、旅人の解釈を通じて明確化され、展開される。旅は新たな知識をもたらすだけでない。旅人をも同時に変化させる可能性があり、旅人の内省のプロセスを刺激して新たな自己理解

へと促したり、故郷では当然視されている価値観や習慣を露わにしたりするかもしれない。

鉱夫と旅人という2つのメタファーは、知の生成に関する異なった見方と対応している。それぞれのメタファーはどちらかを選ぶべき二者択一的なジャンルであり、ルールの異なるゲームと言える[訳注11]。鉱夫アプローチでのインタビューは、後に続くデータ分析とは独立したデータ収集の場とみなされる傾向にある。一方、旅人アプローチではインタビューの実施と分析は、相互に絡み合う知の構築の2つの相とみなされ、聴衆に向けてどんなナラティヴを語るかが大切になる。インタビュー実践をデータの掘り出しと捉えるのは、知識がすでにそこにあって発見されるのを待っているとする、現代の社会科学の主流に近い考え方である。その一方、旅人という考え方は文化人類学的な思考や、知識を社会的に構築されるものとみなすポストモダン的な理解に基づくアプローチである。

インタビューの知に関わる認識論

インタビューとは、会話的実践の特殊な形式である。会話は、何世紀にもわたって日常生活のなかで発展し、19世紀半ばにはジャーナリストのインタビューとして、20世紀初頭には臨床面接として制度化された。調査インタビューは、特定の理論や特定の認識論的パラダイムから発展してきたものではないが、インタビューが生み出す知を理解するために、後づけ的に理論的、認識論的立場を結びつけることはできる。そうした立場の明確化は、調査インタビューを実施する上でのさまざまな考え方や実践のあり方に光をあてることに役立つだろう。

ここでは、調査インタビューの実践にさまざまな示唆を与えてくれる、哲学者の検討した知の理論について述べていくこととしたい。まずは、解釈学と現象学について簡単に説明し、次いで、インタビューが生み出す知に関する実証主義的な認識論とポストモダンの認識論という対照的な立場に話を進めていく。両者はそれぞれ、インタビュー実践における鉱夫メタファーと旅人メタファーに関わっている（質的研究と関連させながらこれらの認識論について広範に述べた文献としては、Kvale, 1996a や Schwandt, 2001 を参照）。

インタビューにおける理解の様式を説明するときに用いられるキーワード——たとえば体験、意識、意味、解釈、人間の相互関係——は、日常語からとられている。現象学や解釈学の哲学においては、こうした用語が体系的な思索

の対象であった。すなわち、フッサールやメルロ＝ポンティによる**現象学***の哲学は、生活世界に焦点を絞り、対象者の経験に対して開かれた態度で意識を記述し分析する。特に重要なのは正確な記述であり、先行する知識は括弧に入れられ、不変で本質的な意味がその記述において探求される。[訳注12] また、人文科学における**解釈学**的伝統は 20 世紀にガダマーやリクールによって着手され、テクストの意味の解釈[訳注13]がその努力の中心となる。本質的に重要なのは、会話やテクストの概念であり、テクストにおける意味の多様性、そしてテクストの題材に関する解釈者の先行知識が重視される。

　実証主義*の認識論は、かつては方法論に関する社会科学の教科書を席巻していた。そこでは真実は方法を通じて、つまり、研究の内容や文脈とは概ね独立した一般的な規則に則って発見されるべきものであった。科学的な発言は観察可能なデータに基づいてなされなければならず、データの観測とそれらの意味の解釈は厳密に区別されるのが当然とされた。科学的な事実とは、曖昧さがなく――つまり主観の内部でも主観の間でも再現可能で――、客観的に数量化できるものとみなされた。科学的な発言は価値中立的であるべきであり、事実は価値と区別され、科学は倫理や政治から区別された。人間としての研究者による影響は、当然いかなるものでも排除されるか、極小化されるべきものであった。

　研究から人間的要素を切り離すことを出発点に据える科学哲学にとって、質的な調査インタビューの理解様式で重視される側面は、方法上の誤謬の要因に見えるだろう。厳密な実証主義の哲学は、質的インタビューにおける知の生成とはほとんど相容れず、今日そうした哲学の正当性が正面切って主張されることはまれである。しかしながら、私たちはコントの実証主義哲学の歴史的貢献[訳注14]を見過ごすべきではない。というのも、彼の哲学が、社会科学を形而上学的な推論から経験による観察へと移行させたからである。研究における主観的でイデオロギー的なバイアスに対抗するために、研究手続きの透明性と統制が強調されるようになったのはその後である。

　ポストモダンのアプローチでは、質的な調査インタビューは知識を構築する場として立ち現れる。インタビューで生成される知識が、ポストモダン的な知識の概念の主要な特徴――たとえば、知の会話性、ナラティヴ性、言語性、文脈性、相互関連性等[訳注15]――と響きあうからだ。知に関する近代の普遍的な体系が衰退するに伴い、ローカルで多面的・可変的な言語的文脈の影響が重視されるようになった（Lyotard, 1984）。文脈の多様性のもとでは、翻訳の問題[訳注16]――た

とえば、口頭によるインタビューから文字化されたテクストへ、私的なインタビューの会話から公的な会話へといった置き換えの問題——も前面に出てくる。さらに、ポストモダンの認識論では、私たちの知識の確からしさは、人間を排除した現実との対応関係の問題というよりも、人と人の間における会話の問題となる。[訳注17]そこでの知識とは人間相互の関係に基づくものであり、関係の網の目のなかに織り込まれている。何が正しいかを決めるグローバルなメタ・ナラティヴ[訳注18]は崩壊した。結果として、ローカルな文脈が重視されるようになり、知識は実践を通じてその妥当性が判断されるなど、視点に応じた現実の社会的・言語的な構築が強調されるようになったのである。

　質的な調査インタビューとは、知識が構築される1つの場を意味している。インタビューは文字どおりインター・ビュー（inter-view）であり、共通のテーマについて会話する2人の人間の間で互いのまなざし／見解をやりとりすることである。そこでの知識とは、言語的な相互行為を通して構築されるものであり、したがって参加者のディスコースとその構造や効果それ自体が関心の対象となる[訳注19]。インタビューは、ストーリーを語るという行為に埋め込まれた種々のローカルなナラティヴに接近する機会をもたらし、体験世界の意味に関するディスコースとその交渉に開かれている。[訳注20]

　プラグマティックなアプローチをとる本書が強調するのは[訳注21]、インタビュー研究のパラダイムとしてどれが正しいかということよりも、インタビュー研究をめぐる異なった認識論的立場が研究実践にどのような意味をもっているかという点である。後に続く章で私は、認識論的立場の違いがインタビュー研究においてどのように異なるアイデアにつながるのかを例示していく。また、インタビュー研究全体を通してなされる多くの「いかにして」という意思決定において、そうした認識論的立場が異なる実践にどのように結びつくかについても例を示すことにする。関係する章としては、7章（誘導的質問の理解と使用）、9章（インタビューの分析）、10章（インタビューの知の信頼性と客観性）、11章（インタビュー研究のレポート）がある。また、本章に続く3章は研究倫理を扱っているが、そこでは、事実と価値という二項対立が解消され、知を客観的で前進的なものとする信仰が失われたとき、知識の生成過程の倫理的な諸次元がいかに重要になるかが論じられる。それはもはや単なる研究倫理のガイドラインではなく、社会調査それ自体が道徳的な営為とみなされることになる。

■■■ キーポイント

- 生活世界に関する半構造化インタビューという理解の様式との関連では、以下の用語が重要である――生活世界、意味、質的、記述的、具体性、条件付きの純粋さ、焦点づけ、多義性、変化、感受性、相互行為、肯定的経験。
- 専門的な調査インタビューは、対等なパートナー同士の平等性を重視した対話ではない。それはインタビュアーがインタビューの場の設定を行ない、やりとりの流れを制御し、目的のために結果を利用するなど、特有の力の不均衡さを伴うものである。
- 質的な調査インタビューは、臨床面接だけでなく哲学的対話とも親和性をもつが、哲学的対話に特徴的な容赦のない知的な論争を行なうわけではない。また、臨床面接に見られる親密な相互作用を模範とするのでもない。
- インタビュアーを表現する鉱夫と旅人という2つのメタファーは、それぞれ、知識の収集者と知識の生成者といった、インタビュアーに関する対照的な考え方を含んでいる。
- インタビューをめぐる認識論には、インタビュー実践を事実の収集とする実証主義の立場から、それを知の社会的構築とするポストモダンの立場まで幅がある。

さらに学ぶために

インタビューが実施される背景については、以下に示す3つの文献でさらに幅広い説明がなされている。

Kvale, S. (1996a) *InterViews: An Introduction to Qualitative Resarch Interviewing*. Thousand Oaks, CA: Sage.

Rosenau, M. P.(1992) *Postmodernism and the Social Sciences*. Princeton, NJ.: Princeton University Press.

Schwandt, T. A.(2001) *Dictionary of Qualitative Inquiry*. Thousand Oaks, CA: Sage.［シュワント, T. A.／伊藤勇・徳川直人・内田健（訳）(2009)『質的研究用語事典』北大路書房］

訳者補遺

上記のシュワントの文献は、現在では第4版が出版されている。また、以下のク

ヴァールの編著も、ポストモダン社会のなかでの質的研究の意味を探求したさまざまな論者の論考が含まれていて、参考になる。その他、質的なインタビュー研究の背景について概説ないし考究した、最近の日本語の文献も挙げておく。

川島大輔 (2014)「インタビューの概念」やまだようこ・麻生武・サトウタツヤ・能智正博・秋田喜代美・矢守克也（編）『質的心理学ハンドブック』(pp.294-306) 新曜社

クヴァル, S.（編）／永井務（監訳)(2001)『心理学とポストモダニズム：社会構成主義とナラティヴ・セラピーの研究』こうち書房

斎藤清二・本山方子・山田富秋（編)(2014)『インタビューという実践』新曜社

訳注

[1]「体験世界」という言葉は本書で何度も使われるが、これは lived world の訳。経験に先立って客観的に存在する世界と対比されて用いられる言葉で、「生きられている世界」という訳も可能。ドイツ語の Erfahrung（経験）は英語で experience と訳され、Erlebnis（体験）は lived experience と訳される。それに準じてここでは lived world を「体験世界」とした。

[2]「構造化」とは、Yes・No で答えられる問いを中心に質問事項があらかじめ決められ、質問の順番も決められていることを意味している。一方「非構造化」となると、テーマだけが決められている他は、対象者に自由に語ってもらう形式となる。「半ば構造化されている」場合には、キーとなる質問だけいくつか準備されているがその順番も状況に応じて変更され、回答の自由度は大きいという点が特徴である。

[3]「閉じられている」とは「あらかじめ構造化されている」ことを意味しており、この場合には場の状況や条件に応じて回答の形式や順番が変化するようなことがない。

[4] ここではわかりやすさのため質と量を二分法的に扱っているが、質と量の関係はそれほどはっきりした単純なものではない。質的なデータを量的に分析することもできるし、数量を質的な観点から扱うこともできる。質的な調査インタビューがまったく数字を扱わないとするのは、やや極端にすぎる考え方ではないかと思われる。

[5]「括弧入れ (bracketing)」は現象学の用語で、「エポケー」とも言う。直接的に意識において確かめることができないものの見方・考え方について、それらがいかに自明に見えるとしてもその正しさをいったん保留し、直接経験の場に立ち戻ること。

[6] "by indirections find directions out"『ハムレット』第2幕第1場にあるポロニウスの言葉より。『ハムレット』は、本書7章などでも引用される。

[7]『饗宴』は「エロス（恋）の話」という副題をもち、「エロス（恋）」の本質に関するプラトンの考えが展開された著作として知られている。内容としては、アガトンの家に集まったアテナイの5人の紳士たちがエロス神をほめたたえつつ、恋（ここでは少年愛）の賛美の演説を行なう。アガトンは5人目の演説者であり、恋をもっとも美しく高貴なものとみなし、エロス神が生まれたことで一切の善きことが生じたのだと主張する。ソクラテスは6

人目の演説者として登場し、5人のエロス論に対して疑問を投げかけながら、いわゆる「プラトニック・ラブ」にも通じる恋の正しき道についての議論を展開する。

[8] プラトンの対話編『メノン』に、若者メノンがソクラテスに次のように言う場面がある。「あなたという人は、顔かたちその他、どこから見てもまったく、海にいるあの平べったいシビレエイにそっくりのような気がしますね。なぜなら、あのシビレエイも、近づいて触れる者を誰でもしびれさせるのですが、あなたがいま私に対してしたことも、何かそれと同じようなことのように思われるからです。なにしろ私は、心も口も文字どおりしびれてしまって、あなたにどう答えたらよいのやら、さっぱりわからないのですから。」他に、「電気うなぎ」、「シビレウナギ」などの訳もある。

[9] フロイト的な治療態度は、基本的なところを言えば、禁欲的で中立的で受動的である。学問的に患者を対象化しようとする構えは、ある種の能動性を心理療法の場に持ち込み、中立性を損なう可能性がある。

[10] 質的データの整理や分析を支援するソフトウェアについては、本書8章を参照。近年では「テキスト・マイニング」のプログラムも安価に（ときには無料で）手に入るようになった。これは9章でふれられる古典的な内容分析の発展であり、特定の単語や表現がテクストのどこにどの程度、別のどんな表現と共起しがちであるかが数量的に分析される。

[11] インタビューに対する姿勢をゲームと捉えること自体、ポストモダン的であり「旅人」的であると言えるかもしれない。哲学者のウィトゲンシュタインは、言葉を現実の写し取りとみなすのではなく、人々の間でたまたま成立したルールに基づく慣習的なもの、ゲーム的なものとみなした。近年の社会科学ではこの考え方を拡張し、すべての制度や秩序もまた同様の「言語ゲーム」であるとみなして分析することがある。

[12] 現象学では、人々の生きる「世界」が世界として成り立つその根拠を、個人の意識に還元して考える。世界が客観的に存在するから人間の認識が生まれるという常識的考え方が転倒され、個々の人間の認識こそが世界の客観的存在を信憑させると考えるのである。その信憑の根拠を探るために、外部の枠組みに組み込まれる以前の意識の流れを徹底的に記述していくという手法がとられる。ここで「本質的な意味」とは、絶対的な真実を意味しているのではなく、何度意識的に反省しても反復される意味の核のようなものだと考えればよい。

[13] テクストそのものに絶対的な意味が備わっているわけではなく、解釈者のもともともっている知識（先行知識）が1つの参照枠となって初めて意味が生み出される。しかしその読みによってその知識にも修正・変更が加えられて、更新された知識が次の読解の基礎となる。こうしたプロセスが繰り返されながら、読みや解釈が深まっていく。これを「解釈学的円環」と呼ぶことがある。

[14] コント（A. Comte）は、19世紀のフランスの社会学者であり哲学者。社会の問題を解決するために実証的な方法の重要性を主張した。「社会学」という言葉を創始したのも彼であるとされる。たとえば、中世においては「この出来事は、聖書に書いてあるところからこういう意味に違いない」とみなされ、判断できるのは聖書の内容を熟知している人々に限られていた。コントは、判断の根拠を知覚可能な経験的事実（データ）のみに求めることを主張し、それによって知識の生成をすべての人々に開かれたものとしたと言えるだろう。

[15] 本書12章を参照。

[16] 文脈によってものごとの意味が変わってくるとしたら、「同じ」ものを別の状況に置き換える作業がそれを変化させてしまうということになる。たとえば、表現媒体が音声から文字に変わることでも表現される内容は変わってくるし、同じ言葉でもプライベートな会話のなかで言われた場合と公的な場で言われた場合とでは意味が違ってくる。表現媒体の置き換えについては、本書の8章を参照。

[17] ある出来事の解釈が正しいかどうかは、客観的に存在するその出来事の属性と対応しているかどうかで判定されるのではなく、発話者と聞き手の対話のなかで合意ができるかという問題になる。たとえば、ある行為が「聖戦」であるのか「テロ」であるのかは、その行為自体の本質から規定することは難しく、解釈者の観点とその受け取り手がそれをどう受け取るかによって違ってくるかもしれない。

[18] あるものごとの意味を判断するための、世界共通の土台となるような考え方。たとえば、一時代前は、マルクス主義の思想がそうであっただろうし、西洋型の民主主義思想もこれにあたるかもしれない。現代では、それもまた1つのローカルな（ある地域や文化に特殊な）考え方にすぎないものとして、見直しが進んでいる。

[19] 「ディスコース」とは、大雑把に言えば、「現実に用いられる言葉のまとまり」のことである。この「まとまり」は単語数で数えられるような小さな単位であることもあれば、言葉にすると非常に長くなることもある。「現実に」という部分には、具体的な文脈のなかで現れるということや、その場面で何らかの機能を果たす、という意味がこめられている。特に話し言葉について議論するときには、伝統的に「談話」という訳語があてられ、もっと社会的な意味のまとまりについて議論するときには、「言説」という訳語があてられてきた。9章も参照。

[20] ナラティヴ（物語）は、人が自分の経験を理解する形式でもあり、インタビューを通じてどのようなナラティヴが紡がれているかを知ることで、対象者によって生きられている体験世界のありようを垣間見ることができる。同時に、インタビューというやりとりのなかでそれが生み出されるとき、その文脈のなかで理解され認められるように工夫がなされたり、インタビュアーの言葉と折り合いをつけたりするような動きも見られるかもしれない。これは対象者が、自分に関するナラティヴを絶えず周りの人との間で交渉しつつ語り直す過程の一部の再現でもある。

[21] 巻末「用語解説」の「プラグマティズム」の項を参照。

3章　インタビュー実践の倫理的課題

道徳的探求としてのインタビュー実践
インタビュー研究全体を通じた倫理的課題
倫理ガイドライン
インタビュー調査におけるミクロな倫理とマクロな倫理

≡≡≡　この章の目標
- 研究を目的としたインタビュー実践がどのような道徳的懸念を引き起こすかについての理解を深める。
- 倫理的課題がインタビュー状況そのものを超えて、どのようにインタビュー研究の全段階に埋め込まれているかを理解する。
- 社会を研究するための倫理ガイドライン、およびインフォームド・コンセント、守秘義務、研究の帰結、研究者の役割がいかに重要であるかを知る。
- インタビュー実践の道徳的諸問題が、いかにインタビューのプロジェクトにおけるミクロな倫理を超えて、インタビューが生み出す知識の広範な社会的影響に関わるマクロな倫理に関係するかを理解する。

道徳的探求としてのインタビュー実践

　インタビューを用いた探求は、道徳に関わる企てである。というのも、インタビュー研究の目的ばかりでなく、その手段にも道徳的問題が関係してくるからである。インタビューにおける対人的な相互作用はインタビュイーを左右するし、インタビュー研究が生み出す知識は人間の現状に関する私たちの理解に影響する。結果としてインタビュー調査には、道徳や倫理に関わる諸問題があ

ちこちで見出されることになる。そこで生じる倫理的な難しさは特に、「私的な生活を研究しつつその結果を公開していく」（Mauthner et al., 2002, p.1）ことの複雑さに由来している。

調査プロジェクトに着手する場合には、そこで産出される知識の価値——すなわち、その研究がどんな社会的貢献をするかということ——が問われる。というのも、社会科学の研究は学問のみならず、人類のために役立つべきものだからである。アメリカ心理学会の倫理原則の序文では、サイコロジストは人間行動に関する知識に加え、自分自身や他者に関する人々の理解を深め、それを人類の福祉の増進のために利用するべく活動することが強調されている。曰く、「研究を実施するかどうかの決定は、当該研究がどれくらい心理学という学問と人間の福祉に貢献できるかについての、個々のサイコロジストによる熟考と判断に委ねられている」というわけである（APA, 1981, p.637）。

インタビュー研究全体を通じた倫理的課題

> **ボックス3.1**　7つの研究段階における倫理的課題
>
> 　**研究テーマ設定の段階**　インタビュー研究の目的は、探求されている知識の科学的価値以上に、研究対象である人間の生活状況の改善につながるものかどうかを考慮して決められなければならない。
> 　**研究計画の段階**　計画段階の倫理的課題に含まれるのは、研究参加に関してインフォームド・コンセント*を得ること、確実に秘密を保持すること、研究が対象者にもたらしうる影響を十分考慮すること等である。
> 　**インタビュー実施の段階**　インタビュー時のストレスや自己理解の変化など、インタビュー中のやりとりが対象者に与える影響について考慮しておく必要がある。
> 　**文字起こしの段階**　インタビュイーの個人情報は保護されなければならない。また、文字に起こされたテクストがインタビュイーの発言に忠実であるかどうかという点も問われる。
> 　**分析の段階**　分析における倫理的課題に含まれるのは、インタビューに対してどのくらい洞察に富んだ分析を行なうことができるか、また、発言がどのように解釈されるかに対して対象者が意見を述べられるか等である。
> 　**検証の段階**　可能な限り確実に検証された知見を報告することは、研究者の倫理的責任だが、これは、どれだけインタビュイーに批判的な問いを投げ

> かけられるかにかかっている。
> 　**報告の段階**　この段階では、私的なインタビューを公的に報告する際の秘密保持の問題や、公にされた報告がインタビューイーやその所属集団にもたらす帰結に関する問題が再度持ち上がる。

　倫理的課題は、インタビュー調査の全過程に関係しており、調査の開始時点から最終報告の段階に至るまで、倫理的な懸念がないかどうか考慮し続けなければならない。インタビューを用いた探求の7つの段階それぞれで生じる倫理的課題のいくつかが、ボックス3.1に素描されている。なお、これらの各段階については、次の4章「インタビュー調査の計画」でより詳細に扱う。上で述べたような倫理的課題を考える必要があるのは特に、インタビュー研究のための**倫理プロトコル**[訳注1]（ethical protocol）を準備するときである。たとえば健康科学などいくつかの学問領域では、調査の開始に先だって倫理審査委員会＊にインタビューの計画書を提出することが義務づけられている。それによって研究者は、インタビューのプロジェクトを行なう際に生じる価値の問題や倫理的ジレンマについて、前もってじっくり考えておくことが求められる。ときには、研究者コミュニティ内の経験豊かな人に相談するよう勧められることもあるだろう。

　インタビュー調査を計画する際には、公式に求められていない場合であっても、調査のなかで予期される倫理的な諸問題に対処するために、並行して配慮項目を作成しておく。これには大きな意味がある。研究者は、インタビュー調査のさまざまな段階で生じがちな道徳的問題についてあらかじめ知識をもっておくことで、研究をデザインする段階において慎重な意思決定を行なうことが可能になる。また、研究中に浮かび上がる重大かつ繊細な問題に対し、いっそう鋭敏になることもできる。

　インタビュー研究はしばしば探索的であり、研究トピックをあらかじめ特定するのが難しい場合がある。標準化されていない柔軟なインタビューではまた、投げかける質問を前もって示しておくことも困難である。こうした特性は、倫理委員会において問題視されるかもしれない。それというのも、インタビューの質問をすべて事前に確認しておきたいと考える倫理委員会もあるからである。そうした要求に応じることは、質問紙調査のように質問があらかじめ決められている場合には可能であろう。しかしオープンな調査インタビューでは、対象者から繰り出される予期しない発話の流れを追いかけ、それを深める質問をそ

の場で判断して行なわなければならず、その場合の質問は事前に決めておくことができない。

パーカー（Parker, 2005）は、イギリスにおける倫理委員会に対して次のような批判を投げかけている。すなわち、そこでは質的アプローチよりも量的アプローチが優遇されており、そのせいでまだ規則に記載されていない新たな研究の形態を選択することが間接的に妨げられているという。また、チェックリストの使用は官僚主義的であり、結果として研究者が倫理について真剣に考える代わりに、審査を通過することの方に時間を費やしてしまうことが多いとも述べている。米国でも同様に、倫理審査委員会（IRB）とそれが人間を対象とする研究に対して呈示している倫理的ガイドラインが、方法論における保守的傾向を助長しており、参加型の質的研究を制約しているといった批判がある（Lincoln, 2005）。こうしたガイドラインはもともと医学実験のために発展したもので、それが社会科学にも応用されてきたのだが、かなりの部分はインタビュー実践やフィールド研究、参加型アクション・リサーチといった解釈的・相互作用的な質的研究にはなじまない。リスクの高い医学実験では包括的なインフォームド・コンセントはきわめて重要だが、リスクの低いフィールド研究やインタビューではそれほど適切でも実行可能でもない。さらにリンカン（Lincoln, 2005）は、質的研究における関係性は協力的・相互的・民主的・開放的なものに組織し直されているという。その場合、現在一般的な倫理的ガイドラインが掲げる重要課題は、フェミニズムの共同体主義的な倫理のもとで課題としての意味を失うことになるとしている。

倫理ガイドライン

専門職に共有されている倫理規範は、インタビューを用いた研究活動を通じて生じる倫理的な意思決定ひとつひとつについて、じっくり考えるための土台として役に立つ。幅広く倫理的な内省を進めるための枠組みを提供してくれるのは、倫理に関する哲学的な理論である。重要な立場としては、カントによる義務の倫理＊、結果に関する功利主義的な倫理＊、アリストテレスの徳の倫理＊がある（Kinmel, 1988）。より最近のものとしては、共同体主義的なケアの倫理＊を挙げることもできる（Lincoln, 2005）。しかし、こうした立場を背景に考えたとしても、研究プロジェクトのなかで行なわれるべき通常の意思決定に明確な答えが用意されることはめったにない。むしろこれらの立場は、具体的な

状況と関連づけながら解釈を行なうために参照すべきテクストのようなものと言える。また、先例や事例の研究は、一般原則を個々の実践に適用する際の助けとして役立つだろう。さらに、ローカルな専門家コミュニティで具体的に実践されている倫理的なスキルは、成文化された倫理原則、ルールや先例をどう拡張すればよいかを示す重要な資料になる。

ボックス 3.2　インタビュー研究の開始時における倫理的問い

- この研究がもたらす**有益**な帰結はどういうものだろうか。
- この研究は、研究対象者の現状を改善するために、どのように貢献できるだろうか？ 対象者が代表する集団の現状に対しては？ 人類全体に対しては？
- この研究の参加者の**インフォームド・コンセント**はどのようにして得られるだろうか？
- 研究に関する情報は、あらかじめどのくらい伝えておく必要があるだろうか？ インタビュー終了後のデブリーフィング（事後説明）の時まで伝えないでおくことができるのはどの部分だろうか？
- 研究参加の承諾は誰から得るべきだろうか——対象者なのか、それともその上位の立場の人になるのか？
- インタビュー対象者の**個人情報**はどのようにして保護できるだろうか？
- 対象者を匿名に保つことはどのくらい重要だろうか？
- どのようにして対象者が誰なのかを伏せることができるだろうか？
- インタビューのデータを見ることができるのは、誰になるだろうか？
- 対象者の匿名性を保護することで、法的な問題が起こる可能性はないだろうか？
- この研究は研究参加者に何をもたらすだろうか？
- 対象者のためにならない可能性が、ためになる可能性を上回っていないだろうか？
- このインタビューは治療的関係に近づきそうだろうか？ だとしたら、どのような予防措置を講じておくことができるだろうか？
- この研究が公開された場合、研究対象者および彼らの属する集団に対して、どういう結果が予想されるだろうか？
- **研究者**という役割はこの研究にどのような影響を与えるだろうか？
- プロジェクトに資金提供している機関の視点に研究者が影響を受けないでいられるためにはどうすればよいだろうか？ また、あまりに対象者に同一

> 化してしまって、生み出された知識に対する批判的な目を失う事態を避けるにはどうすればよいだろうか？

　社会科学研究のための倫理ガイドラインに含まれる項目は、一般に、研究に参加することに対するインフォームド・コンセント、対象者の個人情報の保護、研究プロジェクトに参加することがもたらす帰結、その研究における研究者の役割に関わっている（cf. *Guidelines for the Protection of Human Subjects*, 1992）。ボックス3.2は、これらの倫理ガイドラインによって浮かび上がる課題を、問いの形式で概観したものである。インタビュアーは、インタビュー研究という旅に船出する前に、こうした問いを自らに投げかけてみることができるだろう。

インフォームド・コンセント

　インフォームド・コンセントは、研究全体の目的や研究デザインの主な特徴、およびその研究プロジェクトへの参加がもたらしうるリスクと利益について、研究対象者に知らせておく手続きである。その際には、探索的なインタビュー調査においてインフォームド・コンセントをどう扱えばよいかということが問題になる。というのも、探索的なインタビュー研究では、インタビューがどう進行するかを研究者自身が前もって知ることがなかなかできないからである。[訳注6] その他インフォームド・コンセントには、対象者の自発的な参加を得ることや、いつでも研究への参加をとりやめられる権利について伝えておくことなどが含まれる。

　インタビューの目的と手続きは、ブリーフィング（事前説明）とデブリーフィング（事後説明）を通してインタビュイーに通知しなければならない。そこで扱われる情報には、以下のようなものがある。

- 誰がインタビュー結果を見ることができるかなど、守秘義務*に関すること
- インタビューの一部または全体を公表することに関わる研究者の権利
- インタビューの逐語録や分析結果を確認できるインタビュイーの権利

　対象者はたいてい、こうした問題をさほど気にしないものである。ただ、もしその調査が特に組織内の対立関係を題材としていたり、それを刺激してしまうようなものである場合には、書面による同意を得ておくことはインタビュイーと研究者の双方を守る上で役立つであろう。また、とりわけインタビューを後から利用する場合には、インタビュイーの研究参加に関するインフォーム

ド・コンセントに加えて、データの将来の利用についても、インタビュアーと対象者の双方が署名するかたちで書面による同意を得ておくことが望ましい（対象者に対する同意書の例については、Yow, 1994 を参照）。

　組織のなかでインタビューを行なう際には、**誰から承諾を得るか**という問題が浮上してくるかもしれない。たとえば研究を行なってよいと上司が承諾した場合、研究に参加する部下にとっては程度の差こそあれ微妙な圧力がかかることになる。また、学校で児童生徒にインタビューする際には、承諾は子ども自身から得るべきか、それとも親からか、教師からか、学校長あるいは教育委員会からか、といった問題が出てくる。

　他にも、インフォームド・コンセントには**情報をどのくらい、そしていつ伝えたらよいのか**という問題がある。研究デザインと目的について包括的に情報提供しておけば、それは対象者をあざむいてしまうことに対する歯止めとなるだろう。ただし、研究に関する情報提供においては、対象者にとって重要と思われる研究デザインの側面を伏せておくことと、詳細な情報を与え過ぎることの間で、慎重にバランスをとる必要がある。漏斗型テクニック（5章）のように、当初は研究の具体的な目論見を知らせないでおくのもインタビュー調査の1つのやり方である。[訳注7] その目的は、研究テーマに関するインタビュイー独自の視点を知ること、対象者を特定の答えに誘導することを避けること、などである。この場合、完全な情報はインタビュー後のデブリーフィングの際に知らせることになる。

守秘義務

　研究における守秘義務とは、対象者を特定できる個人情報を公にしないことを意味している。もし他の人から見て誰のことかわかる情報を公表するのであれば、その情報の開示に際して対象者の同意を得ておくことが必須である。研究対象者のもつプライバシー権という原理は、倫理と科学のジレンマと関係が深い。そこには、どんな情報が誰にとって利用可能かという問題がある。たとえば、子どもにインタビューを行なう研究では、結果を親や教師が見られるようにしておくべきだろうか？　また、関係者の立場が複数に分かれるような研究の場合——たとえば組織内で個別にインタビューを行なう場合や夫婦あるいは元夫婦にインタビューする時——には、インタビューの実施に先だって、誰が後でインタビュー結果を閲覧できるかはっきりさせておく方がよい。また、極端な例ではあるが、守秘義務が深刻な法的問題を引き起こすこともある。た

とえば、守秘義務の履行を確約し信頼関係が確立された後、研究者がインタビュイー自身や周りの人による暴力、不正行為、児童虐待、薬物濫用、その他の犯罪行為について知るところとなった場合などがそれにあたる。

　質問紙による大規模調査では回答の平均を使うことで個人情報が保護されるが、質的な調査インタビューの場合にはまた異なる倫理的問題が生じる。質的研究では、私的なインタビューの場でなされた対象者の発言が報告書の一部として公表される可能性があり、研究対象者のプライバシーを守るための、予防措置を講じる必要が出てくる。そこでは、複数の目で信頼性を確認したり追試のために必要な情報を提供するといった科学研究の基本原則が、守秘義務の履行に関わる倫理的要請との間に本質的な葛藤を引き起こす。その他、時間を割いて価値のある情報を研究者に提供してくれたインタビュイーが、自分のフルネームを明記してほしいと望むこともある。これはジャーナリストのインタビューではまれではない。パーカー（Parker, 2005）によれば、研究対象者を匿名にすることは、対象者が研究プロジェクトに口を出す権利を認めないことにつながり、現実には研究者のほうを守っているのだという。研究者にとって対象者の匿名性は、研究に関する情報を統制したり広めたりする特権を保持する上での口実として利用されるかもしれないのだ。パーカーはむしろ、研究参加者が実際に名前を出し、オープンに自分の考えを述べたいと思うかどうか、率直に議論することを勧めている。

研究のもたらすもの

　インタビュー研究の帰結については、研究への参加によって得られる利益だけでなく、それがもたらすかもしれない害に関しても事前にはっきりさせておく必要がある。**善行**（beneficence）の倫理的原則においては、対象者が害を受けるリスクは可能な限り小さくなるようにすべきとされる。功利主義的な倫理の観点からすれば、研究を実施するかどうかを決める際の根拠は、対象者が得るであろう利益の総計と生み出される知識の重要性が対象者の受ける害のリスクを上回ることである（Guidelines, 1992, p.15）。この点は研究者の責任に関わるものであり、研究参加者のみならず、参加者が所属する集団にもたらされる影響についてもよく考えておかなければならない。

　インタビュアーはまた、インタビューが開放的で親密なものであるような場合にそれが誘惑的に働いて、対象者が後になって悔やむような情報を引き出してしまうことがあるという点も覚えておくべきだろう。調査インタビュアーの

多くは、心理療法の訓練を受けていない。にもかかわらずその傾聴の能力が、ときに心理療法に似た関係性を呼び寄せるかもしれない。ここで、ボックス2.3に記載された心理療法の面接者が直面する課題を参照してもらいたい。とりわけ、プライベートな話題に関して繰り返し長期にわたって行なわれるインタビューでは、擬似的な治療関係が生まれることがある。インタビュー関係において個人的な親密さが増せば増すほど、インタビューする側には、どれくらいまで立ち入ってよいかについての倫理的な感受性と相手への敬意が強く要請されるだろう。

研究者の人格性

人間としての研究者のあり方は、科学的知見の質に関してであれインタビュー研究における倫理的判断の適切さに関してであれ、きわめて重要である。研究を道徳に則って行なうためには、倫理的な知識とそれに基づく意志決定以上のものが求められる。そして、そこに関わってくるのが、研究者の道徳的な人格性（integrity）、すなわち、道徳的な諸問題や行為に対する感性と態度のあり方である。インタビューを実施する場合、そこで知識を得るための主たる道具となるのがインタビュアー自身であるため、人間としての研究者の重要性がクローズアップされることになる。研究において倫理上の懸念と科学的関心を比較しつつ方針を決める際には確かに、価値に関する諸問題や倫理ガイドライン、および倫理に関する諸理論に精通しておくことが役に立つ。しかしながら最終的な意思決定を支えるのは、研究者の人格性──つまり、その知識、経験、正直さ、公平さ──である。倫理的判断が研究者に依存するという事情のもとでは、インタビュー研究者の倫理的スキルを育成していくことが求められる。そしてそうしたスキルを高めていくためには、倫理の点で複雑なインタビュー研究の事例検討を行なったり、同僚や研究対象者グループの代表と会話したりすることが有益だろう（Brinkmann & Kvale, 2005）。

研究の独立性は、研究参加者の側からのみならずプロジェクトに資金を提供する側からも、──いわば「下」からも「上」からも──脅かされうる。どんな集団との結びつきであろうとも、研究者に知見Aを無視して知見Bを強調させるなどの影響を引き起こしてしまうことはあるし、なるべく包括的かつ公平に現象を見ていこうとする研究の志向性を阻んでしまうこともある。また、インタビュー研究は相互作用的な実践であるため、密な対人的やりとりを通してインタビュアーが研究対象者と一体化しようとする傾向が生じるかもし

れない。そのような場合、インタビュアーは対象者と自分を同一視しすぎて、結果的に専門家としての距離を維持できなくなる危険性がある。文化人類学に「going native（現地の人のようにふるまう）」という言い回しがあるが、これはあらゆることを対象者の視点から報告し、解釈するようになってしまうという意味である。

　インタビュアーの役割においては、専門家として距離をとることと人間的な友情を維持することとの間で葛藤が生じ得る。たとえば、フェミニスト的な思いやりと献身の倫理という文脈の下では、インタビュアーはひとりの友人として、すなわち、温かく思いやり深い研究者としてイメージされてきた。しかし、思いやりある友人としてのインタビュアーという当初の着想は、後にフェミニズムの見地からも批判されるようになる。ダンクームとジェソップは、インタビュアーによる親密さや共感の表出には見せかけの友情やラポールの商品化[訳注9]が含まれており、より広範な倫理的課題に関する懸念を隠蔽するものだと主張している（Duncombe & Jessop, 2002）。雇用主のためであれ自分の論文のためであれ、結果を出さなければならないというプレッシャーの下に置かれた場合、インタビュアーの見かけ上の共感は、対象者のインフォームド・コンセントの裏をかく手段となるかもしれない。それはまた、インタビュイーが後になって「言うんじゃなかった」とか「『わからない』ですませればよかった」と感じるような経験や感情を打ち明けさせてしまうかもしれない。セラピストであり研究者でもあるフォッグ（Fog, 2004）の表現を借りるなら、手練れのインタビュアーがラポール構築の仕方や対象者の防衛を切り崩すテクニックに関してもっている知識は、そこに招かれていない個人の生の内側に入り込むための「トロイの木馬」[訳注10]として機能するかもしれない。治療的な関係であれば、共通利益に照らしてそういった非直接的なテクニックを使うことも倫理的に正当化されるだろう。しかし、研究や商業目的のために利用されるとなると倫理的に疑わしいものとなる。

インタビュー調査におけるミクロな倫理とマクロな倫理

　インタビュー調査における倫理的諸問題は、対象者個人に対する影響という点から取り上げられることが多く、インタビューがもたらす社会的なより広い影響についてはあまり注目されてこなかった。本書でもここまでのところでは、研究倫理に対する一般的な扱いに歩調を合わせて、インタビュー状況、お

よび研究対象者に将来何がもたらされるかといったミクロな倫理*に焦点をあててきた。この節ではマクロな倫理*の観点をとり、インタビューによって生み出された知識がより広い社会的状況にもたらし得る帰結について扱っていく（Brinkmann & Kvale, 2005 参照）。すなわち、1章で紹介した歴史に残るインタビュー研究を引きつつ、ミクロな観点が生み出す倫理的要請とマクロの観点が生み出すそれとの間に、どのような葛藤が起こり得るのかを指摘しておきたい。

　倫理的課題は、ミクロな観点から見るのとマクロな観点から見るのでは違ってくる場合がある。インタビュー状況は、専門家としての権威をもった研究者が対象者の話に強い関心を示す場であり、研究対象者にはポジティヴな経験となるかもしれない。しかしそうしたインタビューで生み出される知識の幅広い社会的帰結は、ときに問題を孕んでいることもある。この点は、労働者をいかに効率的に管理し生産性を上げるかについて経営側が行なったホーソン研究（1章）において顕著であるし、今日では特に、消費の拡大を目指す目的でのインタビューの実施にも関係している。[訳注11]個人の動機づけ面接や、フォーカスグループのかたちで行なわれる消費者インタビューは、標準的な倫理のガイドラインを遵守しており、参加者にとっても心地よいものであるかもしれない。しかしながら、マクロなレベルにおける帰結に関しては疑問の余地が残る。たとえば喫煙に対する十代の若者の態度について行なわれたフォーカスグループ・インタビュー*について考えてみよう。そこで得られた知識は、十代の若者の喫煙を促すような広告を工夫するために利用されるかもしれないし、喫煙をやめさせる健康キャンペーンに使われるかもしれない。しかし資本主義的な消費社会では、喫煙態度に関する知識の生成と使用は、資本のために利用される可能性の方が高い。つまり、喫煙を減らそうとする公共的なキャンペーンのためではなく、タバコの消費拡大を目指すタバコ産業の広告のために利用されるのである。

　ミクロな倫理とマクロな倫理の間の緊張は、アカデミックなインタビュー調査においても生じる。ここで、反ユダヤ主義に関する古典的な研究、アドルノらによる『権威主義的パーソナリティ（*Authoritarian Personality*）』（Adorno, 1980, 原著 1950）を引いておこう。第2次世界大戦が勃発した頃、この研究者たちは反ユダヤ主義と権威主義的な養育態度との関係について検討した。研究の重要な部分は、心理療法に刺激を受けたインタビューから構成されており、研究者たちは、対象者のもつ偏見と権威主義的なパーソナリティ特性との関係を理解するために、対象者の防衛をすり抜けようとして治療的なテクニックを

利用した。ミクロレベルでは、この研究は明らかにインフォームド・コンセントの倫理原則に反している。だがその一方でマクロレベルでは、反ユダヤ主義のルーツに関する知識を得ることで、望ましい社会的・政治的な利益を得ることが意図されていたのである。

　マクロなレベルでの倫理的問題にアプローチする方法としては、理想的には、生み出された知識の社会的な帰結とその使われ方について広く議論することが考えられる。ここで、アメリカ合衆国における個人主義とコミットメントに関するベラーらのインタビュー研究（Bellah et al., 1991，原著 1985）——詳しくは6章で議論する——を引いておこう。この研究者たちは、社会科学研究を行なう真の目的を、社会のゴール（目的）や価値についての公共哲学を実践すること、すなわちそれらについて一般の人々との議論を広げていくこととみなす。彼らは自分たちの立場について次のように述べている。「こうしたインタビューによるデータが上手に提示されたならば、読者は会話に加わるように、また語られたことをめぐって議論を始めるように促されるだろう。能動的なインタビューによって、公共的意見（世論）——すなわち開かれた討論の闘技場においてテストされる意見——と呼びうるものが活発化するというのは興味深い。」（Bellah et al., 1985, p.305／島薗・中村訳, 1991, p.366 より）

■■■　キーポイント

- インタビューの知がインタビュアーとインタビュイーの相互作用を通して生み出されるという点から考えると、この個人的な相互作用がもたらす倫理的な意味について十分な注意が払われなければならない。
- インタビュー研究が呼び起こす倫理的問題は、インタビューが行なわれる場面そのものを超えて、インタビュー・プロジェクトの全段階におよぶ。
- 社会科学研究の倫理的ガイドラインで強調されているのは、研究に参加することに関して対象者のインフォームド・コンセントを得ること、対象者の個人情報を保護すること、研究への参加が対象者にもたらす影響を考慮すること、研究における研究者の役割に注意することである。
- 研究に対する倫理的な要請は一般的なかたちで語られることが多いが、従うべき標準的なルールはほとんどなく、大半は研究者の判断に委ねられている。このためインタビュアーは、回答のどの部分の意味を深く掘り下げるべきなのか、どの部分がインタビュイーにとってデリケートな

意味を含んでおり掘り下げるべきではないかについて、絶えずその場で意思決定をしていかなければならない。
- インタビュー調査の道具になるのはインタビュアーという人間なので、インタビュー・プロジェクトにおける倫理的決定の大部分は、研究者の人間としての人格性に委ねられることになる。
- インタビュー・プロジェクトにおける倫理的課題は、インタビュー対象者を保護するというミクロな倫理だけでなく、インタビューで生み出された知識がより広い社会的文脈でもつ価値に関するマクロな倫理にも関わっている。

さらに学ぶために

インタビューの実施やそれを取り巻く倫理的諸課題については、以下のテキストで学ぶことができる。

Eisner, E. W. & Peshkin, A (eds.) (1990) *Qualitative Inquiry in Education*. New York: Teachers College Press.
Guidelines for the Protection of Human Subjects (1992) Berkeley: University of California Press.
Kimmel, A. J. (1988) *Ethics and Values in Applied Social Science Research*. Newbury Park, CA: Sage.
Mauthner, M., Birch, M., Jessop, J. & Miller, T. (eds.) (2002) *Ethics in Qualitative Reseach*. Thousand Oaks, CA: Sage.

訳者補遺

日本語で読める研究倫理に関する文献には以下のようなものがある。最初のものは質的研究に特化したものではないが、事例を交えて心理学研究の倫理全般について解説しており、質的研究の倫理について考える上でも有用である。

安藤寿康・安藤典明（編）(2005)『事例に学ぶ心理学者のための研究倫理』ナカニシヤ出版
クリスチャンズ, C. G. (2006)「質的調査における倫理と政治」デンジン, N. K. & リンカン, Y. S. (編)／平山満義（監訳）『質的研究ハンドブック1巻　質的研究のパラダイムと眺望』(pp.115-136) 北大路書房
能智正博 (2013)「質的研究の倫理」やまだようこ他（編）『質的心理学ハンドブック』

(pp.71-94) 新曜社

好井裕明 (2013)「質的研究者の実践としての倫理」やまだようこ他（編）『質的心理学ハンドブック』(pp.381-398) 新曜社

訳注

[1]「プロトコル」は、何らかの行為を実行するための手順を定めたもののこと。「倫理プロトコル」は、研究計画を倫理的な配慮の観点からまとめた文書の全体を指しており、これを所属機関の倫理委員会に提出して審査を受ける。研究の利益とリスク、リスクに対する対策、インフォームド・コンセントの内容等が含まれる。

[2] IRB はInstitutional Review Board の頭文字。直訳すれば、「組織内審査委員会」くらいになるだろうか。その組織のなかで倫理的な問題がないかどうかチェックするための内部的な組織であるといった含みがある。

[3] 共同体主義とは、個人と共同体（たとえば国）の間の密接な関係を強調する考え方であり、個人が善き生を考える上で共同体の価値観や伝統を重視する。この点で、個人主義や自由主義とはいくらか対立する面をもっている。フェミニズムもまた、原子のような存在としての個を前提する素朴な自由主義とは距離をおくという点では、共同体主義と共通する考え方をもつ。ただ、従来の共同体がもつ伝統的な価値観を手放しで肯定しようとするわけではなく、個々の関係のなかで作られていく価値を重視する傾向がある。

[4] 要するに、研究する側・される側が協力的なものになり、そこに対等性が実現されると、インフォームド・コンセントなどの契約で関係を規定する必要性はなくなる、ということか。

[5]「自立」した個人の「自律」的な正義判断に基づく理性的倫理（カント的倫理）に対し、身近な共同体のなかでの人間関係を大事にし、自分を含めた当事者の感情と利益を調整することを目指すのが「共同体主義的なケアの倫理」と言える。巻末の用語解説も参照。

[6] インタビュー研究だけに限らず、質的研究では研究の途中で研究設問が修正されたり精緻化されたりすることは珍しくない。近年、倫理委員会等でも質的研究に対する理解が広がり、インタビューの場における質問の追加・修正などについては、特に承認が必要であるとは厳しく言われなくなりつつある。しかしそれでも、研究計画の大幅な変更を伴うような研究設問の修正があった場合には、倫理委員会に再度申請して承認を得ることが望ましい。

[7] フィールドワークのなかでのインタビューでは、研究設問は初期の全体観察のなかで次第に結晶化していくことがある。その場合、真の目的——つまり最終的な研究設問——が当初は研究者にもわかっていないため、それを見つけ、あるいは構築するために、幅広い情報収集から始めることになる。また、権力的な行為や社会的に望ましくない活動をテーマとする場合にも、研究の意図の開示は当初しばしば差し控えられる。研究者が真の意図を明かしてしまうと、不都合な事実が粉飾されたり隠蔽されたりするおそれがあるからである。ジャーナリストの潜入取材ではないので、最終的には研究目的を開示しないわけにはいかないにしても、いつどのように開示するかはケースバイケースで考えなければならない。

[8] 米国における被験者保護のための国家委員会が1979年に発表したベルモント・レポートでは、研究の倫理原則の1つとして、「善行」を挙げている。その他の倫理原則には、「人格の尊重」(個人を自律的な主体として扱い、何らかの理由で自律性が低下している人に対してはその人格を保護するようにする)、「正義」(研究のリスクは研究による利得を享受しうる集団で平等に分かち合い、特定の人々——たとえば社会的に立場の弱い人——だけに負わせることをしない)がある。
[9] データを得るための価値をもつ商品か道具のようにラポールを扱うこと。もっとも、ラポールそれ自体を目的とするというのも、日常生活ではあまり見られない奇妙な行為であるとも言えるだろう。
[10]「トロイの木馬」は、トロイ戦争において難攻不落のトロイアを陥落させるために用いられた巨大な木馬のこと。中に人が隠れることができるようになっており、そこに兵を潜ませて城内に侵入し、内部からトロイア軍を攻略した。ここでは、ラポールという無害な外観をもつ方法で対象者に取り入って、プライベートな情報を獲得しようとすること。
[11] クライエントの内側から変化する力を呼び起こし、行動を変化させ、問題を解決・解消していこうとする、カウンセリングの技法の1つ。クライエント中心療法的な共感的理解をベースにしつつ、ある程度カウンセラーが積極的に働きかけて、クライエントから動機づけの発言を引き出していこうとする点に特徴がある。近年では、企業内の能力開発や営業の改善などにも応用されている。
[12]「公共哲学(public philosophy)」とは、哲学の概念や思考を一般的な人々の間に持ち込みながら、政治、道徳、社会等に関わる公共的な問題について、ともに考えていく学問、ないしその実践のことを言う。ベラーらの『心の習慣』は、社会科学を公共哲学として実践するために構想されたものである。

4章　インタビュー調査を計画する

インタビューを使った探求の7段階
インタビュー調査のテーマ設定
インタビュー調査のデザイン
混合法
方法と職人技のはざまにあるインタビュー実践

この章の目標

- インタビュー・プロジェクトの具体的な計画の仕方についてその詳細を学ぶ。
- 調査インタビューの特徴である開かれた構造は、インタビューの強みであると同時に、問題を引き起こす原因にもなることを理解する。
- インタビューという旅で経験するかもしれない困難に伴う感情の説明から、インタビュー・プロジェクトを進めるために全体的なデザインをイメージしておくことがいかに重要かを理解する。
- インタビュー研究の理念的な7段階モデル——テーマ設定、研究デザイン、インタビューの実施、文字起こし、分析、検証、報告——について学ぶ。
- インタビュー・プロジェクトにおけるテーマ設定、研究デザインといった、インタビューの実施に先立つ段階について学ぶ。
- インタビューを実践する際に方法と職人技の間で生じる緊張について理解する。

インタビューを使った探求の7段階

　質的インタビューの第1の強みはその開かれた性格にある。調査インタビューの実施のため、あるいはインタビュー研究全体のための標準的な手続きや決まりは存在しない。しかしインタビュー調査の各段階においては、方法の選択に関する標準的なやり方があり、本章ではその一端について解説していく。本章は、インタビューを用いる研究者が自らの内省に基づいて方法に関する意思決定ができるようにすることを目標とする。その内省の土台になるのが、研究トピック、利用可能な方法の選択肢、それらがもつ倫理的な意味、その選択がインタビュー・プロジェクト全体にもたらす帰結の予想、などに関する知識である。

　ここでは、インタビューを用いる研究者の力量に焦点をあてることによって、「方法がすべて」対「方法は必要なし」の二分法を解体しようと思う。インタビュー調査の質はかなりの程度、研究者の職人性によって違ってくる。インタビューは、その開かれた性格ゆえに実施の場での意思決定――たとえば、インタビューの場で新たに語られた話題を追いかけていくか、それともインタビューガイドに厳密に従うか――を伴うものだが、結果的に事前の準備とインタビュアーの力量に頼る度合いが高まることになる。インタビューのために事前に設定される一連の決まりがないために、インタビュアーのスキル、知識、直観を活用する開かれた場が生まれるのだ。また、インタビュー調査全体のデザインについても、従わなければならない標準的な手続きはほとんどない。この点は、たとえばサーベイ型[訳注1]の調査とは異なっている。サーベイでは方法の選択の多くが、質問紙の標準化された形式や対象者の回答の統計的分析に最初から組み込まれているからだ。

　インタビュー状況には「標準化されていない」という表現がついてまわるが、インタビュー調査の全体について言えばかなり標準的な出来事も起こるものであり、感情的に困難な5つの時期が経験されがちである。

ボックス4.1　インタビューという旅における感情の力動

　反実証主義的な熱狂の時期　インタビューのプロジェクトは、熱狂と傾倒の心情とともに開始されることがある。研究者はある1つの問題に強くこだ

わり、現実的で自然な、生き生きとした研究を実施したいと考える。そこで求められるのは、抽象的な理論に基づいて実証主義*的で数量的なデータを集めることではなく、人々の生に関する意味のある質的研究である。

インタビューを引用する時期　ここまでのところで研究者は、最初のインタビューを記録し終え、インタビュイーのストーリーに真剣に取り組むことになるだろう。初期段階におけるイデオロギー的な熱狂からは一線を画しつつ、抑圧されがちな自らの生活状況について非常にたくさんのことを開示してくれた対象者との間に、今や個人的な関与の姿勢が生まれ、強いつながりの感覚ももち始める。昼食時になるとインタビュアーは、目新しく豊かな引用で同僚を楽しませてくれるかもしれない。ただ、当初はわくわくしながら聞いていた同僚も、おびただしい数のインタビュー・ストーリーに深く巻き込まれ続けることには困惑するだろう。

黙々と作業する時期　しばらくすると、インタビュー・プロジェクトには沈黙の時期が訪れる。研究者はもはや、昼食時にインタビューの引用を持ち出すことはない。同僚がプロジェクトについて尋ねても、「インタビューは今、文字起こし中」だとか「分析はまだ始まったばかり」といった素っ気ない答えが返ってくるだけになる。この作業の段階は、まじめさと我慢強さに特徴づけられる。

攻撃的な沈黙の時期　インタビューが終わってから長い時間が経ち、未だこれといった成果が見えてこない時期である。同僚がプロジェクトについて質問すると、その研究者からはむっとした様子で「ほっといてほしい」というサインが返されるなど、今やあからさまないらだちにぶつかる危険性が高まる。研究者にとってみれば、これはプロジェクト半ばの危機の時期であり、その特徴は時間の不足、秩序のなさ、そしてストレスである。

最終的な疲弊の時期　ここまでくるとインタビューのプロジェクトは収拾がつかなくなり、もともとは面白く思われたインタビューのストーリーを報告するための時間もエネルギーもほとんどなくなってしまう。この時期にはたとえば、何百ページにもわたって文字起こしされたインタビューがファイルに綴じられたままになり、「何もレポートされない」かもしれない。また、授業のなかで面白そうな引用を利用したりはするが、最終レポートは先延ばしにされたままという「授業利用のみ」の状態もある。ありがちなのが「救えるものだけ救う」という終わり方であり、方法論的・概念的な分析がほとんどないレポートのなかで、他の部分から切り離された引用というかたちでインタビューが利用される。より体系的な「最終レポート」が提出される場合には、研究者はインタビューのストーリーがもともともっていた豊かさを

方法的に正当なやり方で読者に伝えられなかったせいで、あきらめの心境に陥るかもしれない。

ボックス 4.1 に描写されているのは、インタビューという旅における感情の力動である。この内容は、インタビューのプロジェクトを実施している同僚や指導学生を観察した結果、および成績評価研究を行なった私自身の経験がもとになっている。苦難の時期の感情の強度はさまざまで、たとえば、インタビューの逐語録を読むことで新たな意味を発見したときなど、研究初期に多い熱狂の瞬間が後の時期に体験されることもある。ただインタビュー・プロジェクトにおけるほど、初期の情熱と後期の苦しさがはっきりと対照的に体験される例は珍しい。もっとも、インタビュー・プロジェクトの苦しさに関するこのまとめは、およそ四半世紀前のものである。当時は、インタビューという方法はまだ社会科学において比較的新しく、インタビュー調査の慣例に関する文献もほとんどなかった。したがってこうした苦労話は、今日のインタビュー調査では、それほど一般的でなくなりつつあるかもしれない。[訳注2]

上で述べた苦労が現実のものとならないようにするための第一歩として、インタビュー調査の概略をアイデアの着想から最終的なレポートまで直線的に進む 7 段階として示したのがボックス 4.2 である。このような理念化された見取り図は、インタビューという混沌とした旅の途中で体験するかもしれない苦難をインタビュアーが乗り越えるのに役立ち、当初のイメージと意欲的な姿勢を、研究全体を通じて保ち続ける助けとなるだろう。

ボックス 4.2 インタビュー研究の 7 段階

1. **テーマを設定する** インタビューを始める前に、調査の目的や検討すべきテーマに関する概念を明確化する。その調査の「なぜ（why）」と「何を（what）」に関することを、「いかに（how）」という方法についての問いの前にはっきりさせなければならない。

2. **研究をデザインする** インタビューの実施に先立ち、調査に関わる 7 段階の全体を念頭に置きつつ、研究デザインの立案をする（4 章）。その際、どんな**知識**の獲得を志向するか（2 章）と、研究がどんな**道徳的**な影響をもたらすか（3 章）の両方を考慮する。

3. **インタビューを実施する** インタビューガイドに基づいてインタビューを行なう。その際には、目標とする知識やインタビュー状況の対人的

な関係性を内省しつつアプローチする（5～7章）。

4. **文字に起こす**　分析を行なうために、インタビュー資料を準備する。一般的には、口頭の発話を文字によるテクストへと起こす作業が含まれる（8章）。

5. **分析する**　調査の目的やトピック、またインタビュー・データの属性に基づいて、どのタイプの分析がそのインタビューに適しているのかを決める（9章）。

6. **検証する**　そのインタビューから得られた知見の信頼性*、妥当性*、一般化可能性*を確認する。信頼性とは、結果がどれだけ一貫しているかということ、妥当性とは、その研究が明らかにしようとしたことを実際に明らかにしているかということを意味している（10章）。

7. **報告する**　研究からの知見とそこで適用された方法について、わかりやすく書いて伝える。その際には、科学的な基準に合致するような形式を用いるほか、調査の倫理的側面も考慮する必要がある（11章）。

　インタビュー研究における感情の力動は、これらの7つの段階に結びついて現れる。反実証主義の熱狂が支配するのは、足早に通過してしまうことが多いテーマ設定や研究デザインの段階である。インタビューを行なう時期になると、熱心にデータを引用する行為が全般的によく見受けられる。文字起こしと分析の段階には、静かに作業をしつつもストレスがたまるという経験が伴う。検証の段階はしばしばスキップされてしまい、研究報告の段階においては疲労感が広がることになる。こうした望ましくないシナリオが現実化してしまう原因は、本章で取り上げているインタビュー研究のテーマ設定とデザインの段階に時間をかけず、それらの課題を駆け足でやりすごしてしまうからである。

　以上、インタビューを用いた研究に伴う苦難の時期をやや誇張して述べたが、いくぶんは、私がオランダの高等学校で行なった成績評価についてのインタビュー調査に基づいたものである。ボックス4.3は、混沌とした部分も含んでいた成績評価研究を、後づけ的に7段階に秩序立てて記述し直したものである。この研究には、本書を通じて何度か戻ってくることになる。

ボックス4.3　成績評価の研究の7段階

1. **テーマを設定する**　先行研究をもとにして、成績評価が生徒に与える影響について仮説を作った。

2. **研究をデザインする**　30人の高校生と6人の教師を対象にしたインタビューを計画した。

  3. **インタビューを実施する**　詳細なガイドを使ってインタビューを行なった。個々のインタビューはおよそ45分の長さで、レコーダーに録音された。

  4. **文字に起こす**　生徒と教師に対する全36回のインタビューを文字起こしし、およそ1000ページの逐語録にした。

  5. **分析を行なう**　生徒に対する30回のインタビューを成績評価に関連する行動の形態に応じてカテゴリーに区分けした。生徒と教師へのインタビューについては、より綿密に質的な解釈を施した。

  6. **検証する**　インタビュアーと評定者の信頼性や解釈の妥当性などを含め、信頼性や妥当性のチェックは、プロジェクト全体を通して試みた。

  7. **報告する**　結果を書籍と雑誌論文のかたちで発表した。

出典：Kvale（1980）

インタビュー調査のテーマ設定

　初回のインタビューを実施するためにレコーダーのスイッチを入れる前から、インタビュー・プロジェクトのきわめて重要な部分はすでに始まっている。テーマ設定＊とは、研究設問＊を形にし、研究テーマを理論的に明確化することである。インタビュー研究を計画する際に鍵となる問いは、インタビューに関する「なぜ」、「何を」、「いかに」からなっている。

- なぜ（why）　調査の目的をはっきりさせる
- 何を（what）　明らかにすべき題材に関して、先行する知識を収集しておく
- いかに（how）　インタビュー実践や複数の分析技法について熟知した上で、得ようとする知識を獲得するためにどれを適用すべきか決める

　方法（method）とはゴールに至る道と理解できるが、[訳注3]その道を見つけ、あるいは誰かに示すためには、ゴールが何かを知っていなければならない。ゴールに至る途上のさまざまな段階において、どの方法を用いるべきかを熟慮の上で決めるために必要なのは、インタビュー研究のテーマと目的を明確にしておくことである。したがってインタビュー・プロジェクトに関する相談は、ときに探索的な「対抗的」[訳注4]インタビューのかたちをとるだろう。相手が新米のインタビュアーだとしたら、相談を受けた側は方法についての細かな質問をする

以前に、インタビューという旅がどこに向かっているのか、その調査のトピックは何か、どうしてその調査を行なわなければならないか、といった点について問いを投げかける必要がある。質的なインタビュー調査をデザインする方法について質問がなされた場合、標準的な答え方はこうなるだろう——「それは、調査の目的と題材によって違う」。研究デザインに関する技術的な問いである「いかに」を問い、意味のある議論を行なおうとするのであれば、その前に、「なぜ」および「何を」といったテーマに関わる問いに答えておかねばならないのである。

調査の目的

インタビュー調査のテーマ設定は、その調査の目的、つまり「なぜ」をはっきりさせることと関連している。インタビューは、研究主題に関わる対象者の典型的な経験に関する実証的な知識を獲得することを目的に行なわれるかもしれないし、人生誌（biography）を問うインタビューのように社会状況や生活史に関する知識が探求されるかもしれない。また、歴史的事象に関する知識が問われることもあり、たとえば口述史のかたちをとるインタビューの場合には、対象者自身の経験はそれほど関心の対象にはならない。インタビューはさらに、対象者の経験の見取り図を描いたり、ある事象についてのインフォーマントとして対象者を扱ったりする以上の目的をもって実施されることもある。その場合には、対象者の自己呈示を超えて、その発言のなかに表れている個人的な仮定や一般的なイデオロギーが批判的に検討されたりする。

インタビューは探索的な目的で実施されることもあれば、仮説検証的な目的で行なわれることもある。**探索的**インタビューは通常、事前に計画された構造をもたないオープンなかたちをとる。この場合インタビュアーは、問題領域——すなわち可視化すべき領域や解明すべき複雑な問題——をまず呈示し、対象者の応答に寄り添いつつ、その題材に関する新しい情報や新たな視点を探索することになる。**仮説検証的**インタビューは、より構造化されていることが多い。たとえば、集団の間の違いに関する仮説について調査する際には、群間比較を行なうために、質問の文言や順序を標準的なものにしておくことが望ましい。また、1回のインタビューのなかで仮説検証が行なわれることもある。この場合インタビュアーは、テーマに関する対象者の考え方についての仮説を検証するために質問をする。たとえば、個人主義と献身に関わるベラーらの直面的なインタビュー*（ボックス 6.3）がこれにあたる。

インタビューはまた、主に記述を目的とすることもあり、その場合の目標は、対象者の体験世界について重要な面の見取り図を作ることである。さらに進んで、グレイザーとストラウス（Glaser & Strauss, 1967）が開発したグラウンデッドセオリー・アプローチのように、ある題材についての理論的な概念構築を目指し、観察やインタビューを通じて実証的なデータ対話型の理論（グラウンデッド・セオリー）を**帰納的**に作り上げる場合もある。他にもインタビュー調査は、理論が意味するところを**演繹的**に検証することを目指すかもしれない。また、アクション・リサーチのように、集合的活動をするための知見を得るために、集合的活動を通じてインタビューが実施されることもある。その他インタビューは、さらなる実践的ないし理論的研究のための**背景資料**として使われることもある。たとえば、実践家の内省に関するショーンの分析[訳注7]は、専門職へのインタビューに基礎づけられているし（Schön, 1987）、敬意に関するセネットの書籍は、広範なインタビューの経験のもとで可能になったものである（Sennett, 2004）。

研究主題に関する知識

インタビュー調査のテーマ設定はまた、調査のテーマ——すなわち「何を」——の明確化とも関連している。それは、研究対象の現象について概念的・理論的理解を育て、新たな知識が付加され統合されるべき土台を作るということである。調査の研究主題に関するテーマ的な理解、つまり「何を」という問いは、調査の「いかに」——研究の途上で必須となる多くの方法上の意思決定——を考える基礎となる。意味のある研究設問を立てられるようになるためには、研究テーマを熟知しておかなければならない。その問いがソクラテス的な対話での真・善・美の本質に関わるものであれ、チェスの名人の戦略に関わるものであれ、十代の若者のインタビューにおけるラップ・ミュージックの流行に関わるものであれ、事情は変わらない。

インタビュー調査のなかには、調査すべきテーマを他のテーマからはっきり区別したり理論的に概念化したりすることなく、また、その領域の先行文献のレビューを行なうこともなく始められるものがある。しかし、科学の定義の1つは新たな知識を体系的に生み出すことであり、調査トピックに関してすでに知られている内容がわかっていないと、インタビューから得られた知識が新奇性をもつのか、つまり、その研究が学界にどんな貢献をするのかを研究者も読者も確かめることが難しい。現代の多くのインタビュー・プロジェクトにおけ

る理論的なナイーブさは、質的研究がもともともっている属性ではない。フロイトにせよその後の心理療法家にせよ、あるいはピアジェにせよ、彼らの貢献は質的なインタビューに基づいて理論を作ることが可能だと証明している。より最近の例として、ハーグリーブスやブルデューの研究（ボックス1.2および1.3）に目を向けてもよい。そこでのインタビューは、理論的理解を足場にしつつ、さらにそれを発展させることに貢献している。

　プロジェクトにおいてどんなテーマに焦点があてられるかは、その題材のどういった面に注目して問いが投げかけられ、どの面が背景に回るかにも影響する。理論的な概念の違いが方法の選択をどのように左右するかの例として、**からかいの意味**に関する生徒への仮想的なインタビューを挙げておこう。心理学的な理論が違えば、過去、現在、未来といった時間的次元だけではなく、情動、経験、行動のどれが重視されるかも違ってくる。「他の生徒を繰り返しからかって、授業を妨害する」と教師がこぼすような生徒に対して、学校心理士がインタビューを行なうとしよう。そのインタビューは、ロジャーズ的な来談者中心のアプローチで行なわれるかもしれないし、フロイト的な精神分析的アプローチやスキナー的な行動変容アプローチが使われるかもしれない。こうした理論に即してからかい行動の意味を解釈するのに必要な情報を得るためには、異なるタイプのインタビュー質問[訳注8]を用意した方がよい。単純化して言えば、上記のアプローチにおいてはそれぞれ、からかいに対する現在の経験と感情、家族歴と感情的な力動、直後の行動的な帰結（たとえば、からかいに対する周りの生徒たちの反応）に焦点があてられるだろう。こうした理論的なアプローチは、それぞれからかいの意味の異なる面に光をあてるものである。分析の段階になって初めてこれらの理論的アプローチが導入されるとしたら、それぞれの理論をもとに具体的な解釈を行なうために必要な情報がないことになる。

　研究主題の内容を熟知するためには、なにも文献や理論研究だけが頼りになるわけではない。インタビューが行なわれる環境にただ出入りするだけでも、現場の言葉使い、日課、力関係の構造について予備知識を得ることができるし、インタビューイーが話す内容についての感性を高めることができる。その場のローカルな状況に慣れておくことで、インタビューを行なうときにもレポートするときにも考慮しなければならない、コミュニティ独自の倫理的・政治的な諸問題にも気づきやすくなるだろう。とりわけ文化人類学的な研究においては、その土地の文化を熟知しておくことが質問をするための必須条件となる。文化人類学者のジーン・レイヴは、次のように証言している。

フィールドを訪問する理由の1つは、自宅近くの図書館で考えた概念や質問のうちもっとも具体的なものですら、それがどれほど抽象的かということを実感できることです。私が最初にブラジルを訪問したとき、2000マイル移動してたどり着いたのは、中北部の小さな町でした。町には本物のインディオが住んでいると聞いていましたので、信じられないほどの興奮を感じたことを覚えています。私は町にとびだして歩き回り、とうとうそのインディオの集団を見つけて、まっすぐ彼らの方に近づいたのですが、そのとき私は何を言ったらいいのかさっぱりわかりませんでした。私が質問したかったのは、「みなさんは半族の制度（＝ある特異なかたちの親族関係）をもっていますか？」ということでした。でもそんな質問は意味をなしませんでした。彼らが半族の制度をもっているかどうか、彼らから引き出せるような質問の方法を見つけるまでには、実際のところ、4ヶ月かかったのです。[訳注9]（Lave & Kvale, 1995, p.221. いくらか要約して引用）

成績評価研究におけるテーマ設定

　ここで簡単に、1978年からデンマークの高校で実施した成績評価に関する研究を例に、テーマ設定がどのように行なわれたか述べてみたい（研究全体のデザインについてはボックス4.3を参照）。この研究のきっかけは、高校での成績の平均点によって大学入学を制限するという新しい政策に対して公に行なわれた議論である（Kvale, 1980）。私は当時、デンマークの文部大臣との紙上討論に参加していた。文部大臣は、成績の平均で大学入学を制限することによる教育的・社会的影響はほとんどないと主張し、その主張に反する他国での調査結果についても、デンマークの状況には一般化できないと述べていた。そこで私は、教師と生徒に対し成績評価に関する経験を尋ねることによって、この問題を実証的に調べてみることにした。先行研究などをもとにして事前にいくつかの仮説が導き出された。成績の観点に関する第1の仮説は、「成績評価は学習や学習が生じる社会状況に影響する」というものである。第2の仮説は、「高校の成績の平均点が大学入試に使われることで、成績への関心が広がる」というものである。これらの仮説は、試験に関する私の博士論文で議論したことや（Kvale, 1972）、他の研究者がその後行なった成績評価に関する研究に基づくものだった。

インタビュー調査のデザイン

インタビュー研究をデザインすることは、研究における「いかに」に関わる手続きや技法を計画することと切り離せない（Flick, 2007a）。以下の解説は研究デザインの形式的な枠組みに関するものであり、小規模で柔軟な探索的研究よりも、大規模で体系的なインタビュー調査にあてはまる部分が多い。調査活動やインタビュー実践に精通している研究者であれば、よりインフォーマルなインタビューのアプローチを使って、重要な知見に到達することも考えられる。

成績評価研究のデザイン

成績評価に関するインタビューでは、私はそれが方法論的に十分コントロールされたデザインになるように特に注意を払った。理由は、このテーマが当時広く論争を引き起こしており、私自身、大学入学の選抜に成績評価の平均点を用いることに対してかなり批判的な考えをもっていたためである。また当時は、質的インタビューを研究で用いることはかなり珍しく、それに対する反対意見も存在した。調査では、30人の高校生に成績評価についてのインタビューを個別に実施したが、この対象者数は、リソースが限られるなかで代表的サンプルを得るという条件を考慮した結果である。また、個別の高校の特殊事情による影響を弱めるため、異なる3つの学校それぞれから1クラスずつを抜き出し、ランダムに対象学生を選んだ。また、インタビュアー個人のバイアスを取り除くため、30人の高校生はそれぞれ4人の調査者にランダムに割当てられた。インタビュアーは、3人のアシスタントと私である。さらに、成績評価の影響についての別の観点を得るため、6人の教師にもインタビューを行なった。

インタビュー・デザインの時系列的な側面

初期のテーマ設定の段階から最終的なレポート作成の段階まで、7つの段階が相互に関係していることを考慮して、常にインタビュー調査の時系列的な側面を心にとめておくべきである。具体的に言うと、インタビュー研究の7段階の全体を見通しておく、段階間が相互に関係している点に注意する、後の段階（たとえば分析や検証）を前倒し的に組み込む、らせん的に前の段階に立ち戻る、研究の最終地点を視野に入れる、研究を通してインタビュアー自身が成長することを考慮する、という6点である。

- **全体を視野に入れる**　インタビューを始める前に研究過程の全体像をイメージしておくことが大切である。より標準化された方法——実験、質問紙、検査など——を用いる研究では、測定手段の構造自体の要請によって、研究のやり方に関する事前の意思決定が行なわれることになる。たとえば、質問紙にあらかじめ回答の選択肢が設定されていたり、統計的な分析や数量的な結果の提示のためのコンピュータ・プログラムが準備されていたりするなど、方法論的な選択肢が測定手段にあらかじめ組み込まれる。これに対して、オープンで標準化されていないインタビュー研究の場合は、方法の選択肢は研究の途上で初めて浮かび上がってくるかもしれない。場合によってはそれが、研究テーマや目的に照らして適切な選択をするには遅すぎることもある。[訳注10]
- **段階間が相互に関係する**　異なる段階でなされる方法の選択には相互に強いつながりがある。ある段階で行なった決定が次の段階の選択肢を広げたり制限したりする。たとえば、インタビュー研究の結果をより大きな集団に対して統計的に一般化したいのであれば、あらかじめ対象者の人数や代表性に関する何らかの基準を考慮に入れてインタビュイーの選択をしなければならない。また、系統だった言語学的分析や会話分析*を行なう場合、インタビューを通常のやり方で話し言葉から書き言葉に変換していたとしたら、それらの分析を実施するのは不可能に近いか、かなり時間をかけて文字起こしをやり直す必要が出てくる。
- **前倒しでの作業を試みる**　インタビュー後の段階で行なうべきことをより早い段階でやっておく。インタビュー・プロジェクトの問題点は分析段階になって明るみに出ることが多いが、その火種はしばしばより早い段階にある。解決策は、もともとのインタビューの質を高めておくことである。つまり、インタビューの実施中に発言の意味を明確にしておくと、後の分析がずっと容易になり、データに根ざしたものになる。たとえば、インタビュー中にコントロール質問（control questions）[訳注11]をすることによって、インタビュー解釈の妥当性は向上する。インタビューの質を高めるためには、単に面接技術を高めて質問すればよいわけではない。研究のできるだけ早い時期から、研究テーマや目的をしっかりと設定しておくことが求められる。
- **らせん的に立ち戻る**　インタビュー研究の特徴は、異なる段階を行き来す

るという点にある。本章で述べた7つの段階は直線的に進行する印象を与えるかもしれないが、実践の場では、円環的でらせん的なモデルに修正してしかるべきだろう。研究テーマをより広い視野で理解するようになった研究者が、プロジェクトの後半において以前の段階に立ち戻ることがある。そこには、分析が終わってから追加のインタビューを行なったり、データのある部分をもう一度文字に起こしたり、得られたストーリーを別の視点から分析し直したりすることが含まれる。

- **ゴールを視野に収める**　期待される結果を研究の開始時点から思い描いておく。念頭におかれるのは博士論文なのか、内部的な評価レポートなのか。研究結果は出版されるのか、出版されるとすればそれは短い論文なのか一冊の本なのか。それはまた、学術的な議論のためのものか、一般社会に向けたものなのか。これらの問いに対する答えはガイドラインとして役立ち、インタビュー・プロジェクトの各段階を通して慎重に意思決定する助けとなるし、研究が目標に向かって逸れずに進むように支えてくれる。また、最終的な報告がどのようなものとなるかは、初期段階における倫理的課題に対する判断にも影響する。課題にはたとえば、インタビューで語られたことがその後どのように利用されるかを知らせる、インタビューを広範囲にわたって引用することに対して書面で許可を得る、公的に利用されることを前提にしたインタビューで個人的な主題をどう扱うか決める等がある。
- **インタビュアーが成長する**　インタビュアーは、調査を通して学びを進める。対象者との会話は調査対象となる現象に関する研究者の理解を広げ、更新する。インタビュイーは現象について想定外の新奇な局面を知らせてくれるかもしれないし、逐語録を分析するなかで、特異なところが新たに発見されることもある。これは、研究トピックについて未知の側面を見出そうとする探索的な研究の目的とうまく合致する。対照的に仮説検証型の研究では、インタビュアーが次々と重要な気づきを新たに得てしまうと、研究デザインに問題が生じることになる。たとえばインタビューによる一連の検証のなかで、成績評価は男子と女子の教科学習の仕方に異なる影響を及ぼすといった、現象の新しい面が見出されたとしよう。ここで研究者は深刻なジレンマに直面する。残りのインタビューでインタビューガイドを修正して、その面をさらに深めるための質問を加えるか、それとも比較対象となる集団を用意できない以上、残りのインタビューに新たな気づきを組み入れることを差し控えるべきかどうか。洞察を深めることが標

準化された設定を脅威にさらすというジレンマに対しては、研究の主目的を最初からできるだけ明確にしておくこと以外に、単純な解決策はない。このように探索的研究においては、研究者があるトピックへの学びを深めるにつれて、質問の仕方が何度も改善されることがある。明らかにしようとするトピックのニュアンスや複雑性に対して敏感な、洗練されたインタビュー実践となっていくことが理想である。[訳注12]

- **作業日誌をつける** インタビューという旅路の時間的移り変わりの様子を追えるように、研究を通して学んだことを記録する作業日誌のようなものを持っておくとよい。そこに書き留められるのは、研究過程そのものの振り返りだけでなく、インタビューによる知識を自分なりに構築するなかで日々気づいたことや、以前経験したことに対する新しい理解などである。作業日誌は、分析、検証、報告のそれぞれの段階で、インタビュー調査を通じての知識生成のプロセスや変化を理解し、振り返りのための枠組みを提供してくれる。

何人のインタビュー対象者が必要か

インタビュー研究についてのよくある疑問に、「何人のインタビュー対象者が必要だろうか」というものがある。これに対する答えは、単純に言えば、「知りたいと思うことを見出すのに必要なだけの対象者にインタビューすればよい」である。質的なインタビュー研究において、対象者の数は少なすぎるか、あるいは多すぎる傾向がある。対象者の数があまりに少なければ一般化することが難しいし、群の間の差異に関する仮説を検証したり、統計的な一般化を行なったりすることも不可能になる。また、対象者の数が多すぎると、インタビュー内容に深く踏み込んだ分析をすることが時間的に難しくなるだろう。

必要な対象者の数は研究目的によって違ってくる。たとえば、目的が人生誌を聞くインタビューを通じて特定の人物に経験されている世界を理解することであるとしたら、対象者はひとりで十分である。しかし、研究の意図が成績に対する少年少女の態度を探索し、詳細に記述することであるなら、インタビューを追加しても新たな知識がほとんど得られない飽和した状態に達するまで、追加のインタビューを行なうことになるだろう。もし研究のゴールが、国政選挙の結果を予測することであるなら、普通は1000人ほどの代表サンプルが必要になるため、質的インタビューなどは論外であり、質問紙調査が使われる。もし目的が、成績の競争に対する態度の男女差を仮説検証することだった

としたら、必要なサンプルはもっとも少なくて少年3人少女3人になる。3人からなる2つのグループ間の有意差に関してであれば、データの分布にも依存するが、フィッシャーの検定を5%の危険率で行なうことができる（Siegel, 1956）。一般的なインタビュー調査では、インタビューの回数全体はだいたいの傾向として15±10回くらいだが、その数は研究に使える時間とリソースの組み合わせ、および「収穫逓減の法則」によって決まってくる。現代のインタビュー研究から感じられる全般的な印象では、インタビューの回数がもっと少なかったならば、また、インタビューの準備と分析にもっと時間をかけていたならば、さらに多くの知見が得られただろうにと感じられる研究が多い。おそらく質的インタビュー研究の一部は防衛的な過剰反応として、数量的な前提、つまり、インタビューの数が多いほどより科学的であるという前提に則ってデザインされたのではないかと考えられる。

　ここで成績評価の研究を例にして、対象者の数の問題、およびインタビューと質問紙の強みを最大限に生かす混合法*の利用について述べたいと思う。1章で紹介した高校生へのインタビューの引用のなかで、生徒の発言頻度と成績評価はつながっているという主張がなされていた。私の学生のうちの2人が実施した追加的調査では、この発言は質問紙において2つの項目に分けられた（Hvolbøl & Kristensen, 1983）。表4.1には、1章の発言を質問紙にしたものに関して、6つの学校から選ばれた239名の生徒が賛同した割合を示している。すなわち、インタビューを受けた生徒が発言した最初の部分——成績評価はその生徒が授業中にどれだけ発言するかを反映することが多い——については、大部分の生徒が同意している一方、2番目の発言——成績評価はその生徒が教師の意見にどれだけ同調しているかを反映することが多い——については、大多数が同意していないことが明らかになった。質問紙調査では、ひとりの生徒が発言した見解の一般性を多くの対象者で確認することができる。より時間のかかるインタビューで同じことを検証しようとすると、必要な労力が大きくなりすぎるであろう。振り返ってみると、成績評価の研究は、対象者の人数をもっと絞ってより長い時間をかけた集中的なインタビューを実施し、いっそう突っ込んだ解釈をすることによって、さらに価値のある知識を生成できたように思う。その後インタビューに基づいて質問紙を作成し、インタビューで見出された結果を検証することができただろう。

　以上の例は、インタビューと質問紙の強みと弱みを示している。インタビューは、どんな行動が成績の評価に影響するかについて興味深い信念を明ら

表 4.1　インタビューのなかでの発言から質問紙の項目へ

インタビューのなかでの発言
生徒：成績は公平じゃないことが多いんですよ。単にどれだけよく発言するか、先生の意見にどれくらい近いかで決まるっていうことがよく――、よくあるんですね。

質問紙の項目	生徒239人中のパーセンテージ			
	とてもよくあてはまる	あてはまる	あてはまらない	全くあてはまらない
成績評価は、その生徒が授業中にどれだけ発言するかを反映していることが多い	20	62	15	3
成績評価は、その生徒が先生の意見にどれだけ同調しているかを反映していることが多い	4	20	57	19

かにした。一方、質問紙は、それらの信念がより多くの生徒たちの間でどのくらい広く共有されているかを検証するものであった。インタビュアーは、生徒の信念がどれくらい強固なものかを詳しく尋ねることができるし、実際、その主張を裏付けるような具体例を得ることもできたかもしれない。これに対し、質問紙では生徒の発言についてさらに掘り下げて質問することはなかった。このとき用いたのはインタビューと質問紙という2つの方法を混合するアプローチだったが、そのことによる重大な認識論の食い違いは見られなかった[訳注15]。2つの調査法は、単に異なった種類の研究設問、すなわち、生徒が成績評価についてどのような信念をもっているか、そして、どのくらいの生徒がそれらの信念をもっているかという問いに対する答えをそれぞれ提供するものとなっていたのである。

インタビューを行なわないという選択

　本章はインタビューのデザインを扱う内容なので、質的なインタビューがあまり適していない領域や用法にも言及しておくのがよいだろう。本書の目論見の1つは、計画されている研究の題材や目的に照らして別のやり方の方が適している場合もあると指摘することにより、読者を調査インタビューの不適切な使用から**遠ざける**ことでもある。
　たとえば、もしその研究の目的が投票行動のようにかなり大きな集団の行動を予測することだとしたら、時間のかかる質的なインタビューを使って対応で

きる以上の人数の協力者がサンプルとして必要になる。そうした場合には、前もってコード化＊された回答を用いるサーベイ型の質問紙調査が適切な方法である。また、そのプロジェクトに割ける時間があまりないときには、普通は質問紙調査の方が、質的インタビューよりも実施・分析・レポート作成が早くできるだろう。

　もし人々の行動およびその環境との相互作用を研究したいのであれば、フィールドワーク的な観察や形式ばらない会話の方が、行動について単に対象者に質問するよりも妥当な知識を生み出すのがふつうだろう。もし研究のトピックが暗黙の意味や隠れた理解――たとえば、ある集団や文化において当然視されている仮定――に関係しているのであれば、インフォーマルなインタビューで補足しながら実際の行動の参与観察やフィールドワークを行なうことで、より妥当性の高い情報が得られるかもしれない。

　研究目的がひとりの対象者の深いところにある個人的知識を得ることである場合、それがもっともよく得られるのは信頼感を通じてであろう。そうした信頼感は親密でパーソナルな相互作用のなかで生み出されるが、それが育つのは、長期にわたって感情を扱う心理療法のプロセスにおいてである（ボックス2.3参照）。ある人が作り上げてきた自己像に挑戦したり感情的に挑発したりすることは、心理療法に必須の部分である。しかし、そうした激しい感情的な反応を研究上の関心のためにのみ引き出すのは、倫理的には問題であろう。

　インタビュー研究を計画するときには、このように、プロジェクトのテーマと目的に照らして他の方法がより適していないかどうか考えておくのが望ましい。そうは言っても、インタビューは特に次のような場合には有効であることも忘れるべきではない。それは、人々の体験世界における意味の了解について研究したいとき、人々の経験や自己理解について記述したいとき、体験世界に対する人々の視点を明らかにし、丹念に示したいときなどである。

混合法

　近年、「混合法（mixed methods）」――特に、異なるパラダイムの仮説をもつとされる質的方法と量的方法の混合――を用いることについて論争がまき起こっている。[訳注16] この論争は、社会科学の社会・政治的な文脈のなかに埋め込まれており、そこには、量的方法を頂点とし質的方法を主に補助的なものとして貶める、方法論の序列が暗示されている（Howe, 2004）。

4章　インタビュー調査を計画する　｜　69

混合法の使用、あるいはその背後にあると言われているパラダイムの違いについて、先に述べた古典的なインタビュー研究では、どういうわけか問題視されなかった。たとえばピアジェによる子どもの思考の研究は、観察、自然場面での準実験とインタビューを自由に組み合わせていた。アドルノらによる権威主義的パーソナリティの研究は精神分析的面接から始まったが、データの収集と妥当化のために高度に構造化された質問紙とオープンな質的インタビューとを巧みに結合させるやり方を使った。また、ホーソン研究で何千回ものインタビューが行なわれた理由は、労働条件の実験的な変化のもとでなぜ生産が増え続けたのか、工場内の人間関係はいかに改善できるのかといった疑問に答えるためだった。さらに現代の市場調査では、新製品を市場に投入する際にフォーカスグループ・インタビューと質問紙が当然のごとく組み合わせて用いられている。

　今日の社会科学研究においても、インタビューは他の方法と結びつけて使われることが多い。たとえば、教育システムにおける社会的選抜と周縁化や、フランスにおける社会的抑圧について研究したブルデューは、数量的アプローチと質的アプローチを広範に組み合わせて使っている。インタビューはしばしば**事例研究**（case studies）――特定の人物や状況や機関に焦点をあてた研究――に適用されるが、他の方法と結びつけられ、**補助的方法**（auxiliary method）として役に立つこともある。たとえばインフォーマルなインタビューは、程度の差こそあれ参与観察やエスノグラフィー的なフィールド研究において重要な情報源となっている。質問紙を作る際にも、そのトピックの主要な面を浮かび上がらせたり、サーベイ用の質問がどう理解されるかをテストするために、予備的なインタビューが用いられることは珍しくない。実験後のインタビューでは、被験者が実験デザインをどのように理解したかが質問される。

　現在のプラグマティックなアプローチでは、異なる方法は異なる問いに答えるための異なるツールとして位置づけられる。すなわち、質的な方法は「どのような種類の物事か（what kind）」という問いに関わり、量的な方法は、「ある種の物事がどれくらいあるか（how much of a kind）」という問いに関わっている。このような視点から言えば、混合法の使用に伴う問題の中心は、パラダイムのレベルというよりも、実践的なレベルの話であり、質的研究から得られる知識が科学的であるかに関わる社会・政治的レベルでの問題でもある。言葉と数という異なる媒体を用いて作業すること、および、インタビューの形式と分析の技法だけでなく質問紙の作成や統計的な分析についても、すべて高度な

レベルで実施することは、それぞれ長期のトレーニングを通じて獲得される専門性を必要とする。

リソースと専門性

プロジェクトを開始する際には、インタビュー調査に必要なリソースと専門性があるかどうかが見落とされやすい。リソースに関する重要な問いとしては、「研究者はこの調査のためにどれだけの時間を割けるか」、「研究を支えていくために——たとえばインタビューを文字に起こすために——使える資金はあるか」などがある。インタビューの実施自体は通常そんなに時間を要するものではないが、それを文字に起こすにはずっと長い時間がかかり、文字起こしのアシスタントを雇うには費用もかなりかかる。また、その後に行なわれる逐語録の分析は、ふつうはインタビュー研究でもっとも時間を要する部分である。

調査インタビューは、私たちがあまりに慣れ親しんでいる日常的な会話に近いため、最小限の知識しかもたない人にもできる簡単な実践に見えるかもしれない。インタビュアーは単純な問いを投げかけ、そのインタビューを録音し、文字に起こす。そして、コンピュータ・プログラムがインタビューの意味の発見を担当してくれるだろうと夢見るのだ。しかしその種のインタビュー調査は、サーチライトならぬ「リサーチライト」にはなるかもしれないが、実質的な新しい知識を生み出す可能性はほとんどないだろう。

一般的に、今日の社会科学の方法論に関する教育プログラムにおいて、厳格なインタビューのトレーニングはそれほど行なわれていない。博士論文のプロジェクトをインタビューに基づいて始める場合にも、週末のコースやインタビュー入門の教科書で十分と見なされているかもしれない。対照的に、いくつかの専門職領域においてはインタビュアーの集中的な訓練が必要とされている。たとえば精神分析的面接を行なうための認可を得るには、何年ものトレーニングが求められる。産業領域の人間関係に関するホーソン研究では、熟練したインタビュアーになるには数年にわたるトレーニングが必要とされた。また、消費者研究におけるフォーカスグループ・インタビューで司会者の資格を得るためには、クルザナウスカ (Chrzanowska, 2002) によれば、およそ2年のトレーニングが必要と見積られている。

私は12章で、インタビューの実践的トレーニングに立ち戻り、「インタビュー実習」について素描するつもりである。さしあたって、そこにはある種の逆説的状況が見られると結論づけておこう。つまり、専門家的な臨床面接や

商業的なインタビュアーについてはトレーニングへの強い要請があるにもかかわらず、科学的知識を生み出すためにアカデミックなインタビュー研究者をトレーニングしていくことにはほとんど重きが置かれてこなかったという逆説である。

方法と職人技のはざまにあるインタビュー実践

現代の社会科学では、方法が優先的に考慮されがちである。現代のインタビュー調査においてもまた、インタビュー実践の方法、特に文字起こしされたインタビューを分析する方法が強調される傾向にある。「方法」という語は、ゴールに至る道というギリシャ語の語源に即して、広い意味で理解することができる。しかしながら、社会科学に対する実証主義的で分析的なアプローチにおいては、方法は機械的に決まりに従うという意味に限定されてきた。たとえば、次のような記述がある。「方法とは決まりの集まりであり、所与の目的を実現するために機械的なやり方で適用することができる。この機械的という点が重要で、方法は判断力や技量、ないしその他の創造力を前提にするものであってはならない」(Elster, 1980, p.295)。

方法をそうした形式的な決まりとする考え方のもとでは、知識をインタビュアーとインタビュイーの間の対人的相互作用から生み出されるものとする質的な調査インタビューは、明らかに科学的な方法ではなくなってしまう。こうした官僚主義的な「方法」[訳注18]概念においては、理想的なインタビューとはインタビュアーに依存しないやり方を意味することになるだろう。しかし一部の社会調査者たちはそれとは対照的なアプローチをとっており、人としての研究者がまさに調査の道具であることを強調してきた。たとえば、文化人類学者のジーン・レイヴはインタビューに答えて次のように述べている。

> SK（クヴァール）　文化人類学の方法というものはあるのでしょうか。もしあるとしたら、それはどんなものでしょう？
> JL（レイヴ）　私たちに何か1つの方法がある、と言うのはまったくナンセンスだと思います。何より私は、どんな人も1つの方法をもつべきだとは考えていないのです。異なる学問分野には「複数の方法」があってそれを特徴づける「複数の道具」があるという意味においてですけどね。たとえば社会学にはサーベイとか質問紙法、心理学にはいろいろな検査と実験

——そんなふうに、世の中に対して探求の目を向けるきわめて特化されたいろいろな技法がありますね。文化人類学者はそれらが人間を研究するのに適したやり方だとは考えないのです。もっとも一般的な見解を言えば、人間の存在について学び、理解するに足るだけの複雑さをもつ唯一の道具は、もうひとりの人間なのだと私は思います。そこで用いられるのはその人自身の人生であり、世界のなかでの経験なのです。（Lave & Kvale, 1995, p.220）

　人としての研究者が主要な調査の道具とみなされる場合、そこで強調されるのは研究者の適性と職人性——技術、感受性、および知識——である。職人性という言葉で私が言おうとしているのは、何かを生み出すための型に熟達していることであり、そのためにはトレーニングと豊かな実地体験を通じて実践的な技と個人的な洞察を獲得していることが必要とされる。質的調査の妥当化に関する議論のなかでミシュラーは、研究者は論理学者よりもむしろ工芸品を扱う職人に似ていると主張している。研究者の適性を決めるのは、関心対象となる現象に適用できる具体的な方法に関する文脈的な知識である。つまり、「巧みな調査は一種の職人技である。すべての職人技と同じく、それは能力のある研究者について徒弟修行し、実地体験と持続的な練習によって身につけられる」（Mishler, 1990, p.422）ということである。さらに次の点も加えてよいだろう。自然科学領域のノーベル賞受賞者の伝記においても研究は熟練工の仕事のように理解されており、研究のトレーニングが行なわれるのは科学の実験室での徒弟期間を通じてであると強調されているのである（Kvale, 1997 を参照）。

　本書の姿勢としては、インタビュー実践を職人芸のようなものだと主張する。インタビューの実施に求められるのは、内容や文脈に無関係なルールからなる方法に従うことではなく、十分な資格をもった研究者の判断力に頼ることである。インタビュアーは調査の道具であり、インタビューで生み出される知の質は、インタビュアーの職人技、感受性、および研究主題に関する知識に依存する。ここで再び、インタビューとサーベイ型質問紙や心理療法との関係に注目することができるだろう。標準化された質問紙を用いた調査を行なう場合には明白な規定があるので、新人のインタビュアーの訓練は何時間か何日かのうちに完了する。それに対して、専門家レベルの調査インタビューを行なうための資格を得るにはもっと広範なトレーニングが必要であるし、精神分析的な面接に至っては何年にもわたる学術的・心理療法的な訓練を受けなければならない。

インタビュー実践に関する知識は、明示的な決まりというよりもむしろ、具体的なインタビューの事例のなかに含み込まれている何かである。腕利きの熟練工が注意を払うのは方法ではなく課題の方だという。ハイデガーによる工芸作業の分析によれば、大工は金槌ではなく木材や製作されるテーブルの方に注目する。[訳注19] インタビューを学ぶとは、テクニックやツールを超えてその向こう側に到達することである。熟達したインタビュアーは、インタビュー実践のテクニックのことを考えるよりもむしろ、インタビュイーや求めるべき知識のことを考える。

　探求のテーマや文脈に実質的に慣れ親しんでおくことは、専門的なインタビュー実践のための前提条件である。決まりに従うという意味での方法は、調査インタビューの実践においては、研究テーマに関する研究者の専門的知識やインタビュー研究の技法的な習熟に置き換えられる。すぐれたインタビュー調査には、どの規則や技法を呼び起こすべきか・呼び起こすべきでないかという個人的な判断が伴うものであり、そこには決まりについての形式的な知識を超えた、職人技で見受けられるテクニカルな手腕の習熟以上のものが含まれる。研究者コミュニティにおいてそうした職人技をもつ達人との相互作用から学生がインタビュー実践を学べるような、本格的な徒弟期間はこの業界には通常存在しない。その代わりにできることが自学自習でしかないときには、書籍のかたちのマニュアルでも、ないよりずっとましと言えるだろう。

▰▰▰ キーポイント

- インタビュー状況の開かれた性格は新たな知識の生成を促進するが、事後的にインタビュー間の体系的な比較や分析を行なう場合には問題を引き起こすかもしれない。
- 研究初期からインタビューという旅の7段階を考慮しておくことは、旅の困難をいくぶん和らげることになり、より質の高いインタビューの知を生み出すことに貢献する可能性がある。その段階とは、テーマの設定、研究のデザイン、インタビューの実施、文字起こし、分析、検証、報告である。
- インタビュー実施前の段階でテーマ設定や分析に注意を払えば払うだけ、質の高いインタビューが実施できる可能性が高まる。そしてインタビューの質が高まれば高まるほど、文字起こし、分析、検証、報告といったインタビュー後の段階が容易になるし、また、インタビュー研究

が意味のある新たな知識に到達しやすくなる。
- インタビュー実践は、明示的な決まりに従う方法というよりもむしろ、プラグマティックな観点から、職人的技能とみなすことができるだろう。インタビューによって生み出される知の質は、研究主題に関するインタビュアーの知識や職人性によって違ってくる。

さらに学ぶために

インタビュー調査、および質的研究全体に対する研究デザインの諸問題については、以下の著作に概略が述べられている。

Flick, U. (2007a) *Designing Qualitative Research* (The SAGE Qualitative Research Kit, Book 1). London: Sage.［フリック／鈴木聡志（訳）（2016）『質的研究のデザイン』（SAGE 質的研究キット1）新曜社］

Marshall, C. & Rossman, G. B. (2006) *Designing Qualitative Research* (4th ed.). Thousand Oaks, CA: Sage.

訳者補遺

日本語で読めるインタビュー研究の計画については、1章の最後に述べた概説書等において何章かが割かれているほかにも、以下のようなものがある。特にフリック（2011）に詳しい。また、クレスウェルら（2010）は、本章で言及されている混合法について、その研究デザインも含めて解説している。

クレスウェル, J. K. & プラノクラーク, V. L.／大谷順子（訳）(2010)『人間科学のための混合研究法：質的・量的アプローチをつなぐ研究デザイン』北大路書房

フリック, U.／小田博志（監訳）(2011)『新版 質的研究入門：〈人間科学〉のための方法論』春秋社（特にⅢ部「研究デザイン」）

ジャネシック, V. J. (2006)「質的な調査設計の振付け：メヌエット・即興・結晶化」デンジン, N. K. & リンカン, Y. S.（編）／平山満義（監訳）『質的研究ハンドブック 2巻 質的研究の設計と戦略』(pp.43-63) 北大路書房

前川あさ美 (2004)「面接法：個別性と関係性から追求する人間の心」高野陽太郎・岡隆（編）『心理学研究法：心を見つめる科学のまなざし』(pp.257-283) 有斐閣

中澤潤 (2000)「調査的面接法の概観」保坂亨・中澤潤・大野木裕明（編）『面接法：心理学マニュアル』(pp.92-105) 北大路書房

訳注

[1] 質問紙を用いた大規模調査。典型的には、世論調査をイメージしておけばよいが、心理学における質問紙調査もだいたいサーベイと呼んでよい。そこでは、どのような形の問いを準備しどのような回答形式を用いて調査するかが、ある程度標準的なものとして決まっている。得られた回答をどのように分析するかが、多くの場合事前に決定されているために、それに適した質問・回答形式が用いられるからである。この場合、対象者の回答は研究者の想定を超えられないという限界をもつ。

[2] 実際、この感情的な力動の段階に関する説明は、クヴァールの主著、*InterView*の第1版ではそのままのかたちで出てくるものの、第2版以降では削除されている。

[3] インターネット上の辞書であるWiktionaryによれば、methodという語は、ギリシャ語の"méthodós"に由来し、前半部分である"metá-"はafterの意味、後半部分の"hodós"はway, motion, journeyといった意味であると言う。日本語に直せば、「何かを求めるための道ないし動き」、ということになる。

[4] 本書でクヴァールは、5章において、「対抗的質問」という質問類型を呈示してはいるが、「対抗的インタビュー（counter-interview）」というインタビュー類型を特に設定しているわけではない。これは、「面と向かって対抗しているように見える質問を含むインタビュー」くらいの意味で受け取っておけばよいだろう。初心者はここで当然、先輩から方法に関するテクニカルな質問が投げかけられ、その答えに応じてアドバイスが得られるものと期待するが、その予想に反して、テーマや目的を探るための質問に向き合うことになる。

[5] 「実証的（empirical）」であることと、「実証主義的（positivistic）」であることは区別されて使われていることに注意していただきたい。「実証的」であるとは、思弁や推論のみを用いて結論を導くのではなく、開かれた経験的な資料を用いてそれを土台に推論して結論を出していくことを言う。「実証主義」については、巻末用語解説等を参照。

[6] "biographical interview"。「伝記的インタビュー」とも訳されることがある。このタイプのインタビューでは、その人が生きてきた人生の全体を、そのときどきの社会状況も含めて明らかにしようとする。すぐ下に出てくる口述史のインタビュー（oral history interview）と似ているところもあるが、後者はあくまでその個人の体験ではなくより大きな歴史の方を、個人の目を通して明らかにしようとする志向性が強い。

[7] ドナルド・ショーン（1930-1997）はマサチューセッツ工科大学の教授で、その主著である*Reflective Practitioner* (1983, 邦訳2007) のなかで、専門家を単なる技術的熟練者としてではなく、反省的（省察的）実践家として捉え直したことで知られる。そこでは、教師や心理療法家など専門職の反省的な実践の諸相が分析されているが、理論化のための基礎資料としてインタビュー記録や会話記録が用いられている。

[8] 研究設問に基づいてインタビュアーが実際にインタビューの場で行なう具体的な質問のことである。5章で、「インタビュアーの問い」として言及されている。

[9] 「半族」という用語は、西洋社会のなかで発展した文化人類学という学問の枠組みのなかでは明確に定義された共通の用語かもしれない。しかし、そういう制度を実際に生きている人々にとって、それは同じ用語によって概念化されているとは限らないし、概念化すらされていないかもしれない。文化の異なる人々に対する研究の場合、質問する側の間で暗黙のうちに前提されていることがまったく成り立たないこともある。答えがちゃんと

返ってくる質問をするためには、相手の側の前提を繰り込んだ上で、質問を構成することが求められる。

[10] たとえば、前節でロジャーズやスキナーなどの理論的視点の導入に関して述べられていたことを思い出せばよい。分析の段階で初めて理論が導入された場合、その理論的分析を行なうためのデータがないという事態が生じる。次の、「段階間が相互に関係する」も、同じことを別の面から述べているだけであるとも言える。

[11] 「比較のための質問」「対照質問」という訳語もある。もともとはポリグラフ（嘘発見器）検査で使われた言葉であり、「盗んだのはあなたですか？」という関連質問と比較するために、反応のベースラインを押さえる目的で「盗んだのは弟さんだと思いますか？」といったコントロール質問が行なわれる。ただ本書では、もっと広い意味で用いられており、インタビュイーの発言の意味を明確にするために行なわれる、少し異なる角度からの質問全般を指していると考えられる。たとえば、「その子にいじめられたときにはどん気持ちでしたか？」という質問に答えてもらう前後で、「学校で、先生に叱られるといったいやなことがあったときにはどん気持ちになりましたか？」のように、学校でのネガティヴな出来事に対するインタビュイーの反応の仕方を聞いておく。

[12] 同様なジレンマは、複数のインタビュイーから話を聞くのに質問を修正したり精緻化していく場合にも体験される。インタビュイーを全体として捉える場合にはそうでもないかもしれないが、インタビュイーの個人差を問題にしたいときなど、回答内容の違いがインタビュイーの属性の違いに由来するのか、それとも質問の違いに由来するのかが判断しづらくなる。

[13] 「フィッシャーの正確検定」、または、「直接確率検定」とも呼ばれる。この方法を用いれば、複数のカテゴリー（上の例では男子生徒と女子生徒）に関するデータが独立なものであるかそれとも何らかの関連があるか（つまり、男女差はないか、どちらかが多いのか）といった点についての統計的な推論が可能になる。特にサンプル数が少ない場合や数値の偏りが顕著な場合に使われることが多く、サンプル数が大きくなればカイ二乗検定の方が有効になる。

[14] もともとは経済学の用語。何かの生産を増加させるための操作をすれば、結果として生産量は増加するが、その操作をどんどん増やしたとしても、その効果はだんだん小さくなってくるということ。たとえば、勉強時間を2倍、3倍、4倍に増やすと、テストの点はよくなるかもしれないが、2倍を3倍にしたときの得点の上昇は最初に2倍にしたときよりも少ないし、3倍を4倍にしたときの上昇量は2倍から3倍のときよりも少なくなる。ここでは、インタビューの回数を増加させたとき、新しく得られる情報の量についても、だんだん減ってくるということを意味している。

[15] 伝統的に、質的研究と量的研究では認識論的立場が違うので、混合して使うべきではないという考え方があった。たとえば、現実が客観的に存在するという素朴実在論的な考え方で行なう量的研究と、現実が個人の解釈のなかで立ち現れるとする質的研究を同時に行なうと、見えてくるものが違ってきてうまく結論がまとまらなくなるという危険性は、ないわけではない。ただ、質的研究は一枚岩ではなく、さまざまな認識論的立場があるため、立場が共通している場合には量的データ、質的データを巧みに混合させながら1つの研究を仕上げていくことも可能である。クヴァールの成績評価研究では、対象者の成績評価に対

する見方・態度をある意味で実体的に捉えているという点において、質的・量的研究の混合が可能になったものである。次節「混合法」も参照。

[16] パラダイムとは、研究者集団に共有されているものの見方の定型的な枠組みであり、それによって何が探求すべき価値をもっているか、何がデータと呼びうるものか等の問いに対して答えが方向づけられる。上で述べられていた認識論的な仮説などはその1つである。質的研究、量的研究においてパラダイムが異なることはしばしば述べられてきたが、質的研究内部でも異なるパラダイムに基づく技法がある。たとえばグラウンデッドセオリーの方法論1つをとっても、異なるパラダイムのもとでそれを使うということがありうる。

[17] 理想的な実験では、実験群と統制群を分けて被験者をランダムに割付けし、変数を操作的に定義した上で独立変数を操作してその結果を観察する。しかし、独立変数の操作や無作為な割付けが実現できない場合などには、実現可能な範囲で内的妥当性を高める工夫をして実験を計画する。これを準実験と呼ぶ。自分の子どもを被験者にしたピアジェの実験は、いわば単一事例実験に近い準実験である。ただ、厳密な意味での被験者の無作為な割付けは現実には難しく、ある意味ではほとんどの研究は準実験的な面をもっている。

[18] 官僚主義では、個々のケースの特殊性を考慮するよりも、教条的に規則や前例や建前が何より重視される。ここでは方法や手続きが実質的な探求テーマよりも優先される傾向が述べられており、その点、官僚主義のイメージと合致している。

[19] 特に引用はされてはいないものの、この部分の記述はマルチン・ハイデガーの後期の著作である『技術論』の内容を背景にしているものと思われる。この著作のなかでハイデガーは、技術（テクネー）とは本来、対象である自然の本性を露わにすることであると論じている。ところが、近代社会のなかでの技術は、自然を人間の観点から一方的に利用するものになっており、結果的に人間の側もまた一定の枠組みのなかに閉じ込められることになったという。クヴァールは、前者の技術観を職人芸としてのインタビューに、後者を方法としてのインタビューに重ねている。

5章　インタビューを実施する

成績について教室で行なわれたインタビュー
インタビューの場の設定
インタビューの台本作り
インタビュアーの問い
追加質問の技法

本章の目的
- インタビューによる知の生成プロセスを理解する。
- デモンストレーション・インタビューから、インタビューにおける相互行為と問いかけの実際について学ぶ。
- インタビューの準備について理解を深める。たとえば、インタビューのための場を作ることやインタビューガイドのかたちで台本を用意することなど。
- 研究者の設問、インタビュアーの問い*、質問の言語形式、追加質問の技法が果たす役割について理解を深める。

　本章は、インタビューを行なう上での一般的ルールを導入しようとするものではない。ここで述べられるのは、豊富な実践経験を通して身につけられる職人技とでも言うべきインタビューのテクニックのいくつかである。そうしたテクニックがマスターされるにつれて、インタビュアーはインタビューの内容に集中できるようになる。本章では、まず生活世界に関する半構造化インタビューを扱い、次章でその他のさまざまなインタビューの形式について述べる。この生活世界インタビューは、インタビューイーの生活世界がいかに言葉にされ、言葉にされた現象の意味がいかに解釈されるかを理解しようとするものである。

このインタビューには、推奨される問いかけとともにカバーすべき一連の主題があるが、同時に、対象者の返答や語られたストーリーに応じて、質問の流れや形式を変更することにも開かれている。生活世界インタビューにおけるオープンな現象学的アプローチの特徴はインタビューイーから学ぼうとするところにあり、次の文化人類学のインタビューにおける前口上には、その特徴が端的に表れている。

> 私はあなたの視点から世界を理解したいのです。私はあなたのやり方で、あなたの知っていることを知りたいと思っています。あなたの経験の意味を理解し、あなたの立場で生活し、あなたがものごとを感じるように感じ、そしてそれについてあなたが説明するように説明できるようになりたいのです。どうか私の師となり、私が理解できるように導いていただけないでしょうか？（Spradley, 1979, p.34）

成績について教室で行なわれたインタビュー

ボックス5.1に示したのは、1987年にサンフランシスコのセイブルック研究所で開催されたインタビューのワークショップで、私がクラスの生徒たちを前に行なったインタビューである。インタビュー状況は人工的なものだが、生活世界に関する半構造化インタビューの全体像を要約的に示すためには悪くないだろう。以下にこのインタビューを、言葉遣いを少し変えて短縮し、逐語的に再現して示す。

ボックス5.1 デモンストレーション・インタビュー

クヴァール0　さて、今から私は、質的な調査インタビューにおける理解の様式について実際にお示ししようと思います。おひとり手伝ってくださる方が必要です。話題はかなり一般的なもので、精神分析的な深いインタビューではありません。インタビューは10分ほどで、終わってからこの場で議論することになります。

30代の女性が手をあげる。

クヴァール1	インタビューへのご協力ありがとうございます。私は何年かヨーロッパで成績評価の効果について研究してきましたが、今はアメリカの学生や生徒にとっての成績の意味に関心があります。最初にお尋ねする質問は難しいかもしれませんが、小学校に通っていた頃の記憶をたどってみて、あなたが初めて成績をもらったときのことを思い出してもらえるでしょうか？
学生1	思い出すことはありますけど、初めてのときの記憶ではないかもしれません。
クヴァール2	それでけっこうです。どんなことが起こったか、教えてもらえますか？
学生2	成績はとてもよかったですね。100点をとったテスト用紙のいちばん上に、赤い星がついていたのを覚えています。私の記憶のなかでは、心躍る印象深い経験です。
クヴァール3	そうですか。心に残っているのは赤い星だけですか？ 他に何かありましたか？
学生3	（笑）私はその色あいをとてもよく覚えています。ぴかぴかしてましたね。ごほうびをもらったときのことは隅々まで覚えています。クラスメートや先生からは褒められましたし、両親は大喜びでした。でも、成績がそれほどよくないクラスメートの何人かからは反発されましたね。いろんな気持ちが入り交じった思い出です。でも、だいたい私が思い出すのは、喜んでもらったという面ですね。
クヴァール4	いろんな気持ちが入り交じったとおっしゃいましたが、それについて説明していただけますか？
学生4	そうですね、当時、私は先生のお気に入りだったんです。人によっては、「ああ、たぶんあの子が本当に点をとったんじゃなく、ただ先生があの子をひいきしているだけだよ」って言ってたと思います。ある種の階層ができていました。どうしてかというと、私は単に先生のお気に入りだっただけではなく、実際に成績もよかったので、私とクラスメートの間には、一種の不協和音がありました。
クヴァール5	その不協和音について説明してもらえますか？
学生5	そうですね。思うに、成績のよい生徒とそうでない生徒の間

	には、ある種の壁がいつもあるんですよ。特に小学校の頃には、テスト用紙のいちばん上に書かれている得点でそれが決まっていました。
クヴァール6	それは低学年の頃ですか？１年生の頃？
学生6	３年生です。
クヴァール7	３年生ね。いずれにしても、ずいぶん昔の話ですね。思い出せるでしょうか、周りの人たちが言っていたこととか、あるいは ・・・。
学生7	いいえ。それはもっと感情的なものだったというか ・・・。
クヴァール8	感情的 ・・・。
学生8	そうです。感情的な問題でした。自分と周りの友達との間に距離をおくみたいな ・・・。
クヴァール9	成績がよかったせいで ・・・。
学生9	はい。
クヴァール10	それについて何か対策を立てようとしたりしましたか？
学生10	その後はあまりうまくいかなかったんです。その経験から私は本当に大きな影響を受けました。先生に気にいられたり一緒にいたいと思ったりする以上に、私にはクラスメートのみんなと仲良くしたいという気持ちがあって。だから、とても大きな意味をもっていたんです。
クヴァール11	それは、あなたにとって大きな経験だった（はい）。そしてあなたは、先生とクラスメートの間で板挟みになった、あるいは、板挟み状態のように経験されたわけですね。（はい）ご両親はそこに入ってきてくれましたか？
学生11	私の思い出す限りではノーです。というのもそれは ・・・ それは、私にとって、成績をどう経験するかということの大きな節目だったのですが、両親にとっては、たぶんそれほどのものではなかったんだと思います。成績はまだまだ悪くなくて、許せる範囲でした。よくがんばっていて落第もしないからということで、私は前と同じように、普通にごほうびをもらっていましたね。板挟みの状態はそのままでしたね。
クヴァール12	いわば先生への忠誠とクラスメートへの気持ちの間に不協和音的なものが生じたわけですが、そのような状況は、他のときにも経験したことがあるものですか？ 他に思い出すことは ・・・？

学生12	そうですね、そういうことは私の人生のなかで何度も繰り返されています。友達や仲良しグループのことをおろそかにし始めると、ええと、おまえにとってどっちが大事なんだ？という声が聞こえてくるんです。で、私にとってより大事なものは友人関係の方なんです。
クヴァール13	なるほど。それは基本的なところですね。さて、先ほど何度か「ごほうびをもらう」とおっしゃったのですが、「ごほうびをもらう」とはどういう意味でしょうか？
学生13	ああ、3年生のときには夜更かししてテレビを見ていいとか、そういうことでした。他にはどこかに連れて行ってもらえるとか、ちょっと遅くまで外出してよいとか、後はたぶん、単にアイスクリームや食べ物をもらえるとか、そういうことだったと思います。

（紙数の都合で以下は割愛するが、残りのインタビューでは、大学における学生の友達づきあいの重要性に話が進んだ。インタビューの最後は次のように締めくくられた。）

クヴァール26	いいでしょう。さて、インタビューを終える前に、何か付け加えておきたいことはありますか？
学生26	いいえ、特にないと思います。
クヴァール27	わかりました。ご協力どうもありがとうございました。

（この後、クラスでこのインタビューについて議論がなされた。そこでは次のようなやりとりがあった。）

クヴァール28	それ（成績評価）についてみなさんの前でインタビューを受けるというのはどのような経験でしたか？
学生28	私にとっては、それについて探索するとてもいい機会になったと思います。私は、そのことについて長いこと考えもしなかったのですが、でも、最近受けた心理療法の経験からわかったのは、先生との関係が友達との関係よりも近かった頃は、私の人生のなかですごい時期だったということです。私はそれに、じっくり向き合わなければなりませんでした。このことについて話せて面白かったです。当時何が起きていたか、かなりクリアになりましたから。

ここで引用した短いインタビューのなかでもたらされた知見を眺めたとき、成績評価の社会的影響に関するいくつかの重要な側面が明らかになる。それは基本的に、教師への忠誠か友人への忠誠かという、よくある葛藤の問題である。よい成績をとり教師のお気に入りになることによって、彼女を見る級友たちの経験に不協和な響きが生じ、それが彼女と友人グループの間に隔たりを引き起こした。そして彼女にとって友人関係がもっとも重要なものとなっていくなか（学3〜5）、そのような不協和音は彼女の人生のなかで何度も繰り返された。

　このインタビューで実演された知識の生成の様式は、ロジャーズによるクライアント中心の質問技法に着想を得たものである。インタビューガイドに盛られたテーマとしては、私はすでに述べたロジャーズ、フロイト、スキナーの3つのアプローチ（4章）に基づく3つの理論的立場から、成績評価の意味を捉えようとしていた。すなわち、この学生が「いろんな気持ちが入り交じった」（学3）、「もっと感情的なものだった」（学7）と語ったことに対しては、私はロジャーズ派のアプローチに従い、まさに彼女と同じ言葉を繰り返すことによって、そのときの感覚や入り交じった感情についてより詳しく語るように促した（ク4と8）。広い意味でのフロイト的アプローチは、「ご両親はそれに介入してくれましたか？」と質問することによって試みている（ク11）。またその後私は、教師と友人との間での忠誠をめぐる葛藤が他の状況を連想させるかどうかを尋ねている（ク12）。学生は、そのことは彼女の人生のなかで繰り返し起きてきたと述べているが、家族関係についてはふれていない。私はここで、彼女の成績と忠誠に関する葛藤が、子ども時代の両親の注意をめぐる嫉妬やきょうだいとのライバル関係の再演である可能性を思い浮かべた。インタビューの最初の方で、この学生は、クラスの友達や教師、両親から褒められるといった、よい成績に伴う強化に言及していた（学3）。私は、スキナーの強化のアプローチに従い（ク13）、「ごほうびをもらった」という学生の言葉の意味を明らかにしようとした（ク3と13）。これに対して学生は、よい成績の報酬として、子どもの頃夜更かししてテレビを見たことやアイスクリームを買ってもらったこと等について語っている。

インタビューの場の設定*

　インタビューの舞台は、インタビュイーが自分の生活や世界に関する見方を話しやすくなるよう設定しなければならない。決定的に重要なのは、インタ

ビューの最初の数分間である。インタビュイーは、初めて会う人に自分の経験や感情を自由に話し開示してもよいと感じる以前に、インタビュアーがどんな人か知りたいと思うだろう。よい出会いは注意深い傾聴によって可能になるが、インタビュアーが対象者の語ることに対して関心と理解と敬意を示し、リラックスした態度で自分が知りたいことを明確に伝えることが大切である。

インタビューは、対象者に対してインタビュー状況を明確に定義づける**ブリーフィング**[訳注1]（事前説明）から始まる。インタビュアーは、インタビューを始めるにあたって手短にインタビューの目的やレコーダーの使用などについて説明し、インタビュイーから質問があるかどうかを確認する。それ以上の説明は、インタビューが終了するまで控えることが望ましい。成績評価に関するデモンストレーション・インタビューでは、その直前（ク0）と開始時（ク1）に、インタビューの目的とその背景について簡単に説明してから、インタビューを開始した。

インタビュー終了時には、緊張感や不安がいくらか体験されることがある。なぜなら対象者は、インタビュー中に個人的で感情的な経験を何度も口にしてきたため、インタビューの目的が何で話したことがどのように利用されるかについて気になるかもしれないからである。また、おそらくは空虚感を抱く人もいるだろう。というのも、対象者は自らの人生について非常に多くの情報を提供する一方で、そのお返しをまったく受け取っていないからである。とは言っても、調査インタビュー後の対象者の多くは、インタビューは純粋に充実した体験で、熱心な聞き手に対し自由に話すことは楽しかったと述べる。ときには自分の生活世界の大切な主題に関して新たな洞察が得られたと言う人もいる。

開始時のブリーフィングは、インタビュー後の**デブリーフィング**によってフォローアップされるべきである。デモンストレーション・インタビューは、次のようなデブリーフィングで締めくくられている。すなわち、インタビューを終える前に、何か付け加えておきたいことはあるかを学生に聞き（ク26）、インタビュー終了後に、インタビューを受けた経験について尋ねている（ク28）。インタビュアーのこうした促しを受け入れるかたちで、学生は自分の人生誌と関連づけながらインタビューのテーマについてさらにコメントしたのである。

インタビューはまた、インタビュアーがインタビューから学んだ重要なポイントのいくつかに言及することで終えられることもある。対象者は、このフィードバックについてさらにコメントしたいと思うかもしれない。このよう

なやりとりはその後、インタビュアーからの次のような言葉で締めくくられるだろう。たとえば、「私からの質問はもうありません。インタビューを終える前にあなたの方から何か話しておきたいこと、尋ねておきたいことがありますか。」などである。これによって、インタビューの間考えたり気になっていたりしたことを持ち出す機会が対象者に与えられる。なお、デブリーフィングはレコーダーのスイッチを切った後にも続く場合がある。レコーダーのスイッチがオンになっている間は念のため話すのを控えていた話題を、ほっと一息ついた後に持ち出してくるインタビューイーもいるかもしれない。ここでようやくインタビュアーは、対象者が関心を示す限りにおいてではあるが、インタビュー調査の目的やデザインについて、さらに詳しく話すことができる。

インタビューの現場では、インタビューイーの発言だけでなくその声や表情、身体表現が伝わってくるため、後に逐語化されるテクストと比べて、対象者が伝える意味にいっそう実感を伴って接近できる。したがって、それぞれのインタビューが終わった後には10分かそれ以上静かな時間をとって、個別のインタビューから得られた内容を振り返っておくことが役に立つだろう。このときの直接的な印象の基礎には、インタビュー現場での相互作用のなかで伝えられた意味に対する、インタビュアーの共感的な接近がある。それはメモのかたちで記録されるか、あるいはレコーダーに録音されるだけかもしれない。しかし後で逐語録を分析する際には、これが貴重な文脈情報をもたらしてくれる。

インタビューを報告する場合、おそらくかなりの長さで引用が行なわれることになるが、その際、インタビューの社会的文脈ややりとりの情動的なトーンなども明らかにしておくと、その場にいあわせていない読者にとっても、語られたことの意味が理解しやすくなる。さらに会話の状況や雰囲気を伝えるためには、問いや返答をどのように扱うかについて、ジャーナリストや小説家に学ぶところも大きい。

インタビューの台本作り*

インタビューの場は通常、台本を用意することで準備される。インタビューの進行を多かれ少なかれ構造化する台本とは、インタビューガイドのことである。それは網羅すべきいくつかのトピックを単に並べているだけの場合もあるし、表現を慎重に吟味した質問を書き示した詳細なものの場合もある。ここで扱う半構造化タイプのインタビューにおいては普通、網羅すべき話題の概略と

そのための質問例のリストが含まれる。ただ、質問とその順番がどれくらい厳密にインタビュアーに対して拘束力をもつかは個々の研究によって異なる。また、ガイドにこだわる程度やインタビュイーの返答や展開される新しい方向に合わせる程度について、インタビュアー自身の判断やその場での機転に任せるかどうかについても同様である。

　研究目的を開示するかという点も、インタビューによって違う。当初から目的を説明して直接的な質問をする場合もあれば、遠回しに間接的な質問から始め、インタビューが終わってから初めて目的を明らかにするやり方もある。後者のアプローチは、漏斗型のインタビューと呼ばれる。たとえば、あるコミュニティが宗教に対してもっている態度を明らかにしたい場合は、まず、近隣に関する一般的な質問をしてから、移民が多くいるかという質問に移って、最終的にイスラム教徒の住人に対する態度について尋ねる。このような間接的なインタビュー・テクニックを用いるかどうかは、インフォームド・コンセントの倫理的なガイドラインとの関係を考慮する必要がある。

　インタビューでの質問は、テーマ的な側面と対人力動の側面から評価される。テーマ的な側面とは知識の生成に関するもの、対人力動的側面とは、インタビューにおける人間関係に関するものである。よいインタビューの質問とは、テーマ的には知識の生成に貢献し、対人力動的にはインタビューにおけるよい相互作用に貢献するものである。

　テーマ的な側面から言うと、質問は、インタビューの「何（what）」の部分、すなわち研究トピックの理論的概念やその後の分析と結びついている。体験世界についての自発的な語りを求めるインタビューなのか、一貫したナラティヴを求めるインタビューなのか、あるいは、あるトピックに関するその人の理解について概念的な分析を行なうためのインタビューなのかによっても、質問のかたちは違ってくるだろう。インタビューの手続きが自然な感じであればあるほど、インタビュイーから自発的で生き生きとした、思いがけない答えが得られる可能性が高い。これに対し、インタビュー状況がより構造化されたものであるほど、分析のなかでインタビューを概念的に構造化することが容易となるだろう。

　「前倒しでの作業を試みる」という原則（4章）に従えば、インタビューの質問を用意する際に、研究の後半で行なわれるインタビューの分析についても考慮しておくべきである。回答をコード化する作業が分析に含まれている場合、後で用いられるカテゴリーに関して、その意味をインタビューのなかで継続的

に明らかにしておく必要がある。ナラティヴ分析*を行なう場合は、対象者が自らのストーリーを展開できるような十分な自由と時間を与え、続いて、主要なエピソードや登場人物に焦点をあてた質問をしていく。

対人力動的な側面から言えば、質問は、インタビューの「どのように（how）」の部分に関わっている。質問は建設的なやりとりを活性化し、会話の流れを維持し、対象者が経験や感情について話すよう促すものでなければならない。質問はまた、わかりやすく簡潔で、学術用語を含まないことが望ましい。テーマ的な面では適切な概念を用いた質問であっても、対人力動的な観点からは、適切な質問であるとは限らない。インタビューの初心者は、概念的な質問をダイレクトに投げかけることがよくある。たとえば社会学者のセネットは、彼自身まだ若い学生であった頃、ボストンのエリート集団の一員にインタビューをしたのだが、このときかなりダイレクトな質問をしてしまい、次のような反応を返されることになった。「『ちょっとおにいさん、何ですって？』これは、サマーセットクラブでお茶を飲みながら、ボストンの年配のご婦人に、自身のアイデンティティについて述べてくださいとぶしつけにお願いしたときに受けた反応である。私は、他者から情報を引き出す上で、正面からの攻撃が最善の方法だとするインタビュー初心者にありがちな過ちを犯してしまったのである」(Sennett, 2004, p.41)。

インタビューを準備する際には、2つのインタビューガイドを用意することが有益かもしれない。1つは、研究プロジェクトのテーマとなる研究設問に関するもの、もう1つは、テーマ的な側面と対人力動的側面の双方を考慮して設定された質問をまとめたものである。研究者の設問（reseacher questions）は、通常、理論的な用語で表現される。これに対し、インタビュアーの問い（interviewer questions）は、インタビュイーが用いる日常用語で表現されるのが望ましい。表5.1に示したのは、成績評価に関する研究で主題となった研究設問と、それを変換して、研究テーマに関する知識をもたらし、なおかつ対人力動的にも自然な会話の流れに貢献する問いにしたものである。学術的な研究設問──たとえば、内発的動機づけや外発的動機づけといったもの──については、自発的で豊かな説明を引き出すために、堅苦しくない会話調の質問に変換しておかなければならない。研究設問の抽象的な表現に対して、ほとんどの高校生はとっさには答えることができないからである。また、1つの研究設問を複数のインタビューでの問いかけによって明らかにすることもできる。そのようにして、複数の角度から研究トピックに近づき、豊かで妥当性の高い情報

表 5.1　研究設問（リサーチクエスチョン）とインタビューでの質問

研究者の設問	インタビュアーの問い
高校ではどのような形の学習の動機づけが支配的か？	勉強している科目を大切だと思っていますか？ 学ぶことはそれ自体が面白いと思いますか？ あなたにとって高校に通うことの主な目的は何ですか？
成績評価は、学習において内発的な関心に基づいた動機づけを犠牲にして、外発的で道具的な動機づけを助長するものなのか？	読みたい（勉強したい）ものと、よい成績をとるために読まなければならないものとが食い違った経験はありますか？
成績をとるための学習は、収入のための労働へと社会化するものか？	よい成績をとったご褒美としてお金をもらったことはありますか？ お金と成績の間になんらかのつながりがあると思いますか？

を得るのである。その他、1つのインタビューでの問いかけがいくつかの研究設問に対する回答をもたらす場合もある（Flick, 2007a, chap.2 も参照）。

　「なぜ（why）」、「何が（what）」、「どのように（how）」を問う質問の役割は、研究設問で扱う場合と実際のインタビューで用いる場合で異なってくる。研究プロジェクトをデザインする際には、「なぜ（why）」と「何が（what）」は、「どのように（how）」に先立って問われ、それに答えておかねばならない。一方、インタビューの場面では優先順位が異なっており、インタビューの主要な問いは何事かを叙述する形式――「何が起こったのですか、それはどのようにして起こったのですか」、「そのとき、どのように感じたのですか」、「あなたはどのようなことを経験しましたか」等――をとるべきである。インタビューの目的は、対象者から自発的な叙述を引き出すことであり、物事がなぜ起きたのかに関して対象者の推測に頼る部分を含む説明を引き出すことではない。インタビューで「なぜ（why）」という問いを多用してしまうと、過剰に内省的で知的なインタビューになってしまいがちであるし、学校での口頭試問を連想させてしまうかもしれない。物事がなぜ生じたのか、その理由と説明を明らかにしていくことは、本来は探索する側の仕事である。もちろん対象者自身の行動

の理由を問う「なぜ」型の質問が、それ自体として重要な場合もある。したがってそういう質問をするときは、インタビューの最後の方になってからが望ましい。[訳注4]

　なぜ対象者がそのように経験し行動したかという問いは、主として研究者が判断すべき問題である。ここでインタビュアーは、対象者の自己理解を超えていくことになるかもしれない。これは、医者の診断に喩えるとわかりやすい。医者は患者に、なぜ病気になったかを聞くところから始めるのではなく、まずはどこの具合が悪くどんな気分なのか、どんな症状なのかを尋ねるものである。そして、患者への聞き取りから得た情報やその他の方法で得た情報をベースに、何の病気である可能性が高いかを診断する。医者にとっても研究者にとっても、対象者自らによる状況説明を把握した上でなぜを問うことが、多くの場合大切ではある。しかし、医者とインタビュー調査者いずれにおいてもまず最初の課題は、自らの解釈を引き出すために妥当性も信頼性も高いデータを語りから得ることなのである。

　質問のテーマ的な側面と対人力動的な側面に注意を払うことに加えて、インタビュアーはまた、インタビュー後に行なわれる分析、検証、報告のことも考慮しておかなければならない。何について質問しているか、なぜ質問しているかがわかっているインタビュアーは、インタビューの実施中にそのプロジェクトに関連する意味を明らかにしようとするだろう。インタビューイーの発言から曖昧さを取り除こうとする努力は、その後に行なわれる分析のためにいっそう安定した土台を提供してくれる。インタビュー中に行なわれるこのような意味の明確化に向けた努力はまた、研究者が対象者の話を積極的に傾聴し、関心をもっていることを相手に伝えることになるだろう。インタビュアーの仮説や解釈は、インタビュー中に検証され、反証され、精緻化されて、インタビューが終わる頃には仮説や解釈の検証は完了しているというのが理想的である。

インタビュアーの問い

　インタビュアーの問いは短く、簡潔である必要がある。導入の質問は具体的な状況について尋ねるものになるかもしれない。たとえばデモンストレーション・インタビューでは、学生が成績評価を初めて受けたときのことを覚えているかという質問で開始された（ク1）。その後のインタビューは、学生が持ち出した成績評価の諸側面に沿って進められた。

インタビューを行なう研究者は、その人自身が研究の道具である。そこで決定的に重要なのは、回答の直接的な意味やその回答がもつ意味の可能性の広がりを感受するインタビュアーの能力である。インタビュー対象者やインタビューのトピックに十分な注意を注ぐことができるためには、質問の様式に通じているだけでなく、ここでも研究テーマや人間の相互作用に関するインタビュアーの知識や関心が必要となる。

ボックス5.2　インタビューでの質問

A. **導入のための質問**（introductory questions）「～について話してもらえますか」、「そのとき起こったことについて思い出せますか」、「今話してくださったエピソードでは何が生じていたのですか」「あなたに学びが生まれた状況について、できるだけ詳しく説明していただけますか」など。このような質問を切り出すことによって、明らかにしたい現象の主要な側面について、対象者自身がどのような経験をしたかが語られ、自発的で豊かな説明が得られることになる。

B. **掘り下げのための質問**（follow-up questions）　対象者の回答は、インタビュアーの好奇心、粘り強さ、批判的な態度によって広がりを見せる。このことは、発言されたことに対して直接的な問いかけをすることによって可能になるが、軽いうなずきや相槌、ちょっとした間によっても、対象者からの説明を促すことができる。対象者の回答に含まれる重要な語句を反復して返すことも、より詳細な説明の呼び水となる。また、インタビュアーはトレーニングを通じて、回答のなかに"注意信号"が点灯することに気づくようになる。たとえば耳慣れない言い回しの使用やイントネーションの強調があった場合、それは回答が対象者にとって複雑な全体性をもつ重要な話題であることを示しているかもしれない。

C. **探索のための質問**（probing questions）[訳注5]「それについてもう少しお話しいただけますか？」「何が起きたかもう少し詳しく説明していただけますか？」「これについて他に例を知っていますか？」など。ここでインタビュアーは、どんな面を考慮して答えてほしいとは伝えずに、回答をさらに追求し対象者の言いたい内容を探っていく。

D. **具体化のための質問**（specifying questions）　インタビュアーは、目に見える特徴を問う質問[訳注6]を行なうかもしれない。たとえば、「不安が高まったと感じたとき、実際にはどうされたのですか？」、「身体はどのように反応しま

したか？」など。終始一般的な説明がなされることが多かったインタビューでは、「あなた自身もそのように経験されたのですか？」等と問いかけ、より正確な記述を得るように心がける。

　E.　**直接的な質問**（direct questions）　インタビュアーは、たとえば、「よい成績とひきかえにお小遣いをもらったことはありますか」、「競争とおっしゃいましたが、それは、運動選手の言うような競争のことですか、それとも破壊的な競争をお考えですか？」といった質問によって、ある話題や特定の次元をやりとりのなかに直接導き入れることができる。なお、このような直接的な質問は、対象者自身による自発的な説明がなされ、その現象においてどのようなことが中心になっているかを把握した上で行なう必要がある。そのため、インタビューの後半まで差し控えるのが望ましい。

　F.　**間接的な質問**（indirect questions）　インタビュアーは、「成績をめぐる競争について、他の生徒のみなさんはどのように捉えていると思いますか？」など、投影的な質問を利用することもある。対象者からの回答は、他者の態度についての直接的な言及であるかもしれないが、同時に、対象者自身が直接的には言及しない自らの態度を間接的に伝えるものかもしれない。ここで得られた回答を解釈するためには、さらに注意深い質問が必要である。

　G.　**構造化のための質問**（structuring questions）　インタビュアーは、インタビューの流れに責任を負っている。したがって、あるテーマが言い尽くされたようなときにはそれを知らせなければならないし、調査に関係のない回答が長く続くような場合は、率直に、かつていねいにさえぎることもある。この場合、たとえば、相手の回答に対して、自分なりの理解を短く述べた上で、「では、他のことについてお聞きしてよいでしょうか」と続けるとよい。

　H.　**黙って待つ**（silence）　調査インタビュアーは、絶え間なく質問を投げかけてインタビューを尋問的な場とするよりも、「沈黙は金」という格言に従うべきである。調査インタビュアーは、沈黙をうまく利用する心理療法家のやり方を参考にすることができる。言葉のやりとりが中断するのを許容していくことにより、対象者は重要な情報に関してそれらを関連づけ、内省し、自ら沈黙を打ち破るために十分な時間をもつことができる。

　I.　**解釈を呈示する質問**（interpreting questions）　解釈の程度については、単に回答を反復するものから明確化を試みる質問をするものまで幅がある。前者については、「おっしゃったのはこういう意味ですか？」と言って回答を繰り返す例があり、後者については、「…と感じていらっしゃるという理解で正しいですか？」、「…という言い方はあなたが今述べてくださったことを十分言い表していますか？」というような質問がある。また、生徒が語っ

> たことに対して、「成績についての主な不安は、ご両親からの反応に関係しているということで正しいですか？」などのように、より直接的な解釈を行なう場合もある。

　ボックス5.2には、有用な質問の主なタイプが載せてあるが、そのうちのいくつかについては、デモンストレーション・インタビューでも使われている。導入のための質問にあたるのは、成績評価に関する具体的なエピソードについての質問（ク1：質問タイプA）であり、それはうまくはまった。インタビューの前半3分の2では、「赤い星」について学生が語ったこと（学2）に対しては、主として掘り下げのための質問（B）を用いた。彼女の声や顔の表情から、この表現が何らかの重要な経験のシンボルではないかと思われたからだ。私は、「赤い星」という表現を繰り返しながら掘り下げのための質問を行ない（ク3：B）、その結果、豊かな情報を含む感情的な回答を導き出した（学3）。
　探索を続けるなかで、私はもう1つの重要な表現である「入り交じった感情」についても反復し、さらなる説明を求める質問を続けた（ク4：B・C）。その結果明らかになったのは、対象者が心の奥底に抱えていた、教師への忠誠と友人たちへの友情の間の板挟みというテーマであった。このテーマは、学生自身が、「で、私にとってより大事なものは友人関係の方なんです。」（学12）と結論づけるまで続いた。一連の流れのなかで私は、「壁」や「距離」（学5、8）といった重要な何かが隠れていそうな表現を耳にしたが、それを掘り下げる代わりに、特定化のための質問（ク6：D）や解釈を呈示する質問（ク9：I）を行なった。
　このインタビューでの質問の大部分は精査のための質問（C）であるが、成績評価に関するエピソードやその影響などについて何度か直接的な質問を行ない、それに対する学生の答えのなかで重要と思われる言葉を取り出して反復して伝えるということもしばしば行なった。解釈を呈示する質問も何度か認められる。たとえば、インタビューの前半部分では、学生の発言（学8）に対して、「成績がよかったせいで…」（ク9：I）と直接的な解釈を伝えた。この発言に対して学生は即座に「そうです」（学9）と認めている。後半部分で行なわれた「"ごほうびをもらう"というのはどのような意味でしょうか」という質問は、意味を明確化するための質問であり（ク13：I）、アイスクリームをもらえることや夜更かししてテレビを見ていられるといったごほうびに関する具体的な説明を引き出した（学13）。

インタビューのなかには、私が掘り下げなかった回答もある。たとえば、学生が強調して述べた、「私にとってより大事なものは友人関係の方なんです。」（学12）という回答である。私は彼女が言ったことを、「それは基本的なところですね」（ク13）と認めて、掘り下げようと試みたのだが、彼女がそれに取りあおうとしなかったので、成績に対するごほうびの方に話題を転じた。友情のテーマを掘り下げることをやめた理由は、今となってはよく思い出せない。クラスの生徒の前でそのテーマをさらに話すことは彼女にとってデリケートにすぎると考えたのかもしれないし、また、成績評価に関するディスコースのなかでインタビューを続けようとする私の試みを、彼女が友情のディスコースに変えようとしていると感じたからかもしれない。[訳注8]

ボックス5.3　質問の言語形式

　それについて述べてもらえますか？　何が起こったのですか？
　あなたは何をやったのですか？　それはどんなふうに思い起こされますか？　どのようにそれを経験しましたか？
　それについてどう感じますか？　この出来事に対するあなたの感情的な反応はどのようなものでしたか？
　それについてどう思いますか？　この問題についてどう考えますか？
　何が起こったかについてあなたはどんな意見ですか？　今ではそれをどう評価しますか？

　インタビューで生成される知識のタイプは、質問——そのインタビュー研究の目的に対応している必要があるわけだが——の言い回しによってかなり違ったものになる。ボックス5.3は、あるエピソードについてさらに詳しく尋ねる際に用いられる言い回しのバリエーションを示したものである。それぞれの言い方によって引き出される答えのスタイルは、記述的・行動的・体験的領域から感情的・認知的・評価的範囲まで、かなり異なったものになる。インタビュー中にただ1種類の質問形式を一貫して使い続けてしまうと、もっぱら感情的なインタビューになったり概念的なインタビューになったりするなど、特定のスタイルの答えを誘導してしまうおそれがある。

　成績に関するインタビューに見られる質問では（ボックス5.1）、その大部分が事実を問うものとなっており、学生に対しては、「思い出せますか」（ク1,7）、

「どんなことが起こったのでしょうか」（ク 2, 3）、「説明してください」（ク 4, 5）と質問している。「どういう意味でしょうか」という概念的な質問も認められる（ク 13）。感情を尋ねる直接的な質問はしていないものの、学生が使った「入り交じった気持ち」（ク 4）や「感情」（ク 8）といった情動的な表現については、2 箇所でこちらから再度言葉を繰り返した。また、学生の「入り交じった気持ち」と「不協和音」という発言については、どのように感じているかを説明するように求める質問を 2 回行なった（ク 4, 5）。一方、ボックス 2.3 に示したクライエント中心療法のインタビューでは、カウンセラーは主に感情的な用語を使って質問している。また、ソクラテスが愛と美の本質を問い尋ねる際に適用していたのは、詮索的で概念的な質問であった。

追加質問の技法

　ここまでのところでは、インタビュアーの質問に焦点をあててきたが、個別の質問技法を習得するのと同じくらい重要なのは積極的傾聴である。これは、インタビュイーが話すことに対して能動的に耳を傾けるインタビュアーの能力のことである。インタビュアーは、何がどのように語られるかを聞き取ることができなければならない。ここで思い出しておきたいのは、タイム誌に掲載された 20 世紀の傑出した 20 人の学者の伝記である（1 章）。そこでは、フロイトやピアジェが患者や子どもたちに示した聴く技術と観察のスキルが強調されており、特にフロイトは、患者の言葉の傾聴に熟達していたという。

　対象者の回答には多様な側面があり、どの面に対して追加質問していくかを判断するためには、主題を聞き分ける力、インタビュー・トピックに関する知識、インタビューの場の社会的関係に対する感受性、そして、何を聞きたいかについてのインタビュアー自身の理解などが求められる。チェスになぞらえて言えば、相手の打つ手によって盤上の構成は毎回変化するため、プレイヤーは自分の次の一手を決める前に、相手の次の一手を予想しながら相手の手が示す複数の意味に思いをめぐらせなければならない。

ボックス 5.4　追加質問*

生徒　成績は公平じゃないことが多いんですよ。単にどれだけよく発言するか、先生の意見にどれくらい近いかで決まってしまうことがとても

──、とても多いんでね。
インタビュアー それがどう成績に影響することになるんですか？

インタビュアーの応答の、その他の可能性
（黙っている）・・・
なるほど・・・
「どれだけよく発言するか」？

そのあたりをもっと話してもらえますか？
今、言ってくれたことの具体例を話してもらえますか？
自分でもそういうことを経験したことがありますか？

成績が公平ではないと感じるわけですね。
成績はご自分の能力を表していないと思うわけですね。

成績は、「どれだけよく発言するかを測っているにすぎない」ということについてもう少し説明してもらえますか？
どんなふうに先生の意見に従うことになるのか具体的に話してもらえますか？

成績がどれだけ発言するかによって決まってくるというのは、見かけ倒しという意味でしょうか？
先生の意見に従うことが重要であるというとき、お世辞やおべっかといったことを思い浮かべているのでしょうか？

確かにそうだと確信しているのですか？
それは、あなただけの理屈というわけではないのですね？

ボックス5.4に示したのは、1章で紹介した成績評価に関するインタビューイーの発言に対して想定可能なインタビュアー側からの反応である。掘り下げのための質問にはただ1つの"正解"があるわけではない。ボックスに示した選択肢はそれぞれ、インタビュアーの回答の別の面を開いていくものである。これらの返答は大まかに、次のようにタイプ分けできる。[訳注9]

• インタビューイーが話したことをきちんと聞いていることを知らせ、やや詳

しく話してもらうためにインタビュアーの言葉を 2、3 取り出して繰り返すだけの質問
- より具体的な内容を探索していくための質問
- 程度の差こそあれ、解釈を呈示する質問
- インタビュイーの発言に対する対抗的な質問

この事例で実際に用いられたのは、最後の対抗的な質問である。追加質問という技術を前もって具体的に示しておくことはほとんどできない。インタビュアーに求められるのは、インタビュー研究の研究設問を考慮しながら、その場その場で対象者の答えを柔軟に掘り下げていくことである。

　以上、私がデモンストレーション・インタビューのなかで使った手法、つまり学生の回答を掘り下げて説明をさらに求め、意味や感情を明確化する手法について述べてきた。私にとって、学生の回答を掘り下げていく作業はかなり容易なことに感じられたが、それは私がインタビューのトピックに精通しており、すでにデンマークで成績評価に関するインタビューを経験していたためである（ボックス 4.3）。私は、この短いインタビューのなかで受講生たちに具体的なインタビューのテクニックを実演してみせ、それによってなじみのある話題から興味深い知識が引き出されることを示したいという自分の思惑もまた意識していた。そしてまた、アメリカの学生が成績評価に関してどんなことを考えているのか知りたいという期待ももっていたのである。

▰▰▰ キーポイント

- 質的なインタビューは半構造化の形式をとるのが普通である。そこでは、扱いたい一連のテーマがまずあって、それに応じた質問がいくつか用意される。ただ同時に、質問の形や流れの変更には開かれており、インタビュイーから得られた回答や語られたストーリーをさらに掘り下げていくことが可能である。
- インタビュー状況のなかで作り出される社会的相互作用は、インタビュアーにとって重要な設問に答えるインタビュイーの準備性（レディネス）や回答の質に対して決定的な意味をもつ。
- インタビューの場の設定には十分な注意を払う必要がある。対象者にはそのインタビューについて事前にブリーフィングを行なうほか、事後にもデブリーフィングを行なう。インタビューで生成される知識やインタビュイーに対する倫理的な含意に対して、ブリーフィングがもつ影響を十分考

慮しておかなければならない。
- インタビューガイドのかたちでインタビューの台本を用意するときには、2つの質問リストを作っておくことが役立つだろう。1つは、学術的な用語を用いてプロジェクトの主な研究設問を示したリストであり、もう1つは、研究設問をインタビューのなかで使われる質問として、一般的な言葉に置き換えたリストである。
- インタビューの質は、インタビュアーが投げかける質問だけで決まるのではない。対象者が行なった回答に対するインタビュアーの反応のしかたも同様に重要である。たとえば、インタビュイーが回答を続けようとしている間、しばし沈黙することを許容したり、さらなる情報を求めて探りを入れたり、得られた回答を検証しようと試みたりすることなどがそこに含まれる。

さらに学ぶために

インタビューを実施する上での実際的な問題については、以下の文献で主に扱われている。

Angrosino, M. (2007) *Doing Ethnographic and Observational Research*. (Book 3 of The SAGE Qualitative Research Kit). London: Sage.［アングロシーノ／柴山真琴（訳）（2016）『質的研究のためのエスノグラフィーと観察』（SAGE 質的研究キット3）新曜社］

Flick, U. (2007a) *Designing Qualitative Research* (Book 1 of The SAGE Qualitative Research Kit). London: Sage.［フリック／鈴木聡志（訳）（2016）『質的研究のデザイン』（SAGE 質的研究キット1）新曜社］

Rubin, H. J. & Rubin, I. S. (2005) *Qualitative Interviewing*. Thousand Oaks, CA: Sage.

Seidman, I. E. (1991) *Interviewing as Qualitative Research*. New York: Teachers College Press.

Spradley, J. (1979) *The Ethnographic Interview*. New York: Holt, Rinehart & Winston.

Wengraf, T. (2001) *Qualitative Research Interviewing*. Thousand Oaks, CA: Sage.

訳者補遺

日本語で読める文献としては、第1章で述べた概説書の他に以下のようなものがある。1冊目の参考文献は、調査的面接全体の概論書ではあるが、インタビューの技法面の解説が手厚い。

鈴木淳子（2005）調査的面接の技法（第2版）ナカニシヤ出版
徳田治子(2014)「インタビューの方法」やまだようこ他(編)『質的心理学ハンドブック』(pp.307-323)新曜社
徳田治子(2007)「半構造化インタビュー」やまだようこ（編）『質的心理学の方法：語りをきく』(pp.100-113)新曜社
フリック, U.／小田博志（監訳）(2011)『新版 質的研究入門：〈人間科学〉のための方法論』春秋社（特にIV部「口頭データ」）
やまだようこ(2006)「非構造化インタビューにおける問う技法」『質的心理学研究』5, 194-216.

訳注

[1]「ブリーフィング」、「デブリーフィング」の作業は研究倫理にも深く関わっており、3章も参照すること。
[2] 9章で述べられている「内容分析」におけるコード化が想定されていると思われる。そこでは基本的に、本格的な分析を行なう前にデータを枠づける概念（コード）が決められており、分析者はデータを読みながら個々の部分がどの概念にあてはまるか判断していくのだが、しばしばデータは曖昧で、分析の段階ではなかなか判断がつかないこともある。そこで、それらの概念をインタビューの段階から頭に入れておき、どれにあてはまるかをインタビュイーとのやりとりのなかでなるべくはっきりさせておくことを試みる。もちろん、ボトムアップでデータから概念を作り上げていく場合には、この限りではない。
[3] サマーセットクラブは、19世紀前半ボストンで組織された会員制の社交クラブ。こうしたクラブは、紳士の交流の場として18世紀のロンドンに初めて作られたが、間もなくアメリカ合衆国でも組織されるようになり、現代では女性も会員として受け入れられている。
[4] もう一言付け加えるとしたら、「なぜ」という質問は、ちょっとした言い方の違いで、非難の意味として解釈され、インタビュイーとの良好な関係を危うくしてしまうこともある。「なぜそこに行ったのですか？」と言うと、行ったことへの非難がそこに含まれているようにも聞こえる。無用な誤解を避けるためにも、「なぜ」型の質問は、ある程度気心が知れたインタビューの後半にとっておくか、あるいは「どのように」型の質問に変換し、「どういうふうに（どういう経緯で）そこに行ったのですか」のように質問するのがよいかもしれない。
[5] プローブ（probe）とはもともと、測定や実験などのために、試料に接触または挿入する針のこと。調査インタビューの文脈では、「追求質問」と訳されることもある。そのやり方は多様である。鈴木淳子『調査的面接の技法』（2002, ナカニシヤ出版）では、回答が不完全な場合に行なう「補完的なプローブ」、回答の意味をもっとはっきりさせるための「明晰さのプローブ」など、「追求質問」を6種類に分けて説明している。
[6] operationalizing questions。Operationalize（操作化する）とは、もともとは、心理など目に見えないものごとを、目に見える操作とか行動のかたちで示すことを意味している。たと

えば、ラットの「空腹のレベル」を「6時間の間水しか飲ませなかった」といった「操作」に置き換える。そうすることで、別の研究者の追試が容易になる。ここでは、追試を問題にしているわけではなく、抽象度の高い言葉で回答された内容を、具体的に追体験しやすいかたちにしていくための質問のことを言っている。

[7] projective questions。Projection（投影）は、精神分析的に言えば、自分のなかの不快な感情を、自分ではなく相手がもっているとみなす防衛機制の一種。ここでは、自分の考えや感情を周りの誰かのものとして語っている場合があるので、まずは周りの人の考えや感情について問いつつ、インタビュー自身の考えや感情を間接的に探索する手法のことである。

[8] ここでは、やりとりを支える枠組み、くらいの意味でとっておけばよい。2章の訳注19等も参照のこと。

[9] ボックス5.4で、追加「質問」は——見てのとおり、質問ではないものも含まれてはいるのだが——6つのグループにまとめられている。本文中にある4つのタイプと対応させるとしたら、まずは第一のタイプがボックス内の最初の3つのグループと対応している。残り3つのタイプは、以下の3グループの質問とそれぞれ対応していると考えられる。

6章　インタビューの多様なかたち

インタビューの対象者
インタビューの諸形式
直面的なインタビュー

本章の目的

- インタビュー実践の多様性について理解を深める。
- 外国人、子ども、エリートなど、異なるタイプの対象者にインタビューする際に生じ得る諸問題について理解する。
- インタビューの形式は一様ではないことを理解する。それぞれのインタビュー形式は異なるタイプのツールであって、インタビュアーはそのなかから、研究目的、探求される知の種類、インタビューの対象者、インタビュアーの個人的なスキルとスタイルに応じて選択を行なうことになる。
- 事実探求型インタビュー、概念探求型インタビュー、フォーカスグループ・インタビュー、ナラティヴ・インタビュー、ディスコース・インタビューは、それぞれ、異なる社会的な力動と質問の技法を伴っていることを知る。
- 前章で紹介した調和的で共感的な生活世界インタビューと、より論争的で直面的なインタビュー実践の違いについて理解する。

インタビューの対象者

　前章で議論したインタビューの形式は、北ヨーロッパやアメリカの中級階級の成人を対象として想定したものであった。子どもやエリートをインタビュー

する場合や、男性や女性の特性を考慮してインタビューする場合、容疑者や目撃者をインタビューする場合、そして文化をまたいでインタビューを行なう場合には、また違った難しさが生まれる。とりわけ未知の文化においては、他人と相互作用する際の主導権のとりかたや方向づけの仕方、質問の様式などに関する規範は同じではない。以下では、異文化間インタビュー、および子どもとエリートを対象とするインタビューに焦点をあて、異なるタイプの人々にインタビューをする際に生じる問題について述べていく。

異なる文化的背景をもつ対象者へのインタビュー実践

　文化をまたぐインタビューでは、インタビュアーとインタビュイーの関係性に影響する数多くの文化的要因に気づくことの難しさがある。外国の文化のなかにいるインタビュアーは、時間をかけて新しい文化になじみ、間違って受け取りやすい多くの言語的、非言語的要因について理解していかなければならない。たとえば、"イエス"といった単純な言葉が、ある文化では同意を表すものと解されるのに対し、別の文化では、質問を確かに聞いたと確認するだけの反応とされたりする。こうした違いは、ビジネスの契約を結ぶ交渉の場などでは決定的なものとなる。コミュニケーションにおける言語外の特徴に関して言えば、複数の文化集団が同じような身振りを使用しているのにその意味が異なっているような場合には、文化間での誤解が生じる可能性がある。たとえば、うなずくという身振りは、ヨーロッパの大半の地域では合意を表すが、ギリシャの複数の地域では否定を表す（Ryen, 2002）。

　文化をまたいだインタビューを実践する上で、気をつけなければならない具体的な行動には、次のような例がある[訳注1]（Keats, 2000）。

- 情報獲得の手段としてのみ質問すること
- 婉曲的に述べるのではなく単刀直入に発言すること
- タブーに関わる事柄に直接ふれること
- 話をするとき相手の顔をのぞき込むこと
- 女性にインタビューする際に男性のインタビュアーを使うこと、また、その逆に男性にインタビューする際に女性のインタビュアーを使うこと

加えて、翻訳に関わる言語学的・社会的問題もまた重要である。通訳を選ぶ際には、その言語に堪能であるだけでなく、文化的に許容される通訳を選ぶよう配慮しなければならない。通訳の役割は、インタビュアーやインタビュイーの補助であって、それにとって代わることではない。特に、プロの通訳を使わず

に相手の親類や友人を通訳に雇う場合には注意が必要である。そうすることで相手とのコンタクトがより容易になるかもしれない。しかしその通訳自身何か聞きたいことや言いたいことをもっている場合があるし、インタビュアーやインタビュイーの役割に微妙に入り込んでくる可能性もある。

　ジェンダーや世代、社会的階級や宗教をまたいでインタビューを実施する際、研究者自身が属する文化の内部でも、言語の使い方や身振り、文化的規範の不一致の認識に困難が生じる。サブカルチャー間に存在するこのような違いは、異なる文化間に生じる問題ほどはっきりと述べられないが、共通の文化の下で生きているという暗黙の想定があるために、かえって文化内の多様性に気づくことが難しくなるのかもしれない。

子どもへのインタビュー

　子どもへのインタビューは、彼らが世界をどのように経験し理解しているかを彼ら自身に表現してもらう機会となる。とりわけ物理的概念、現実や道徳性の理解に関してピアジェが子どもたちに行なったインタビューは、現在に至るまで子どもの思考プロセスに関するわれわれの見解に多大な影響を与えている。

ボックス6.1　子どもに対してピアジェが行なった夢についてのインタビュー

ピアジェ　夢ってどこから来るのかな？
子ども（5歳）よーく寝たら夢を見ると思うの。
ピアジェ　それは私たちの中から来るのかな、それともお外からかな？
子ども　　お外から。
ピアジェ　何を使って夢を見るのかな？
子ども　　わかんない。
ピアジェ　おててを使ってかな？　…何も使わなくてもいいのかな？
子ども　　うん。何も使わない。
ピアジェ　ベッドに入って夢を見るときには、夢はどこにあるの？
子ども　　ベッドのなか、毛布の下。本当のところはわかんない。おなかの中にあったら、骨がじゃまになって見られないかもしれないし。
ピアジェ　おねんねするとき夢はそこにあるのかな？
子ども　　そう。ベッドのなか、あたしのそばにあるの。

出典：Piaget（1930, pp.97-98）

　ボックス6.1に示したインタビューの抜粋では、ピアジェは一貫して、夢がどこにあるかに関する子どもの理解に対して問いを投げかけ、それによって子どもの夢についての考え方に到達しようとしている。しかしながらここで注目しておきたいのは、夢の空間的位置を尋ねる質問を持ち出し、繰り返し問いかけているのは大人のインタビュアーの方だという点である。子どもにとっては夢の空間的位置などピンと来ない次元の話であろう。この子は、インタビュアーの言葉に影響を受けているようであり、「お外から」、「何も使わない」と、2度にわたって、インタビュアーの問いの中の文句をそのまま自分の答えにして繰り返している。

　誘導的質問の影響は、刑事事件においてはきわめて重大である。児童虐待の裁判では、子どもへのインタビューで得られた情報の信頼性は決定的に重要な意味をもっている。子どもは、つらい出来事について知らない人に話をしたくないかもしれないし、また、大人の質問によってたやすく誘導されて、信頼性の低い、あるいはまったく誤った情報を提供することも考えられる。

　子どもと大人が異なった社会的世界に生きていることは自明かもしれないが、子どもにインタビューをする段になると、多くの差異がたやすく見過ごされてしまう。ただ、子どもと大人の間を隔てるそうした壁は、子どもへのインタビューを自然な場面で実施することによって部分的に乗り越えられるかもしれない。エーダーとフィンガーソン（Eder & Fingerson, 2002）は、子どもと大人の間には力の不均衡があるという点に注意を喚起しており、質問に唯一の正しい答えがあるという想定を与えないようにすることや、インタビュアーと学校の教師を結びつけさせないことが必要だと言う。また、子どもにはその年齢に合った質問をしなければならない。大人でも問題になるようなインタビューの仕方——たとえば、インタビュアーが長く複雑な質問をする、一度に2つ以上の問いを含む質問をするなど——は、子どもにはさらに大きな困難をもたらす。そこで子どもにインタビューする場合には、絵を描いたり物語を読んだり、マンガやビデオを見たり、人形やおもちゃの車で遊んだりといった、別の課題をする状況で行なわれる例がかなりある。ピアジェのインタビューの多くは、物質の重さや大きさを判断させるといった実験課題と関連づけて実施されている。

社会的地位の高いエリートへのインタビュー

エリート・インタビュー*とは、通常コミュニティの指導者や専門家といった権力をもった立場にいる人へのインタビューを意味する。ハーツとインバー（Hertz & Imber, 1995）がエリート・インタビューに関するアンソロジーで議論しているように、エリートを研究する際に特に難しいのが、どのようにインタビュイーに接触するかという問題である。インタビューが実施される場合でも、エリートであるインタビュイーの地位にもよるが、通常のインタビュー状況で広く認められる力の非対称性が無化される可能性がある。

エリートは、自分の意見や考えを尋ねられることに慣れており、インタビュー・トピックに関して専門性をもつインタビュアーであれば、興味をそそる会話の相手になるかもしれない。したがってインタビュアーは、関連するトピックについて知識を備え、専門的な用語に精通し、インタビュイーの社会的状況や経歴を熟知しておく必要がある。インタビュー・トピックについて十分な知識を示すことができれば敬意を払ってもらえるだろうし、インタビュー中にも釣り合いのとれた関係を保てるだろう。インタビューを受けることに慣れている専門家は、多かれ少なかれ、インタビューを利用して自らの見解を売り込むような"十八番の話"を用意しているかもしれない。それを超えて話を聞き出すには、インタビュアーの側にかなりの技量が求められる。また、エリートであるインタビュイーは揺るぎない地位をもっていることが多いだろうから、そうした場合には挑発的な言葉で彼らの発言に疑問を投げかけることによって、新しい洞察をもたらすことができるかもしれない。専門家に対するインタビューでは、インタビュアーはインタビューの主題に関わる自らの考えをもって相手と向き合うことで、対話に貢献できるだろう。そのインタビューは、ソクラテス的な対話でのたたみかけるような問いかけ[訳注2]に近いものとなることがある。

インタビューの諸形式

調査インタビューには、さまざまな目的に見合った多様な形式が存在する。事実探求型インタビューや概念探求型インタビューは、インタビュー実践における鉱夫メタファーと合致し、事実や概念をすでに実在するものとして探求しようとする。これに対して、ディスコース・インタビューやナラティヴ・インタビューの形式はほとんど、旅人メタファーに沿ったものである。そこでのイ

ンタビュアーとインタビュイーは、ディスコースやナラティヴを通して共同で知を構築することになる。本章ではさまざまなインタビューの形式や対象について述べていくが、それを通して、調査インタビューには一般化された標準の手続きやルールといったものは存在しないということが理解されるだろう。なお、5章では生活世界に関する半構造化インタビューを実施する上での留意点を述べたが、それらは本章で扱う多様なインタビューの形式や対象に対しては異なる意味をもつことになる。

事実探求型インタビュー（factual interviews）

　質的インタビューは、単にインタビュイー独自の観点や意味に注目するばかりではない。事実に関する適切な情報を得ることは、多くのインタビューにおいて重要である。たとえば、専門的実践の場で子どもや親と面談する医師にとっては、子どもが飲み込んでしまった薬がどんな容器のものだったか、正確な情報を得ることが不可欠であろう。裁判に関わるインタビューでは、警察官や弁護士にとって被告がナイフを手にもっていたかどうかについての確かな情報を得ることは必須だろうし、容疑者がナイフを使う意思をもっていたかどうか取り調べる際には異なるタイプの質問が必要になる。また、それほどドラマチックではない例としては、共同体の口述史をテーマにしたインタビューが考えられる。この場合、想起された出来事に関する語り手の観点というよりも、集合的な過去に関する信頼性の高い情報を得るために、個人の語るストーリーが注目されることになる。

　目撃証言に関する心理学的研究では、インタビューによって事実に関わる情報を収集する際の複雑な問題が明らかにされている。被験者をいくつかのグループに分け、2台の車が衝突する映像を観てもらった後、車のスピードがどれくらいだったかを尋ねる実験では、質問の言い回しが非常に重要であることがわかった。すなわち、「車が接触したときの時速はどれくらいだったか」と尋ねられた被験者は、平均時速32マイルと答えたが、「接触した」を「激突した」に代えて質問された被験者は、同じ映像を見たにもかかわらず、平均時速42マイルと推定した（Loftus & Palmer, 1974）。こうした実験は、事実に関わる情報を聞き取る場合、インタビュアーは質問の言葉遣いに極力慎重でなければならないということを、あらためて思い起こさせてくれる。

概念探求型インタビュー（conceptual interviews）

　概念の意味を明確にすることをインタビューの目的とする場合もある。ここでインタビュアーは、対象者あるいは対象者が所属する集団のもつ概念の構造[訳注3]——たとえば、「公平性」と「競争」、「尊敬」と「責任」——を明示したいと考えるかもしれない（ちなみに、「責任」の概念については、ボックス6.3に示されている直面型インタビューにおいて探求されている）。質問は、こうした語の意味や概念的な次元、また、概念的ネットワークの内部における位置とつながりを探索するものとなる。概念的ネットワークを探るインタビューの複雑さは、未知の文化の親族構造に関する文化人類学の研究を眺めてみるとわかる。そこ[訳注4]で行なわれる問いかけは、異なるタイプの親類を示す語を見出すことに向けられる。たとえば年長と年少、女と男、2番目のいとこを示す語が違っているかどうか、また、そうした用語が語り手の性別によって違っているかどうかなどを確かめようとするだろう。その他、概念探求型インタビューは、ある現象の本質的な属性を発見しようとする共同の努力のかたちをとる場合もある。それは美の本質を明らかにしようとしたソクラテスとアガトンの探求にも似ている。

フォーカスグループ・インタビュー（focus group interviews）[訳注5]

　学術的なインタビューは、一般に1対1の形式で行なわれてきたが、今日ではフォーカスグループ・インタビューの利用も増えている。社会調査者がグループ・インタビューを実施し始めたのは1920年代であるが、それが幅広く用いられるようになったのは1950年代以降のことである。その頃マーケティング研究者が、消費者の購買動機や製品選好の傾向を明らかにするための方法としてフォーカスグループ・インタビューを開発した。この方法は今日でも、シリアルの販売促進から政治家の世論調査活動まで、消費者調査の分野において幅広く使われている。現在ではさらに、健康教育といった多様なフィールドや社会的プログラムの評価などでも使用されているほか、1980年代以降になると学術的な社会調査研究でも用いられるようになった（Barbour, 2007参照）。

　フォーカスグループは通常、6人から10人くらいの参加者と1人のモデレーター（司会者）によって構成される。フォーカスグループ・インタビューは、非指示的なインタビュー形式として特徴づけることができ、主題となる事象に対してグループ内で多様な見解が出てくることを重視する。司会者は、議論のための話題を持ち込んで参加者間の話し合いを促すが、その重要な役割は受容的な雰囲気を作り、テーマとなるトピックに関して個人的で互いに相反す

6章　インタビューの多様なかたち　｜　107

るような意見を話してもらうことである。すでに述べたように、このような形式のインタビューを実施するにはかなりの訓練が必要で、クラノウスカによれば、熟練したフォーカスグループのモデレーターになるには、数年間の実践を要するという（Chrzanowska, 2002）。

フォーカスグループの目的は、議論される問題に対してコンセンサスや解決策を導き出すことではなく、ある問題に対する多様な見解を生み出すことである。したがってフォーカスグループ・インタビューは、新しい領域の探索的な研究に適している。というのも、より認知的なやり方で個別に行なわれるインタビューよりも、集団での活発な相互作用を通して、より自発的な発言や感情に基づく意見が表明されやすいためである。微妙でタブーを含むようなトピックの場合でも、通常では表に出ないような見解がグループの相互作用のなかで口にされるかもしれない。問題は、グループの相互作用によってはモデレーターによるインタビューの方向づけが難しくなりうるという点である。また、活発な相互作用の代償として、逐語録が非常に混沌としたものになる場合もある。

ナラティヴ・インタビュー*（narrative interviews）

ナラティヴ・インタビューとは、対象者が語るストーリー、つまり彼らの発話のプロットと構造に焦点をあてたインタビューである。ストーリーはインタビューのなかで問わず語り的に述べられたり、インタビュアーによって引き出されたりする。ミシュラーは、インタビュー調査におけるナラティヴを研究した『調査インタビュー実践——文脈と物語（*Research Interviewing: Context and Narrative*）』（Mishler, 1986）という著書において、インタビューをナラティヴとして理解するとき、インタビューの時間的構造、社会的構造、そして意味的構造がいかに際立つかを概説している。日常会話のなかでも、質問への回答はナラティヴの特徴を示すことが多い。そこでミシュラーは、ストーリーがこれほど頻繁に現れるのは、ナラティヴこそ個人が意味を組織化し表現しようとする際に用いられる、自然な認知的・言語学的形態なのだと主張した。

ボックス6.2　ある職人のナラティヴ

I   And uh I'd like to start by asking you uh about the beginning/ uh how youu:uh got into the . work that you now do. What was happening then? a:ahWhat led you into it?

さて、最初の頃のこと、つまり、どういうふうにしてこの今やっておられる仕事に就かれたのかお尋ねするところから始めたいと思います。当時、どういう出来事があったのでしょうか？　どういう理由でこの世界に入られたのですか？

R　hm hmm………. hh well it's- it's strange
えーとそうですね、なんというか、妙な話で

It ah- it ah- When I first started ah doing woodworking
それはえーと、私が最初に木工をやり始めた頃
I got into a program in- in a- a trade school/ in high school level
ある専門学校でプログラムを受講したんです。高校レベルなんですが
and (sigh) it kin- I was from a working class background
そして（ため息）それはある種──、私はもともと労働者階級の出でして
so. hh the options seemed to be pretty limited to me.
だもんで、私には選択肢がかなり限られているように見えたんです

But I always had an interest in building
でも私はずっと何かを作ることに興味があって
even when I was in grammar school.
小学校のときでもそうでしたね
I was always building at night you=know
私はいつも日が暮れると、何かね、作っていたんですよねー
like making airplane models and things like that.
たとえば飛行機の模型とか、そのたぐいのものを作るというような
Those were the things tha- I-
そういうのが私の、作っていたもので
Then I got to a point where I began to get experimental
で、それが高じて実験的にやり始めるところまで行ってしまい
and more interested in uh doing things on my own
そして、自分でいろいろやってみることへの興味が大きくなって
so I would sort of design the airplane/ and build it you=know/ and see if I could make it fly
それで、飛行機をちょっとデザインしたりとか作ってみたりとか、ねえ、それを飛ばせるかどうか確かめてみたり
that kind of thing.

そんな感じのこと

But then- and so my- to continue my interests/ I got into the woodworking program in the- in the-in the trade school
でも当時、私──、私の興味を持続させるため、私はその専門学校の、木工プログラムに入ったわけです
and it- I got bored stiff you=know.
それが、あの、ひどく退屈だったんですね。

Just- uh they- they took patterns down off the walls/and you=know it- uh build tha- that kind of thing.
ただ、えーと、彼ら、彼らは壁から模型をはずして、そうですね、その種のものを、えーと、組み立てる。
I wasn't very interested in rebuilding like reproductions and things like that
私はそんな、複製品みたいなものを組み立て直すようなことにはあまり関心がなくて
so … hh I- I quit that.
だから、やめちゃったわけです。

出典　Mishler (1999, pp.73-74)

　ボックス6.2は、家具職人でありかつ芸術家でもある対象者に、ミシュラーがナラティヴ・インタビューを開始した場面である。最初の質問は、対象者がどのようにしてこの世界に入ったかに関するもので、専門学校が彼のやる気をそいでしまったという自発的なストーリーを引き出している。形式的な面で気づくのは、ミシュラーがインタビューを逐語に起こし、それを詩に近いスタイルで表示することを選んだという点である[訳注10]。詩的な形式を使うことで、ストーリーの構造が見えやすくなる。ミシュラーはまた、独特の記号を用いて、逐語録を口頭で語られたもともとのスタイルに近づけている。もっとも、こうした表記に慣れていない読者にとっては、これは煩わしく思えるかもしれない（逐語録に使われている記号表記の一部については、ボックス8.1で説明されている）[訳注11]。
　ナラティヴ・インタビューでは、インタビュアーはストーリーを直接尋ねる質問を行ない、インタビュイーとともに、語られるさまざまな出来事を一貫したストーリーへと構造化しようと試みることがおそらくは可能だろう。イン

タビュアーは、具体的なエピソードを問う質問からインタビューを始めてもよい。たとえば、「警察がデモを蹴散らしたとき何が起こったか、話を聞かせてもらえますか？」とか、入院中の人に向けてであれば、「どんなふうにしてここに入院し、入院中にはどんなことが起こったか、教えていいただけますか？」などと尋ねることができる。あるいは、ライフストーリーを引き出すために、「あなたの人生について教えてください。あなたが生まれたのは〜で〜ですね」と切り出してもよい。

　最初にストーリーを話すように促した後のインタビュアーの主要な役割は、聞き役に徹することである。話をさえぎることを慎みながら、折にふれて明確化のための質問をし、インタビュイーが自分のストーリーを語り続けるのを援助する。インタビュアーは質問やうなずき、そして沈黙を通じて、ナラティヴの共同制作者になっていく。一般的な半構造化インタビューで自発的なストーリーが引き出される場合、インタビュアーは、ストーリーがさらに展開するように励まし、また、そのストーリーの構造化を手助けすることができる。ナラティヴ構造について熟知しておけば、インタビュアーは時間的順序の明確化に気を配ったり、誰がストーリーの主人公で誰が敵役か、誰が主人公の仲間かに焦点をあて、ストーリーの主要なプロットやありそうな伏線、緊張・葛藤・解決といった要素を確証しようとすることができる。

　ナラティヴ・インタビューは多様な目的に役立つと思われるが、ここでそのうちの3つを挙げておこう。第1にナラティヴは、語り手にとって意味のある具体的なエピソード、ないしは行動のまとまりを表現することを可能にする。これは**短いストーリー**[訳注12]を導くことになる。第2にナラティヴは、行為者自身の視点から捉えられたインタビュイーのライフストーリーと関係づけられる。これは**生活史**、ないし人生誌的インタビューと呼ばれる（Rosenthal, 2004）。第3に、そこで語られる内容は個人の歴史を超えて地域の歴史を含むものとなる。これは**口述史インタビュー**であり、インタビュイーは共同体の口述史を記録するインフォーマントとなる（Bornat, 2004; Yow, 1994）。

ディスコース・インタビュー*（discursive interviews）

　ディスコース分析*は、知と真理がいかにしてディスコース（談話／言説）のなかで作り出されるか、またディスコース間にいかなる力関係があるかに注目する[訳注13]（Rapley, 2007 参照）。インタビューはすべてディスコースとして現れるものだが、ディスコース分析の枠組みを用いて研究するインタビュアーは、

6章　インタビューの多様なかたち　　111

インタビューというディスコースにおける特定の面の相互作用に特に注意を向ける。これが伝統的なインタビュー実践とは異なる点であり、その特徴は次のようにまとめられる。「第1に、インタビュイーの応答の揺れがその一貫性と同じくらい重要視される。第2に、多様性を排除するよりも許容する質問技法が強調され、結果的にインタビューにおける会話のやりとりはよりインフォーマルなものになる。第3に、インタビュアーは質問紙の質問を読み上げるだけの存在ではなく、能動的な会話の参加者とみなされる」[訳注14]（Potter & Wetherell, 1987, p.165）。

　ディスコースの考え方は、インタビュー中の研究者と対象者のディスコースの違いやディスコースを行使する両者の力の差異に対して、インタビュアーの感受性を高めることになる。ディスコース・インタビューを行なう者は、異なるディスコース間で衝突が生じる展開に注意を払い、場合によっては、そうした衝突が起こるように挑発したりもするだろう。前章で示した成績に関するインタビューのデモンストレーションについて言えば、私はそのやり方を意識してはいなかったが、私が意図していた成績のディスコースを、学生は友人関係のディスコースに転換しようとしていた。研究者とインタビュイーにおけるディスコースの食い違いの例として、他にも次章でディスコースのすれ違うインタビューに触れることとする（ボックス7.4; Rapley, 2007 も参照）。

直面的なインタビュー

　共感的で意見の一致を目指す一般的な形態のインタビュー実践と対照的なのが、アクティヴ・インタビューの実践である。ホルスタインとグブリアム（Holstein & Gubrium, 1995）はアクティヴ・インタビューの概念を提唱し、インタビュアーはナラティヴのポジションやリソースや方向性を提案しながら、ナラティヴの生成に積極的に関与していると主張した。[訳注15]インタビュイーは、インタビュー状況における相互作用や与えられた情報の刺激に駆り立てられるかたちで、自ら一種の研究者となってインタビューに参加する。そして自分の置かれた状況のもとでインタビュアーに援助されながら探求を行ない、積極的に意味を組み立てていく。[訳注16]その場で行なわれるインタビュアーとインタビュイーの相互作用こそが、現実を構築するプロセスとなるのである。

　そのものずばりの直面的アプローチは、インタビューの会話に葛藤や力関係といった面を持ち込むものだ。会話をそのように論争的なものとして理解

し始めたのは、ポストモダン社会における知の性質を分析したリオタールであり、彼はすべての発言をゲームのなかの一手とみなす。それによれば、ゲームは「われわれのすべての方法の基礎にある。つまり、話すこととは、ゲームをするという意味において闘うことであり、すなわち言語行為は一般的な対抗関係から出発する」（Lyotard, 1984／小林康夫訳, p.30）という。[訳注17] 論争的なインタビュー実践は直面的な発話を増大させ、ある種のジャーナリストのインタビューに見られるように、インタビュアーは意図的に葛藤と関心の食い違いを引き起こす。合意と調和という理想とは対照的に、インタビューは、インタビュアーがインタビュイーの言葉に逆らったり疑問を投げかけたりする闘いの場となり、それにより、葛藤と権力が可視化されることとなる。直面的なインタビューでは、インタビュアーの立ち位置はよりいっそう開かれたものとなり、対象者はインタビュアーの仮定に疑問を投げかけるという選択ができるようになる。またそれによって、インタビューのやりとりにおける力のバランスはより対等なものに近づく。直面的なインタビューが目指すのは、対立するものの弁証法的な発展を通して洞察を導くことである。それはソクラテスがソフィストに対して行なった弁証法的で論争的な問いかけと似ている。

　ベラーと共同研究者たちは、ソクラテス的な対話に想を得て北アメリカ人の価値観に関するインタビューを行なったが、それはインタビュアーを友人や治療者のようにみなすインタビューとは対照的なものであった。彼らは、インタビュイーのプライベートな心理を深く探索しつつ、彼らが能動的なインタビュー[訳注18]と呼ぶ、「**公共的な会話と議論の可能性を創り出す**」インタビューを実践した（Bellah et al., 1985／島薗・中村訳, 1991, p365. 強調は原著）。能動的なインタビューは、必ずしもインタビュアーと対象者の間の合意を目指すものではなく、インタビュイーが語ったことに対して研究者が異議を唱えることもある。

ボックス6.3　能動的で挑戦的なインタビュー

問　では、あなたは何に対して責任があるのでしょう？
答　私は自分の行動に、自分が行なうことに責任があると思います。
問　それは他者に対しても責任があるということですか？
答　いいえ。
問　あなたは妹さんの保護者ですか？

> 答　いいえ。
> 問　弟さんの保護者？
> 答　いいえ。
> （略）
> 問　お子さんについては？
> 答　その … そう、法的責任はあると思います。でも、子どもたちの方でも自分の行動に責任があるのだと言えるのじゃないかしら。
>
> 出典：Bellah et al.（1985）／島薗・中村訳（1991, p.365）

　ボックス6.3に示されているインタビューの抜粋でインタビュアーが明らかにしようとしたのは、対象者が他の人間に対する責任をどのように捉えているのかということである。対象者の冒頭の主張——自分は自らの行為に対してのみ責任を負っている——は、一連の質問の後で我が子に対する責任について尋ねられたときに初めて揺らいでいる。このインタビューに見られるソクラテス的な構えは、次のように説明された。「私たちは自分の考えを相手に押しつけようとはしなかったが、… しかし、私たちは確かに、前提となっているものを明るみに出し、話し相手が暗黙のままにしておきたかったかもしれないものを浮かび上がらせようと試みていた」（Bellah et al., 1985／島薗・中村訳, 1991, p.364, 一部修正）。

　ブルデューたちも同様に、フランスの虐げられた人々の間に見られる社会的な苦しみを研究するなかで、対象者に対する直面化を行なった。ボックス1.3のインタビューにおいて、ブルデューは2人の若者の苦境を深く思いやりつつも、あえて詮索的に質問し、彼らの説明と対立する解釈を投げかけている。そこには、「まだ続きがありそうですね」といった直接的な質問や、「何をやってたんですか？ その人を挑発したとか？」のように、隠しているのではないかと疑われる情報を引き出そうとする質問も含まれる。ブルデューは、著書『世界の重み（The Weight of the World）』[訳注19]の別添資料で、彼のインタビュー・アプローチである「了解法」について概略を述べているが、彼もまた、自らのインタビュー実践をソクラテスの質問法になぞらえている。彼はこう書く。「説明の手助けという『ソクラテス』的な作業が目指しているのは、提案することであって押しつけることではない。我々は、インタビューのやりとりにおいて、提案としてはっきり言語化することもあったし（「… ということを言っているわけではないですよね」）、彼らがためらいを見せたり適切な表現を探そうとし

たりしているのを受け、彼らの議論に続けるかたちで、開かれた複数の提案をすることもあった」(Bourdieu et al., 1999, pp.614-15)。

　直面的なインタビューの利用がうまくいくかどうかは、インタビューの対象者によるところが大きい。対象者によっては、彼らの根底にある信念に激しく疑問が投げかけられると、倫理的な逸脱と感じるかもしれない。それに対してエリートのインタビュイーなど、自信にあふれた回答者にとっては、知的な挑戦は良い刺激になるであろう。このように直面的なインタビューは、相手に対する批判的な視点をもちながら双方が質問をし、答えるという点で、互恵的・平等主義的な関係性に近いものとなる。このとき調査インタビューは、インタビュアーとインタビュイーが、調査項目に関するそれぞれの考えを表明し、学び、研究主題に関する自らの知識を拡大していく会話に変わるかもしれない。

▆▆▆ キーポイント

- 正しく理想的なインタビューの形式というものはない。適切なインタビュー実践の様式は、そのインタビューの主題や目的、インタビュー対象者や知の探求に関する認識論によって異なってくる。
- 外国文化の一員や、同じ文化に属していても子どもやエリートにインタビューする場合のように、インタビューの対象者が違えば、異なった社会的関係や質問の様式が必要となる。
- 特定の目的のために特定のタイプの知を探求するような場合、インタビューの形式もそれに応じて異なってくる。特定の状況で何が起きたかを目撃者に報告してもらうインタビュー、その人に自発的に経験を語ってもらうインタビュー、個人的なナラティヴを探求するインタビュー、暗黙の認知的な前提を明らかにしようとするインタビューでは、そこで行なわれる駆け引きのルールも異なってくる。
- 広く行なわれている共感的で合意志向的なインタビュー形式だけでなく、よりアクティヴで直面的・論争的なインタビュー形式も、価値ある知識を生み出すことができる。

さらに学ぶために

　集団と個人を対象とするインタビューの相違については、以下の書籍に詳しい。

Barbour, R. (2007) *Doing Focus Groups* (Book 4 of The SAGE Qualitative Research Kit).

London: Sage.［バーバー／大橋靖史ほか（訳）（準備中）『質的研究のためのフォーカスグループ』（SAGE質的研究キット4）新曜社］

Chrzanowska, J. (2002) *Interviewing Groups and Individuals in Qualitative Market Research*. Thousand Oaks, CA: Sage.

Gubrium, J. F. & Holstein, J. A. (eds.) (2002) *Handbook of Interview Research*. Thousand Oaks, CA: Sage.

Hertz, R. & Imber, J. B. (eds.) (1995) *Studying Elites Using Qualitative Methods*. Thousand Oaks, CA: Sage.

Memon, A. & Bull, R. (eds.) (2000) *Handbook of the Psychology of Interviewing*. New York: Wiley.

訳者補遺

日本語で読めるインタビュー技法の多様性に関する書籍には、以下のようなものがある。グブリアムらの編著の書籍は上でも挙げられているが、以下の邦訳書は彼らの主著と言えるものである。

グブリアム, J. F. & ホルスタイン, J. A.／山田富秋・兼子一・倉石一郎・矢原隆行（訳）(2004)『アクティヴ・インタビュー：相互行為としての社会調査』せりか書房

フォンタナ, A. & フレイ, J. H. (2006)「インタビュー：構造化された質問から交渉結果としてのテクストへ」デンジン, N. K. & リンカン, Y. S.（編）／平山満義（監訳）『質的研究ハンドブック3巻 質的研究資料の収集と解釈』(pp.41-68) 北大路書房

訳注

[1] 以下本文で述べられているような行動は、文化によってその意味が違っていたり、その標的が違っていたりするので、インタビュイーの属する文化に適したやり方を考えておかなければならない。たとえば単刀直入に発言することが失礼にあたる文化もあるし、何をタブーとするかは文化によってかなり違う。最後の例は、男女の間に力の差異が顕著な文化では、インタビュアーとインタビュイーの性が違うと、インタビューの結果にその力の差が反映することがあるという点を指摘している。

[2] 2章で見たようなソクラテスの問答法が想定されている。これは「産婆術」とも呼ばれ、質問をたたみかけながら、相手の矛盾をついたり反論したりして、テーマに対する理解を深めていくやり方。しかし、場合によっては専門家であるインタビュイーの気分を害してしまうこともあるので、ほどほどにしておいた方がよい。有名作家のインタビューも何度

か手がけ、自らも数多くのインタビューを受けている小説家の村上春樹は、「相手をリラックスさせ、話を引き出し、しかもときどき冷やりとさせる」のが、よいインタビューのポイントだと述べている（『村上朝日堂の逆襲』朝日新聞社）。「ときどき」のさじ加減がなかなか難しい。

[3] ある概念がどういう意味と広がりをもっており、他の類似の概念とどのように差異化されているかを検討することは、対象者や対象集団が生きている世界の意味と構造を知るための重要な切り口である。というのも、概念は必ずしも外界をなぞったものではなく、それぞれの文化のなかでコミュニケーションを通じて培われてきたものだからである。

[4] 親族構造の探求は、レヴィ=ストロースをはじめとして多くの文化人類学者たちが古くから取り組んできたものである。特定の親族がどのように呼ばれるかによって、その文化における人間関係についての考え方、つまり概念構造が見えてくる。たとえば、日本では兄と弟を明確に区別するが、英米圏では brother の1語ですませていることはよく知られており、年齢の違いに対する意味づけの文化差がそこには現れている。

[5] このカテゴリーは、データ収集の形式的側面に基づくものであり、他のインタビューのカテゴリーとは、やや性格が異なる。たとえば、フォーカスグループ・インタビューを用いて、事実を探求することも概念を探求することも不可能ではない。したがって、ここに位置づけるのはやや誤解を招くことになるかもしれない。

[6] この定義はやや狭くとられる可能性もある。もう少し広げておくならば、ナラティヴ探求型インタビューは、物語（ストーリー）というできあがったモノを探索するばかりではなく、「物語るというコト」を探索するインタビューでもある、と言えるのではないだろうか。実際、以下の本文の記述では、クヴァールも会話というやりとりのなかでのナラティヴの生成を問題にしており、物語るという行為への視点がはっきりと認められる。ナラティヴは、必ずしも語りの背後に初めから存在する探索対象ではない。それは、インタビュアーとインタビュイーのやりとりのなかで生み出される構築対象でもある。

[7] 「インタビューをナラティヴとして理解する」ときの「ナラティヴ」も、上記の、モノでありコトであるという二重の意味で捉えておいた方がよい。とりわけ、コトとしてのナラティヴ、つまり物語るという行為は、社会的文脈のなかで時間的に展開するという側面を忘れることはできない。

[8] このミシュラーの主張は、ナラティヴを人間の基本的な思考のモードとして捉え直した心理学者 J. ブルーナーの理論と響きあうものである。ブルーナー『可能世界の心理』（1998、みすず書房）参照。

[9] ミシュラーの用いている記号をすべて、日本語の訳文に組み込むことはほとんど不可能なので、ここでは原文をそのまま示した上で、大意を下に記載することにした。

[10] 全体の構造が見えにくい語りの全体を、西洋の詩の形式を用いて表記するという方法を適用することは、ジー（Gee, J. P.）という研究者によって、1980年代に提案された。語りの音声をていねいに聞き、イントネーションやピッチ、息つぎなどのパラ言語的な情報をもとに、詩の行にあたる区切りを見つける。次に、話題や場面をもとに、詩の連にあたるまとまりを作る。ただこれは、インタビュー実践それ自体というよりも、インタビューの文字起こし（8章）とより関係が深い。

[11] 用いられている記号で、ボックス8.1に含まれていないものについて説明しておく。"／"

は、パラ言語的に区分けされた最小の意味のまとまり（アイデア・ユニット）が終わるところを示す。"‒"は語が言いさしで止まった部分、"h"は呼気音、".h"は吸気音を示す。

［12］これは出来事に関するナラティヴであり、社会言語学者のラボフ（Labov）がその構造を同定したことで知られている。それは、「要約、方向づけ、複雑化、評価、結果、終結」という要素から構成される。

［13］「ディスコース」の意味については2章の訳注19などにも書いたが、この部分からもわかるように、それはさまざまな力関係のなかで知や真理を作り上げるものとして概念化されている。ディスコースの外に知や真理があってそれを言葉が表現するわけではない。たとえば、「障がいをもつ人は福祉的サービスを必要としている弱者である」というような表現があるとして、それは「障がい者」の本当の姿みたいなものがまずあってそれを反映している、というわけではない。本当の姿と見えるものも、言葉によって作り出されたものであり、それもまた1つのディスコースである。ディスコース分析では、「障がい者」に関して流通するいろいろな言葉の力関係のなかで、彼らが福祉サービスを必要としている弱者であるとするディスコースがどのようにしてリアルなものとしてやりとりされ、維持されるのかを探求する（ついでながら、「障がい者」という表記もまたある種のディスコースの反映である）。ディスコース・インタビューは、インタビュイーのもつディスコースとその背景を探索するばかりではなく、インタビュアーのディスコースとの相互作用のなかでどういうディスコースが生まれるかという、その場での力動も関心の対象とする。9章も参照。

［14］ポッターとウェザレルは、社会心理学にディスコースの考え方を導入したイギリスの研究者。ここでは、彼らの著書の8章「ディスコースの分析法」より、第4ステップ「インタビュー」のまとめの部分が引用されている。このようなインタビューを通じて行なわれるのは、インタビュイーのなかに安定した単一の声を見つける／作り上げることではなく、そうした単一の声の背後にあると想定されるさまざまな声とそれが影響しあいながら、単一の声に近づいていこうとするダイナミクスを知ることである。

［15］ここでの「アクティヴ」は、「行為的」と理解した方がわかりやすい。ホルスタインらは、どんなインタビューであろうと、インタビュイーに影響を与える・与えようとする面をもっている点を指摘した。突き詰めて言えば、客観的で相手に影響を与えないインタビューは幻想にすぎず、すべてのインタビューはアクティヴ・インタビューであるということにもなる。

［16］たとえば、政府の政策に対して賛否を問う世論調査のようなインタビューであっても、インタビュアーの表情や視線や物腰などによって、インタビュイーの回答への意欲は変わってくる。また、その政策についてどう説明するか、その説明の仕方によっては、どういう答えが期待されているかをインタビュイーが予測したり、その期待に合わせたり反発したりするなど、回答に影響が出てくるかもしれない。

［17］ジャン＝フランソワ・リオタールはフランスの哲学者。1979年に出版された『ポストモダンの条件』によって「ポストモダン」の概念を広めたことでも知られる。彼によれば、ポストモダン社会は、知の正当性を担保する基礎としての「大きな物語」が失われた時代であり、複数の限定的な知（＝「小さな物語」）が常に力を競っているという。その知の正当化がなされるのは会話の場であって、そこではウィトゲンシュタインの言うような「言語ゲーム」が行なわれ、何が正しい、何が間違いであるという決定がローカルな場で行な

われている。ただ、ゲームは勝ち負けを決めるだけのものではなく、喜びや楽しさの源泉でもある。リオタールは同じ本で、「語や意味や表現の途切れることのない発明は、同時に大きな快楽を与えてくれるものである」(p.31) とも述べている。

[18] 原文では、上記グブリアムらの言う active interview と同じだが、その場における意識的で建設的なインタビュアーの関わりを重視している点では、ややニュアンスが異なっているように感じられたので、ここでは区別して訳している。

[19] 1993年公刊。邦訳はないようである。52の面接調査記録と担当研究者の社会学的分析から構成、フランス本国では10万部を超すベストセラーとなり、舞台化もされた。詳細は、加藤晴久 (2002)『ピエール・ブルデュー：1930-2002』を参照。

7章　インタビューの質

ハムレットのインタビュー
インタビューの質
すぐれたインタビュアーであるための条件
インタビュー調査の質に関してありがちな異論
誘導的な質問
学術的責任と倫理的責任の間の緊張

この章の目標

- 望ましいインタビュー実践のための質の基準について学ぶ。
- 『ハムレット』の例から、インタビューの質の判断がいかにその目的と内容に依存しているかを理解する。
- すぐれた、また理想的なインタビューのための質の基準について学ぶ。
- 5章で述べた生活世界に関する半構造化インタビューについて、インタビュー実践の職人性のスタンダードについて学ぶ。
- 6章で議論した多様なインタビュー実践が異なる質の基準をもっているかもしれないことを理解する。
- インタビューの質について外部からよく投げかけられる異議に関連させつつ、誘導的質問の例を引いて、インタビューが生み出す知識の質に関わる認識論的諸問題の理解を深める。
- すぐれたインタビュー実践を行なうための方法的基準と倫理的基準は、場合によっては相容れないことを知る。

ハムレットのインタビュー

インタビューの技術面の評価がいかにインタビューの内容や目的によって違ってくるかは、戯曲からの事例（ボックス7.1）を見ていただくとわかりやすいかもしれない。

ボックス7.1　ハムレットのインタビュー

ハムレット　　　あの雲が見えるかな、それ、向こうのらくだの格好をしている？
ポローニアス　　なるほど、いかにもらくだのようで。
ハムレット　　　いや、いたちに似ているぞ。
ポローニアス　　さよう、背中のあたり、確かにいたちに似ておりますな。
ハムレット　　　待てよ、鯨のようではないか？
ポローニアス　　おお、鯨そっくりで。
ハムレット　　　（横を向いて）寄ってたかって、人を馬鹿にしている。
　　　　　　　　　　　　　　（『ハムレット』第3幕第2場より。福田恆存訳）

このインタビューの質について特筆すべきなのは、まずその短かさである。ここでハムレットが行なっているインタビューは短い。しかしながらこの数行のやりとりには、長々とコメントしたくなるに足るだけの緻密さと豊かさが備わっている。一方、現在行なわれている調査インタビューはあまりに長く、しばしばむだなおしゃべりに満ちている。何を問うべきか・なぜ問うのか・どのように問うべきかがわかっているとしたら、たとえ短くても、豊かな意味をもつインタビューを行なうことが可能になるはずである。

ハムレットが行なっているインタビューが技法的にどれだけの質の高さをもつかは、インタビューの目的をいかに理解するかによって違ってくる。この短いやりとりは複数の解釈が可能である。たとえばこのインタビューは、誘導的な質問を3回繰り返している点で、一見信頼性の低い技法を使っている事例に見える。ハムレットはポローニアスを誘導して、まったく異なる3つの回答を引き出しており、**雲の形**を問題とする限り、このインタビューは、再現可能で信頼性の高い知識を生み出しているとは言えそうにない。

しかし再度見直してみると、このインタビューが扱っているトピックは別様

に見えてくる。つまり、問題となっているのは雲の形というより**ポローニアスの性格**であり、彼が信用できる人間かどうかということかもしれない。この場合インタビューがもたらすのは、三たびチェックを受け信頼性が高められた、ポローニアスに関する知識である。それによれば、彼の3つの異なる答えはすべてハムレットの問いの誘導に従ったものであり、彼は信用できる人物ではないということになる。インタビューの目的と話題を違った観点から眺めてみると、誘導的な質問といえども信頼性のまったく低い知識を生み出すとは限らず、間接的に対象に迫る、信頼性の高いインタビュー・テクニックに変わるのである。

このときハムレットのインタビューは、解釈し、確認し、最後に報告するという三条件が重なった理想的なかたちに近づくことになる。まず解釈の面だが、質問が異なるかたちで繰り返され、それぞれの質問に対して回答がなされて、それらが間接的に、ポローニアスの信用性に関して自ずから「同じ」解釈をもたらす。ハムレットがインタビューをやめて脇ゼリフとして「寄ってたかって、人を馬鹿にしている。」とつぶやくまでもない。インタビューの第2の必要条件である確認について言えば、対象者の回答の信頼性を検証するのに、ハムレットほど一貫して質問を繰り返しているインタビュー研究者は現代ではほとんどいない。第3の必要条件である報告に関しては、この短いインタビューはとてもうまく実施されているため、その意味は自ずと伝わってくる。思うに、演劇を観ている観客の多くは、ハムレットが脇ゼリフ的に結論を述べる前から、インタビューのトピックが雲の形からポローニアスの信用性へと変わる、その全体構造の変化を体験しているのではなかろうか。

以上のところでは、私はハムレットのインタビューをこの戯曲全体の文脈から切り離して論じてきたわけだが、三たび見直すと、このインタビューは宮廷における**力関係**を反映したものとも考えられる。王子は自分の望むことを臣下に言わせようと権力を誇示し、また、臣下の方も宮廷における力関係に適応しようとする彼なりのやり口を示しているのである。この劇の前の場面では、ポローニアスは「間接に、搦手から攻めたてて、必ず獲物をしとめる」方法について教えつつ、彼が卓越したインタビューのテクニックをもっていることを示している。ポローニアスがそのように質問の技法に熟達しているとしたら、実際のところ彼は、ハムレットの問いにうまく引っかかったのだろうか？あるいは彼は、ハムレットの計略を見透かしながら、臣下に期待されるように調子を合わせていただけではないのか？

倫理的な観点から言っても、ハムレットのインタビューは、その目的と内容をどう解釈するかによって異なる評価を受けることになる。最初の読みでは、誘導的な質問が単に、雲の形についての信頼性の低い知識を引き出しだけにとどまるだろう。2番目の読みにおいては、インタビューはポローニアスを意図的に引っかけようとしたものになる。このやりとりの結果はこのドラマの主人公にとって死活問題になるかもしれず、インフォームド・コンセントは問題にもされていない。そこでは生きのびるための功利主義的な関心が倫理の原則より優先されているのだ。

このようにハムレットのインタビューの質や倫理性は、インタビュー自体の内容や目的をどう解釈するかによって違ってくる。インタビューは話題や目標に違いがあり、その形式も多様である。そのことを承知の上で、それにもかかわらず私は以下のセクションにおいて、調査インタビューとインタビュアーの職人性を評価するための基準をいくつか提案しておきたい。

インタビューの質

インタビューそれ自体の質は、その後の分析、確認、報告の質を決定する。質の高さが疑わしいインタビューの場合、そこに精緻な理論的分析を施したとしても、砂上の楼閣を造るだけに終わってしまうだろう。

ボックス7.2 インタビューの質を評価する基準

- インタビュイーの回答がどれくらい自発的で、豊かで、具体性・関連性をもつか。
- インタビュアーの質問がどれだけ簡潔で、インタビュイーの回答がどれだけ長いか。
- インタビュアーが、インタビュイーの回答のなかの重要な側面の意味をどれくらい掘り下げ、明確化しているか。
- インタビュー全体を通して、どの程度内容の解釈が進められているか。
- インタビュアーが、インタビューのなかでインタビュイーの回答に関する解釈を検証しようとしているか。
- インタビューが「自己報告的」で、追加の説明をほとんど必要としない自立的なストーリーとなっているか。

ボックス 7.2 で提案されているのは、半構造化インタビューの質の基準となる 6 項目だが、このうち特に後半の 3 つは理想的なインタビューのための条件を示している。そこでは、レコーダーのスイッチが入っている間に、発言の意味の解釈・確認・報告がなされることが期待される。そこで求められるのは職人性と専門性であり、その前提になるのは、インタビュアーが自分のインタビューの内容・理由・やり方について理解していることである。このような質の基準はとうてい不可能な理想と見えるかもしれないが、良いインタビュー実践の指針としては役に立つだろう。本書で用いられているソクラテスやハムレットによるインタビューの例は、そうした理想的インタビューの基準を満たすものである。そこには、インタビュー自体に一貫したまとまりがあり、さらなる解釈を許容する豊かなテクストが示されている（Flick, 2007b も参照）。

すぐれたインタビュアーであるための条件

　インタビュアーはインタビュー研究において中心的な役割を果たす調査装置である。すぐれたインタビュアーの特徴には、インタビューのトピックについて知識をもつこと、会話のスキルに熟達していること、言語に堪能で対象者の発話のスタイルに応じた耳をもつことなどが含まれる。インタビュアーが行なわなければならないのは、何をどう質問すればいいのか、対象者の回答のどの部分を掘り下げどの部分は流してよいのか、どの回答に対してコメント・解釈を行ない、どの回答にはそうしないのか、などについて絶えずその場で決定してゆくことである。ストーリーの質についての感受性をもち、対象者による語りの展開を助けることができるのも、インタビュアーの条件になる。

ボックス 7.3　すぐれたインタビュアーであるための条件

　幅広い知識　インタビューのテーマについて幅広い知識をもち、そのトピックについて詳細な会話を行なうことができる。また、そうした知識をひけらかすことなく、語られたことのどの部分が掘り下げるに値するかを感じ分けられる。
　構成力　まずインタビューの目的を伝え、経過のなかで手続きの概略を述べる。最後に、会話を通して学んだことを要約したり質問がないかどうかインタビュイーに尋ねたりするなどしてインタビューを終える。

明瞭さ　明瞭かつシンプルで、易しく簡潔な質問をする。はっきりとわかりやすく話し、学術的な言い回しや専門的すぎる用語を使わない。例外はストレス・インタビュー[訳注3]であり、この場合、ストレスに対する対象者の反応が回答に現れるように、質問は複雑で曖昧なものになるだろう。

　礼儀正しさ　対象者が言いたいことを最後まで言うことを許容し、自分自身のスピードで考え、話せるように配慮する。おおらかな態度で接する。沈黙を許し、奇抜で挑発的な意見を述べたり、感情的な問題を扱ったりしてもかまわないと伝える。

　感受性の高さ　話の内容に耳を傾け、回答に含まれるニュアンスを聞き取り、そのニュアンスをいっそう完全に述べてもらうよう努める。話にこめられた感情的なメッセージに共感しながら耳を傾けるが、何が言われたかだけではなくどう言われたかにも注意を払い、何が言われていないかにも気がつく。また、話題があまりに感情を刺激するもので、深追いしない方がよいときにはそれを感じ取る。

　開かれた態度　インタビューのトピックのなかで、インタビュイーにとってどの面が重要かを聞き分けられる。満遍なく漂う注意[訳注4]をもって傾聴し、インタビュイーが話し始める新たな側面に対しても開かれており、そうした側面を掘り下げていくことができる。

　舵取りの力　自分が何を見出そうとしているかに意識的である。つまり、インタビューの目的——何についての知識を得ることが大事なのか——を熟知している。インタビューの経過をコントロールでき、インタビュイーの話が逸れた場合には、それをさえぎることをためらわない。

　批判力　言われたことを額面通りに受け取らず、インタビュイーの語りの信頼性・妥当性を検証するために批判的な問いを投げかける。こうした批判的な確認作業は、インタビュイーの発言の論理的一貫性だけではなく、その発言に関して観察できる根拠にも向けられる。

　記憶力　インタビューが行なわれている間対象者が言ったことを覚えており、そこまでの内容を想起したりそれを精緻化させたりするために質問することができる。さらに、インタビューのさまざまな部分で言われたことを互いに関連づけることもできる。

　解釈力　インタビュー全体を通して、インタビュイーの発話の意味を明確化し拡張するよう努める。また、その発話についての解釈を提示し、インタビュイーに確認または否定してもらう。

ボックス7.3に概略を示したインタビュアーの条件は、豊かな知識を生み出すという意味だけではなく、対象者のためになる状況をもたらすという倫理的な意味においてもすぐれたインタビューの前提となるだろう。もっとも、ここでまとめられた条件はインタビューのタイプによって違ってくるかもしれない。もっぱら内容に重点が置かれるインタビューでは、インタビューが実存的に重い内容に向きあうとき、技法上のルールや基準はあまり重要性をもたなくなる可能性がある。種々の対象者に対し異なるインタビュー形式を用いて幅広く実践を積んできた経験豊かなインタビュアーは、ときには、推奨される技法や基準を飛び越え、意図的にルールを無視したり破ったりすることもあるだろう。また、経験の浅いインタビュアーによるインタビューで、一般的なガイドラインを満たしていなくても、価値のある情報がもたらされる場合もある。

ボックス7.4　　すれ違うインタビュー談話

インタビュアー　1つ気になっていたことがあるんですが、みなさんの多くは学校が終わった後も残って、自分の機械のトラブルに対応したり、頼まれた仕事をやったりしてますよね？

生徒　ええ。

インタビュアー　そこから学んでいることは何なのでしょう？

生徒　どんな頼まれごとかにもよりますかね。自分に得になるものがあればそれをいじくるのはいつものことで、それが許されているのは僕らにとって大事なことです。家に古いパソコンのモニターがあって壊れているとしたら、それを持ってきて悪いところが見つけられないか、いろいろいじってみるんですよ。…　だって学校にあるテレビにさわるのはまずいでしょ。テレビのことを学んでいるんじゃなくて、道具について学んでるってことです。自分のアンプを作ったりするのも、この学校で電子装置を調整するのとは違いますし。

インタビュアー　なるほど。つまり、よりたくさんのタイプの道具とか装置とかの経験を積むためにやっているってことでしょうか？

生徒　いやいや、経験を積むっていうんでもなくて、自分の利益のために、学校で習ってきたことを応用しているって感じです。パソコンのモニターなら買わなくたって新品が手に

	入るし、アンプを作ればきっと、買うよりずっと安あがりですしね。つまり、何かについてもっと学ぼうっていうんじゃなく、ただ単に興味があってやっているだけです。友達のビデオを修理すれば現金が手に入るからってこともありますし。
・・・（中略）・・・	
インタビュアー	なるほど。しかし、単なる興味関心であって何かを学んでいるのではないっていうのは、どこか矛盾していることを言われているようにも思えるのですが。
生徒	学んでいるとは思っていないです。
インタビュアー	でも、それを通して何か学んではいるんじゃないですか？
生徒	それはそうなんですけど、たとえば学校から帰ってきて、ここがわからないから学びたいというのとはまた違うんです。もしそうなら、しかるべき場所に行って課題をもらってきますよ。だからモニターについて学びたくてモニターを選びに行くのとは違っています。家にモニターがあってそれが壊れたので直そうとする。すると、モニターについて何かを発見するわけです。

出典：Tanggaard（2007, pp.169-70）

　ボックス7.4にあるすれ違いの談話（ディスコース）では、インタビュアーは、職業訓練校の生徒が自分のやっている作業について言おうとしていることに対して、明らかに低い感受性しかもっていない。この研究者と生徒が示しているのは、活動のどれが学びと考えられるかについての談話のすれ違いである。多くのインタビューとは異なり、この生徒は研究者の権力的なポジションに対して従順ではない。むしろ自分の活動が学びと言えるかどうかについて、研究者に強く対抗するポジションをとっている。研究者は職業訓練校での電子工学の学びについて検討していたのだが、はっきり言って、学びというまさに自分の博士論文の研究テーマをこの生徒に語ってもらうことには失敗している。研究者は、何が学びとなるかについての食い違った談話——ほとんどお互いにふれあうことのない談話——を、自分と生徒がどんなふうに続けているか、この時点では気づいていなかった。後にディスコース分析に関するフーコーの文献を読み、インタビューの逐語録を分析して初めて、研究者はこのやりとりが——それから他の生徒とのインタビューも——「剣を交える談話」であり、生

徒がどの活動を学びと考えどれをそう考えていないかについて、重要な情報をもたらしていると考えるに至った。

かくしてインタビューの質の問題は、個々のインタビュアーの職人性の議論を超えて、インタビューの知を求める際の認識論的問題、そして倫理的問題も提起することになる。以下ではまず、インタビュー調査に内在する質の基準から目を転じ、インタビューが生み出す知識の質についての、よくある外在的な批判を見ておこう。

インタビュー調査の質に関してありがちな異論

> **ボックス 7.5** 質的なインタビューに対するありがちな批判
>
> 質的な調査インタビューは、
>
> 1. 科学的ではなく、単に常識をなぞっているだけである
> 2. 数量的ではなく質的なものにすぎない
> 3. 客観的ではなく主観的である
> 4. 科学的な仮説検証が行なわれず、単に探索的でしかない
> 5. あまりに研究者に依存しており、科学的方法ではない
> 6. バイアスがかかっており、信用性に欠ける
> 7. 誘導的質問によるものかもしれず、信頼性が低い
> 8. 読み手が異なれば異なる意味が見出されるため、間主観的ではない
> 9. 主観的印象に頼っており、妥当性が低い
> 10. 対象者があまりに少数で、一般化可能性が低い

これまでインタビューの報告は、主流の現代社会科学からその質に関して異論を唱えられてきたが、それらはかなり定型的である。ボックス7.5のリストは、10項目の典型的なインタビュー調査批判である。最初の4つは科学的研究の一般論に基づくものであり、次の3つはインタビューの実施と分析の段階に関連し、最後の2つは妥当性と一般化可能性に関連している。異論のいくつかはインタビュー調査に内在する問題点を指摘しているが、会話を研究法として使うことについての不十分な理解から来るものもある。こうした定型的な異論に応えるため、以下では本章までのところで述べてきたポイントを要約し、8章以降の議論も先取りするかたちで、わかりやすくいくつかの提言を

しておきたい。それらの提言を概観しておけば、初学者は外野の声から身を守るのにかける時間と労力をいくぶん節約し、インタビューの質を高める作業に力をもっと集中できるかもしれない。また、もしこうした批判が特定のインタビュー調査にあてはまると考えられる場合には、研究計画の段階でそれを考慮しておくことができるし、結果として研究の質を高めることが可能になる。批判が的外れに思えるとしたら、それに対する反論を報告書に書き込んでおくこともできる。

1. 質的な調査インタビューは科学的ではなく、単に常識をなぞっているだけである

   インタビューを疑いの余地なく科学的だとか非科学的だとか区別できるような、科学に関する唯一絶対的な定義は存在しない。ただ作業仮説的な定義としては、「科学とは新たな知識のシステムを組織的なやり方で生成することである」といった提案が可能である。科学的かどうかという問題への答えは、この定義のなかの重要語句——たとえば**新たな知識、システム、組織的**——を特定のインタビュー調査との関係においてどう理解するかによって違ってくる。

2. インタビューは数量的ではなく質的なものであるにすぎず、したがって非科学的である

   社会科学のパラダイムに関わる議論のなかで、科学はこれまで数量化と同義とみなされることが多かった。しかし、自然科学研究および社会科学研究の実際においては、質的な分析もまた重要な地位を占めてきた。単純な例証としては、本書を書き終えた時点（2006年1月）においてグーグルの検索エンジンで調べると、「質的分析・化学」は200万件以上、「質的分析・社会科学」は1100万件ヒットする結果となった[訳注7]（ちなみに「量的分析」に変えた場合のヒット数は、それぞれ700万件、1700万件超であった）。にもかかわらず、方法論に関する主流の社会科学の教科書においては、最近まで研究プロセスの質的な諸側面についてほとんど言及されてこなかった。

3. 質的研究は客観的でなく主観的である

   この異論に出てくる基本的な用語は意味が曖昧である。インタビュー

調査における客観性とは何か、主観性とは何かといった問題は、当該のインタビュー調査にとっての客観性や主観性、それぞれの意味の多様性に照らして議論される必要がある（10章参照）。

4. 質的なインタビューは科学的な仮説検証が行なわれず、単に探索的でしかない

　広義の科学には、仮説検証だけでなく記述と探索も含まれており、質的研究の長所である記述と探索を目的とする研究デザインもまた重要である。また、この異議のなかで述べられている内容に反して、インタビューは持続的な仮説検証のプロセスというかたちをとることもある。そうした場合、インタビュアーは、直接的な質問や対抗的質問、誘導的な質問、精査のための質問を適宜用いながら、仮説を検証していく。

5. インタビューはあまりに研究者個人に依存しており、科学的方法とは言えない

　調査インタビューは柔軟性をもち、文脈によって変化し、インタビュアーとインタビュイーの個人的な相互関係に依存する。質的なインタビューに従事する者は、個人的なやりとりの影響を除去しようとするよりも、むしろインタビュアーという人間を、知の獲得のための主要な研究ツールとみなす。インタビュアーの知識、共感、職人性が強く求められるのはそのためである。

6. インタビューの結果はバイアスがかかっており、信用するに値しない

　これに対する答えは具体的なかたちで考えてみる必要があり、誰がどのような意味で信用できないのかと、細かく問い返してみるとよい。認識されていないバイアスは、インタビュー調査の結果の妥当性を全面的に損なってしまうかもしれない。逆に、バイアスや主観的な観点が認識されていれば、それは調査対象である現象の特定の面を際立たせ、新たな様相を浮かび上がらせて、複数の視点からの知の構築に貢献する可能性が高い。

7. インタビュー結果は誘導的質問によるものかもしれず、信頼できない

　誘導的質問がひき起こす影響はこれまで何度も報告されてきた。しか

し、質的なインタビューはまた、体系的に誘導的質問を適用して、インタビュイーの回答の信頼性をチェックすることにも適している。この点は次節において例を示す。

8. インタビューの解釈は間主観的ではなく主観的であり、読み手が異なれば意味も異なってくる[訳注8]

　ここで私たちは、気づかれていないバイアスのかかった主観性と、観点としての主観性とを区別することができるだろう。避けるべきは前者である。インタビューのテクストを読む際に採用される観点を明確化することで、同じテクストに対して複数の解釈がなされるだろう。これは必ずしも弱点ではなく、むしろインタビュー調査の強みとなる。

9. インタビューは主観的な印象に依存しており、妥当性をもつ方法ではない

　インタビュー実践は個人的な職人技と言えるものであり、その質は研究者の職人性によって違ってくる。ここで研究の妥当性を高めるのは、研究者が知見を持続的にチェックし、問いを投げかけ、理論的に解釈する能力の問題となる。

10. インタビューの結果は対象者があまりに少数で、一般化できない

　必要な対象者数は研究目的によって違う。またポストモダン的な考え方によれば、社会科学の目標は普遍的な一般化にはなく、社会的知識の文脈性と非均質性[訳注9]を考慮した上での、状況間での知識の転用可能性[訳注10]に向けられている。

こうした定型的な批判は、解釈し直すことでひっくり返せるし、逆に質的なインタビュー研究の強みを示すものとしても読むことができる。インタビューの強みは、対象者の日常世界に特権的にふれられるという点にある。よく考えた上で主観的な観点を用いることは、必ずしも否定すべきバイアスをもつことと同じではない。むしろ、インタビュイーとインタビュアー個人の観点は、日常的な生活世界を明確かつ繊細に理解することを可能にする。誘導的な質問をうまく制御しながら利用することで、適切に制御された知識にたどり着くこともできるかもしれない。解釈の複数性は、日常的な世界の意味を豊かにするし、人間としての研究者は、人間的な意味を探求するのに使えるもっとも繊細な道

具なのである。インタビューが潜在的にもっている探求力は、新たな現象の質的記述に適している。インタビューの知見を妥当化し一般化することで、質的研究の質や客観性を評価する新たな面が開かれることだろう。

誘導的な質問

インタビューの質についてよく投げかけられる疑問に、誘導的な質問に関するものがある。それは、「このインタビューの結果は誘導的な質問によって作り出されたものではありませんか？」などのかたちで提起されるのだが、この疑問はまさに、嘘つきのパラドックスを孕んでいる。すなわち、「そのとおり、その可能性は非常に高い」という答えは、これ自体質問の暗示力が誘導した結果かもしれないし、「いいえ、そうとは言えませんね」という答えは、誘導的な質問がさほど力をもっていないことを例証していることになる。

質問紙調査や目撃者の取り調べにおいて、質問の文言を少しいじっただけで回答に影響が出ることがあるのはよく知られた話である。また、世論調査の結果が発表されたとき、支持率が低いとされた政党の支持者は、その調査の言い回しに速攻でバイアスを発見するのが普通だろう。政治家なら記者からの誘導的質問を受け流す術を熟知しているに違いない。しかし幼い子どものように、容易に影響を受けてしまう対象者に対して不用意に誘導的な質問がなされた場合には、彼らの回答の妥当性は損なわれることが考えられる。

問いの言い回しがうかつにも回答の内容を左右してしまうことは珍しくないが、慎重に使われる誘導的な質問が探究の手続きに必要とされる技法の一部でもあるという点は見落とされがちである。この点は、ハムレットのインタビューでも理解できるところだろう。誘導的な質問が妥当なものかどうかは、どういう目的で何を調べようとしているかにかかっている。司法捜査官は、まだ隠されていると疑われる情報を引き出すために、わざと誘導尋問を行なうかもしれない。たとえば、「奥さんを殴るのをやめたのはいつですか？」という質問が使われると、対象者は否認を続けることに対し負担を感じることになる。警察官や弁護士は、相手の発言の一貫性や再現性をテストするためにも、意図的に誘導的質問を利用する。また、ピアジェも子どもにおいてたとえば重さの概念の獲得がどれくらい強固なものかを確認するために、誤った方向に導くような問いを用いた。ブルデューが2人の青年に対して積極的に直面的なインタビューを行なった際、「何をやってたんですか？ その人を挑発したとか？」な

どと誘導的な質問をしていたのを思い出してもよいだろう（ボックス1.3）。さらに、ソクラテスは愛についての対話のなかで何度も誘導的な問いを発し、愛と美に関するアガトンの理解の矛盾を意図的に露呈させ、彼を真の洞察へと導いている。

　よくある見解とは対照的に、質的研究のインタビューは誘導的な質問の使用に特に適している。それを用いることで、インタビュイーの回答の信頼性をチェックし、インタビュアーの解釈の正しさを確認することができるからだ。つまり誘導的な質問は、インタビューの信頼性を低下させるどころか、むしろそれを高めてくれる可能性をもっている。慎重な誘導を伴う質問は、今日の質的研究のインタビューにおいて使われすぎというよりも、おそらくはその利用があまりにも少ない。

　ここで気をつけなければならないのは、回答に先立つ質問が誘導的になりうるという点ばかりではない。インタビュアー自身の身体的・言語的な反応——たとえば回答に続く追加質問——もまた回答に対して促進的ないし抑制的な強化子となり、その後の質問に対する対象者の回答に影響を与えることが考えられる。質問紙調査においてすら、回答の選択肢が対象者の答えを特定の方向に誘導しうることにも目を向けておこう。質問に対する回答が「はい」か「いいえ」に限定され、その二分法自体が誤ったものである可能性を議論できない場合などがそうである。たとえば、「どちらの手を使いますか？」という問いも誘導的な面をもっており、どちらの手も使いたくないという回答を排除して、可能な回答の幅を狭めることになる。質的研究のインタビューの強みは、インタビュイーが反応の範囲を幅広く保持できるというところにある。職業訓練校の生徒がインタビュアーとの間ですれ違ったやりとりを行なった事例（ボックス7.4）で見たように、インタビュイーはインタビュアーの質問の前提を拒絶することさえできるのである。

　誘導的な質問を用いることに対してインタビュー技法上の問題点が強調されすぎてきた割には、研究プロジェクトの設問自体が誘導的効果をもつことについてはこれまであまり注意が払われてこなかった。思い出してほしいのは、からかいに関する仮想インタビュー（4章）や成績に関するデモ・インタビュー（5章）において、ロジャーズ派、フロイト派、スキナー派のアプローチが異なる種類の回答を引き出していたという点である。どんな種類の回答が得られるかは、そのプロジェクトが研究設問をどう方向づけるかによって違ってくる。ここでもまた課題となるのは、誘導的な研究設問を避けることではなく、問い

がもっている力を認識することであり、問いの方向を意識しておくよう努めることである。それによって研究知見に対する問いの影響を評価し、知見の妥当性を査定する可能性を読み手に与えることができるだろう。

インタビュー研究において誘導的質問の問題がこれだけ注目されたのは、経験主義的・実証主義的な知識観が広がってきたためかもしれない。背景に想定されるのは、研究者から独立した客観的な社会的現実があり、それに対して中立的な観察を通じた接近が可能だという信念である。そこでは、鉱夫が埋まっている金属を見つけ、植物学者が自然のなかで植物を集めるように、インタビュアーは言語的な反応を収集することが当然視されている。これに代わる旅人的な観点は、知の構築におけるポストモダンの視点に由来するものである。後者の観点によればインタビューは会話であって、知識は対人関係のなかでそれを通して構築されるのであり、インタビュアーとインタビュイーによって共同的に創造され執筆される。誘導しているかどうかは決定的な条件ではない。重要なのはインタビューにおける問いがどこに向かっているかであり、また、その問いによって新しく信用性が高い、価値のある知識が導かれるのかどうかということである。

学術的責任と倫理的責任の間の緊張

インタビュイーの回答を批判的に吟味し別の解釈可能性を十分検討するなど、科学的に質の高いインタビューの知を求めることは、インタビュイーを傷つけないようにするといった倫理的な配慮と対立してしまう場合がある（Brinkmann & Kvale, 2005; Flick, 2007b, 9章）。インタビュー対象者の尊厳を守りつつ同時になるべく多くの知識を獲得しようとするジレンマは、容易に解決されるものではない。

ジェット・フォッグは、インタビュアーが直面する倫理的ジレンマを次のように整理した（Fog, 2004）。研究者はインタビューをできる限り深く徹底したものにしたがるが、それはインタビュー対象者のプライバシーに立ち入るリスクを冒すことでもある。一方、対象者をできるだけ尊重しようとすると、表面をなぞるだけの経験的資料を得るにとどまるリスクを冒すことになる。たとえば、癌とともに生きることをテーマとした研究において、インタビューを受けたひとりの女性は病気の再発への恐れを否認しており、口では怖くないと言うし、見かけ上は幸せで落ち着いているように思われた。ところが、熟練したイ

ンタビュアーでセラピストでもあるフォッグは、それとは反対のことを示すかすかな兆しに気づいた。というのも、その女性は非常に早口で話し、その笑顔と手の動きは言葉の内容と一致しておらず、身体は緊張している上に、自分の話す言葉を聞いていないようにも見えたからである。もしインタビュアーがインタビュイーの言葉を尊重して、心理治療的な介入に似た働きかけを一切差し控えるとしたら、インタビューの逐語的記録は見事に、癌と安らかに共存している女性のストーリーになっていたことだろう。この場合、インタビュイーによる表面的な否認と防衛の背後に到達して初めて得られる価値ある知識が、結局は失われてしまうことになる。もし社会が、致死的な病いとともに生きることの意味に関心をもつとしたら、研究者はその女性の言葉が示す表面的意味の裏側を探ろうと努めるべきではないだろうか？ しかしそれは、その女性にとってどんな価値をもつだろう？ おそらく彼女にとってもっとも望ましいのは、その防衛が壊れないようにすることではないか？ それとも彼女は、よりよい人生を送るために病気の現実を直視したいと思うだろうか？

　学術的関心と倫理的懸念の間のこうしたジレンマは、倫理規則によって解決することはできず、研究者の倫理的経験と判断に頼ることになる。ジレンマが生じないような研究のやり方が、場合によってはあるかもしれない。もし上で述べた調査インタビューが治療的面接だったとしたら、対象者の外見的な否認を乗り越えて、痛みを伴いながら自己に向き合うという方針は治療過程の一部になる。さらに副産物としては、調査インタビューで倫理的に是認されるところを超えて、徹底した確認を経た洞察的な知識に到達できるだろう。

　結論的に言えば、調査インタビューの質を判断する唯一の明快な基準は存在しない。よいインタビューは、単なる質問技法の習熟を超えた研究者の職人性に依存する。それは、研究トピックに関する知識、インタビュアーと対象者の間の社会関係に対する感受性、調査インタビューの認識論的・倫理的側面への意識などと関係するものなのである。

キーポイント

- インタビューの分析、検証、報告の質にとって決定的に重要なのは、インタビューそれ自体の質である。
- インタビューのよさを決める固定的な基準は、それが科学的な質に関わるものであれ倫理的な質に関わるものであれ、存在しない。インタ

ビューの質の評価はインタビューそれぞれの形式、テーマ、目的によって違ってくる。
- インタビューの質の高さに関わる3つの一般的な基準としては、インタビュイーの回答の豊かさ、関連する回答の長さ、インタビュイーの言葉の明晰さが挙げられる。
- 理想的なインタビューの質に関する3つの基準は、今後に議論の余地を残してはいるが、インタビューから得られた知識がインタビュー状況それ自体において、どれだけ十分解釈され、確認され、十全に報告されているかという点に関わっている。
- インタビュアーの質に関する基準に含まれるのは、その人の知識の幅広さ、構成力、明瞭さ、礼儀正しさ、感受性、開かれた態度、舵取りの力、批判力、記憶力、解釈力である。
- インタビューの報告は、外部からの一連の批判にさらされることになるかもしれない。インタビュー調査に対する一般的な批判を知っておくと、インタビュアーはそうしたありがちな批判を考慮して研究を実施・報告することが可能になるだろう。
- 誘導的な質問についてよく投げかけられる疑問に対しては、次のような2通りの答え方が可能である。第1に、意図的な誘導的質問はおそらく、現在のインタビュー調査ではおそらくほとんど使われていない。第2に、決定的に重要なのは誘導的かどうかではなく、その質問が重要な知識をもたらすかどうかである。
- 調査インタビューの科学的な質に関わる基準は、インタビュイー個人に対する敬意といった倫理的基準と対立する場合がある。

さらに学ぶために

質的研究の質の問題は、以下の2つの文献にいっそう詳しく述べられている。

Flick, U. (2007b) *Managing Quality in Qualitative Research* (Book 8 of The SAGE Qualitative Research Kit). London: Sage.［フリック／上淵寿（訳）(2017)『質的研究の「質」管理』（SAGE 質的研究キット8）新曜社］

Seale, C. (2004) 'Quality in qualitative research', in C. Seale, G. Gobo, J. F. Gubrium & D. Silverman (eds.), *Qualitative Research Practice*. London: Sage, pp.407-19.

> **訳者補遺**
> インタビューそれ自体の質について日本語で読める文献は比較的少ないように思われるが、1章で述べた概論書において部分的に示唆されているところがある。なお、上記の Flick（2007b）は、インタビュー実践に特化してその質を論じたものというわけではない。

訳注

［1］この第3幕第2場では、ハムレットは役者に先王が殺害される場面を演じさせ、現王クローディアスを狼狽させる。その後、王妃に呼ばれていることを告げに来た宰相ポローニアスとの間で、ハムレットは本文に引用されているようなやりとりを行なう。脇ゼリフの前には、「よし、すぐ母のところに行くよ」というような言葉があるが、ここでは省略されている。

［2］第2幕第1場においてポローニアスは、家臣のレナルドーに息子レアティーズの行動を探るように述べている。「うそを餌に、まことの鯉を釣りあげようという寸法さ。万事このとおり、われら、智慧と先見の明を誇るものは、つねに直接法を避ける。間接に、搦手（からめて）から攻めたてて、必ず獲物をしとめるのだ。お前も、いま言ったとおりにやってみるがいい。倅（せがれ）の行状も難なく突き止められよう。わかったろうな、え？」

［3］インタビュイーのストレス耐性を探るなどの目的で、わざと答えにくい質問や連続的な質問を投げかけ、インタビュイーの気持ちを揺さぶって、どのような反応が返ってくるかを見るようなタイプのインタビュー。圧迫面接とも呼ばれる。就職採用面接などではしばしば使われているが、調査インタビューではめったに使わないのは、慎重に扱わないとラポール（信頼関係）が損なわれてしまうことがほぼ確実だからである。

［4］1章にあった「自由に漂う注意」とほぼ同じ意味であり、特に精神分析の面接における態度として言及されることが多い。分析家は患者の話を聞く際に特定の部分にのみ注意をすべきではなく、全体の雰囲気や様子を幅広く聞くことが必要とされる。そうした聞き方を通じて、患者の語りの重要な部分が、分析家の無意識の受信装置に受け取られてくるという。

［5］フランスの哲学者で歴史家であるミシェル・フーコー（1926-1984）のこと。特に明示されてはいないが、ここで言われている文献は、たとえば『知の考古学』（1968）などが念頭に置かれているのではないかと思われる。フーコーによれば、私たちは自由に言語行為を行なっているように見えても、背後にはその時代・文化のなかで半ば常識のように流通している言葉のまとまりがあり、その力の下で1回1回の発話がなされているという。その言葉のまとまりを、フランス語では「ディスクール」と呼ぶ。9章等で出てくる「ディスコース」は、それに対応する英単語で、意味はかなり共通しているととりあえず考えておいて差し支えない。筆者クヴァールは、ここで引用されている対話の背後に、インタビュイーとインタビュアーそれぞれの発話を規定する、異なるディスコースを見ている。

［6］"discourses crossing swords"。インタビュアーはインタビュイーたちの生活のなかに学びを位置づけようとする。一方、インタビュイーは自分たちの生活を有能な専門職になる過程

とみなし、そこに学びの概念を介入させない。元論文では、ここでインタビューの現場は単なる情報収集の場ではなく、生の意味について両者の間で交渉が行なわれる「戦場」に似たものとして特徴づけられている。

[7] インタビュー研究でも、インタビュー研究なりの「組織的なやり方」「新たな知識のシステム」は可能である。ただその意味や定義は、伝統的な量的研究で言うそれとはまったく同じではないかもしれない。ここでインタビュー研究だけにあてはまる意味づけをして、だから「インタビュー研究も科学的なのだ」と言うと、結局インタビュー研究の外には伝わらない強弁に聞こえてしまうかもしれない。それぞれの意味の本質的部分を問い直し、量的研究の研究者にも伝わるような方向でその意味を考えていく必要があるだろう。

[8] 「間主観性（intersubjectivity）」はもともと現象学の用語であり、「共同主観性」とか「相互主観性」の訳もある。ただ、ここではもっと単純に、「異なる人の間（で合意が得られるかどうか）」という意味でとっておけばよい。すぐれたインタビューでは、インタビュアーとインタビュイーの間において、間主観的な意味の確定がある程度なされているものである。

[9] 社会に関する知識とされるものは、自然科学のような普遍性や一般性はもちにくく、多くの場合、その現象が生じた文脈（文化・社会・歴史）によって多様なかたちをとる。したがって、社会的知識の多くは常に、文脈を込みにしたローカルなものにならざるをえない。

[10] 「一般化可能性」という言葉の意味が、「他のすべての場面で幅広く知識が適用できるか」という問いに関係しているとしたら、「転用可能性（transferability）」は、「他の特定の事例を理解するのに比較対象としてどれくらい利用できるか」という問いに関わってくる。10章の議論も参照。

[11] 「私は嘘つきだ」という発言は、それを真だと仮定するとしたらその「私」が発したまさにこの発言も「嘘」ということになり、その意味では偽になる。この発言がそもそも偽だとしたら、「私」は嘘つきではなくなり、この発言は真となる。このように、発言の真偽が循環して決定が不可能になるのが、嘘つきのパラドックスである。本文では、「このインタビューの結果は誘導的な質問によって作り出されたものではありませんか？」という問いは誘導的な面をもっており、それに「はい」と答えたとしても、その答えは誘導的な質問に対する答えだから信用できないことになる。答えが「いいえ」だったとしたら、誘導的な質問によって回答が誘導されなかったことになり、誘導的質問にそれほど誘導力はないということの例証になる。

[12] たとえば、谷岡一郎『「社会調査」のウソ』（2000, 文春新書）を読むと、新聞などでまことしやかに発表される「調査」結果が、いかに眉唾ものであるのかがよくわかる。

[13] これは、対象者が事実、奥さんを殴ったということを前提にした問いかけであり、これに「いつ」と答えると、殴ったという事実も認めたことになる。殴ったことの否認するためには、この問いに答えずに、この問いの正当性に反論しなくてはならない。問いに対して普通に答えを返すのは、会話のルールに則った日常的な行為だが、問いに対して問いを投げかけるのは日常場面では失礼な行為であり、対人的なルールを逸脱した負担の大きいものになる。

8章 インタビューを文字に起こす

話し言葉と書き言葉
インタビューを記録する
インタビューの文字起こし
文字起こしの信頼性と妥当性
インタビューの分析のためのコンピュータ・ツール

本章の目的

- インタビューの後、その結果に取り組むいくつかの段階——文字に起こし、分析し、検証し、インタビューの会話のなかで生み出された知識を報告する——についての理解を深める。
- 口頭のインタビューの会話を、分析しやすい逐語録のかたちをとる文字化されたテクストへと変換する方法について学ぶ。
- 話し言葉と書き言葉の基本的な違いについての理解を深める。
- 記録すること、文字に起こすことに関する実践上の諸問題について学ぶ。
- 文字起こしの信頼性と妥当性について理解する。
- インタビューの分析を促進するコンピュータ・プログラムについての知識を広げる。

話し言葉と書き言葉

　インタビュー実践の質についてはしばしば議論がなされてきたが、文字起こしの質については、質的研究文献のなかでもめったにふれられることがなかった。これはおそらく、社会科学者たちが伝統的に、自分たちの扱う言語という媒体の特徴に注意を向けてこなかったことと関係している。文字起こしは単な

る事務的な作業ではなくむしろ解釈の一環であり、口頭の発話と書かれたテクストの違いはさまざまな実践的な問題や原理的な問題を生み出すのである。

　文字起こし作業の諸問題を無視するインタビュー研究者は、逐語録の敷き詰められた道を地獄へと歩んでいくことになる。インタビューは2人の人が向かい合って行なう会話の発展型だが、そうした直接対面しながらの会話は、文字起こし作業を通じて書き言葉のかたちへと抽象化され固定化される。いったん逐語録が作られると、それがインタビュー・プロジェクトの堅固な足場として、唯一の経験的データとみなされる傾向が強い。しかし言語学的視点から言えば、文字起こしは話し言葉から書き言葉への翻訳作業であり、逐語録が作られる途上には一連の判断や意思決定が含まれる。つまり逐語録とは、話し言葉という1つのナラティヴ様式から、書き言葉という別のナラティヴ様式へと翻訳されたものなのである。口頭の発話と書かれたテクストは異なる言語ゲーム[訳注1]を伴っており、オング（Ong, 1982）によれば異なる文化に属するものでもある。[訳注2]ゲームのルールは両者で異なっている。たとえば、雄弁な演説でもそのまま文字にしてみると一貫性がなく繰り返しばかりに見えるかもしれない。また、明晰な議論を展開した記事を声に出して読んでみると退屈なものに思えることがある。

　文字に起こすとは変換を施すことであり、ある形態から別の形態へと変えていくことである。逐語的にインタビューを文字に起こす試みは、書かれたテクストの形式的なスタイルにも生の口頭の会話にもあてはまらないハイブリッドで人工的な構築物を生み出すだろう。文字起こしは話し言葉から書き言葉への翻訳であって、解釈学的伝統のなかで翻訳者について言われている「翻訳者は反逆者である」[訳注3]という言葉は、文字起こしを行なう者にもまたあてはまる。

　インタビューはライブで行なわれる社会的なやりとりであり、顔を合わせて言葉を交わしている参与者は、時間的な展開のペースや声のトーンや身体表現といった情報を直ちに利用できる。しかし、状況の外で逐語録を読む読者にはそれはわからない。インタビューを録音することは、会話する複数の人の生身の存在に対して最初の抽象化を施すことであり、そこでは姿勢やジェスチャーとして現れる身体表現が失われる。さらにインタビューの会話を文字のかたちに起こすことは第2の抽象化であり、声のトーンやイントネーションや息づかいが失われる。一言で言えば、文字起こしは、インタビューの会話から文脈を取り払い、含まれる情報を減らしていく作業なのである。

インタビューを記録する

　文書化して後で分析するためにインタビューを記録しておく方法には、オーディオ録音、ビデオ録画、筆記による記録、そして記憶がある。これまでの一般的なやり方は、レコーダーを使ってオーディオ録音するというものであった。レコーダーを使っていれば、インタビュアーはインタビューのテーマやその場のやりとりに集中することができる。また、使われた単語、話し方、休止といった特徴は、永続的なかたちで記録され、繰り返し立ち戻って聞き直すことが可能になる。今日ではICレコーダーも使われており、これを使えば音質の高さが保証されるし、何時間にもわたって中断なく録音し続けることができる。録音は、直接パソコン上の記録へと変換でき、パソコン上での分析のために保存し再生することもできる。

　実際問題として、インタビューを文字起こしするための第1条件は、記録が残っていることである。インタビュアーのなかには、機械の故障という体験はもちろんのこと、もっと多いのは人為的なミスによって何も録音されていなかったというような、インタビューにまつわる例外的な苦い思い出をもっている人がいる。文字起こしのために必要な第2の条件は、会話の録音が文字起こしをする人に聞き取れるということである。そのためには、背景の雑音が入らないよう対策を講じておくことや、不明瞭に話すインタビュイーには「大きな声で」と率直にお願いするなど、インタビュアーの側の配慮が求められる。

　ビデオによる記録は、インタビューにおける対人的な相互行為を分析するというユニークな機会を提供してくれるが、膨大な情報量のためにその分析は非常に時間のかかる作業となる。一般的なインタビューのプロジェクトにとって──特に何度もインタビューを行なうプロジェクトであるとか、主な関心が語りの内容であったりする場合には──、ビデオ録画はあまりに厄介で、インタビュー内容の分析には向いていないかもしれない。とは言え、準備段階のインタビューをビデオ録画してみることは、ボディランゲージの重要性に対するインタビュアーの感受性を高められるという点で有用ではあるだろう（詳しくは、Rapley, 2007 も参照）。

　インタビューはまた、インタビュアーが自らの記憶を内省しながら記録されることもある。その場合はインタビュアーの共感的姿勢と記憶力を頼りにして、セッション後にインタビューの主要な側面が文字化される。インタビュー中に

書かれたメモを参考にすることもあるが、インタビュー中に詳細なメモをとるのは気が散るものであり、会話の自由な流れを邪魔するかもしれない。インタビュアーの記憶には、用いられた正確な言葉のつながりがただちに忘れられてしまうなど、明らかな限界もある。その一方、インタビュー状況における身体の存在感や現場の社交面の雰囲気は録音はされないものの、記憶の背景には残るかもしれない。また、インタビュアーの傾聴と記憶は、選択的なフィルターとして機能する可能性もある。それはバイアスであるだけではなく、まさにそのトピックやインタビュー目的にとって本質的な意味を保持するために役立ちうる。もしフロイトの時代にテープレコーダーが使えたとしたら、患者からの膨大な量の逐語的な引用が残るばかりで、精神分析理論は発展することがなかったかもしれない。そして精神分析は今日、セラピー場面の膨大なテープと正しい文字起こしをめぐる議論の混沌のなかで迷子となり、ウィーンの精神分析医の小さなサークルのなかに止まっていただろう。

インタビューの文字起こし

インタビューを口頭の様式から文字の様式へと変えることによって、インタビューの会話はより細かい分析が可能なかたちへと構成されるが、これはそれ自体最初の分析作業でもある（詳細は、Rapley, 2007 を参照）。文字起こしの作業量と形式は、データの属性、研究の目的、調達可能な時間と資金、それから、信頼できる忍耐強いタイピストがいるかどうかによっても違ってくる。

文字起こしのための時間とリソース

インタビューを文字起こしするのに必要な時間は、録音の質、文字起こしする人のタイピングの経験、細部や正確さへの要求度によって違ってくる。大量のインタビュー資料の文字起こしは退屈で面倒な仕事であるが、録音品質が高いとストレスはかなり軽減される。成績研究のインタビューの場合、1時間のインタビューを逐語的にタイプするのに、熟練した秘書で5時間ほどかかった。会話の量とタイピングの仕方にもよるが、行間を狭くとっても1時間のインタビューで、20 から 25 ページになる。[訳注4]

- **誰が文字起こしを行なうべきか** インタビュー研究では秘書が文字起こし[訳注5]を行なうことが多いが、コミュニケーションや言語的なスタイルの様相に

注目する研究者は、自分の特定の分析にとって重要な特徴の詳細を保つため、自分自身で文字起こしを行なうことを好むだろう。ミシュラーが勧めるのは自分のインタビューを秘書にまずざっと文字起こしさせ、その上で集中的なナラティヴ分析を行なうためにインタビュー部分を少数選ぶというやり方である（Mishler, 1986. 同1991も参照）。選択された部分は、職人のナラティヴにあるような言語学的な表記法を用いて、ミシュラー自身によって文字起こしされた（ボックス6.2）。自分でインタビューを文字起こしする研究者は、自分のインタビュー実践のスタイルについても多くを学ぶだろう。つまり、文字起こししながら、インタビュー状況の社会的・感情的な側面をある程度目の前によみがえらせ、そこで言われていることの意味の分析をその時点から開始できるのだ。

- **文字起こしの手続き**　音声からテクストへの文字起こしをする場合、多くのテクニカルな問題や解釈的な問題——特に逐語的な話し言葉と書き言葉のスタイルの対立に関わる問題——が待ち受けている。それに対処するための標準的なルールはほとんどなく、むしろ重要なのは適切な方針の選択を重ねていくことである。文字起こしには、それがどのように行なわれたかを報告のなかに明記するという基本的なルールがあるが、これはできることなら、文字起こし担当者に文書のかたちで指示したものに基づくのがよい。もし単一の研究で複数のインタビューが行なわれて何人かの文字起こし担当者がいるような場合には、彼らが同じ手続きに則って作業するように気をつけなければならない。そうしないと、インタビュー間で言語学的な比較を行なうことが困難になるからである。[訳注6]

- **逐語録の使用**　調査インタビューの逐語録に標準的な形式や表記法はないとは言え、いくつか標準的に行なわなければならない意思決定は存在する。発言は、何度同じ繰り返しがあっても聞こえたまま保持し、「んー」などといった声にも注意しながら逐語的に文字にしていくべきか？　それとももっと形式的に整った書き言葉のスタイルに変換すべきか？　インタビュー研究のサンプリングは対象者の選択のみに関わるわけではない。インタビューにおける口頭の会話には多様な次元が含まれるが、そのうちどれを逐語録のために選択するのがよいかという意味でのサンプリングもある。たとえば、発話の間、イントネーションにおける強調、笑いやため息など感情的な表現は文字起こしの対象に含めるべきだろうか？　もし間を含めるとしたら、どれくらい細かく見ていけばよいのか？　こうした問い

に対して、正しい標準的な答えはない。答えは、その逐語録をどのように使おうとしているのかにかかっている。たとえば、言語学的に細かい会話分析をやろうとしているのか、それとも読みやすく開かれたストーリーとして対象者の発言を報告したいのか、ということである。

ボックス 8.1　会話分析のための文字起こし

E　Oh honey that was a lovely luncheon I shoulda ca:lled you s:soo[:ner but I:] I:[lo:ved it.
大意：ねえあなた素敵なランチだったわよね、もっと早く電話すればよかったんだけど、とーってもよかったねえ。

M　　　　　　　　　　　　　　　　　　　　　　　　[((f)) Oh:::] [( )
　　　　　　　　　　　　　　　　　　　　　　　　　　　　　　はあ

E　It w's just deli:ghtful[:l.]
　ほんと楽しかったわあ

M　　　　　　　[Well]
　　　　　　　　まあ

M　I w's gla[d　　　you] (came).]
　うれしかったわ　あなたが来てくれて

E　['nd yer f:] friends] 're so da:rling,=
　　で、あなたのお、お友達とても愛らしくて

M　=Oh:::[:it w'z]
　はあ、それは

E　[e-that P]a:t isn't she a do:[:ll?]
　パットなんか人形みたいじゃない？

M　　　　　　　　　[iYe]h isn't she pretty
　　　　　　　　　　ええ、あの子かわいいわよね
　　　(.)

E　Oh: she's a beautiful girl.=
　ああ、彼女きれいな子よねえ

M　=Yeh I think she's a pretty gir[l.=
　ええ、私は彼女、かわいい子と思うわ

E　　　　　　　　　　　　　　　　[En' that Reinam'n::
　　　　　　　　　　　　　　　　　で、言い方を変えれば

```
            (.)
E   She SCA:RES me.
    彼女、私をどきっとさせる。
```
出典：Heritage (1984) より。ten Have (1999, p.4) に引用

文字起こしのための記号の意味[訳注7]

〔　　右あきの角括弧は、発話の重なりの開始箇所を示す。
〕　　左あきの角括弧は、発話の重なりが相手の発話に対して終了した箇所を示す。
=　　行の末尾とその次の行の冒頭に置かれた等号は、2つの行の間に「隙間」がないこと示す。
(.)　　丸括弧の中の点は、発話のなかあるいは間に短い「隙間」があることを示す。
::　　コロンは直前の音が伸ばされていることを示す。コロンの数が増えると、伸ばされた時間がそれに応じて長いことを示す。
word　　下線は、声の高さや大きさを通じて何らかの強調がなされていることを示す。強調されている部分を斜体で印字するやり方もある。
WORD　　大文字は、その周囲の言葉に対して特に大声で発話された箇所を示す。
( )　　中に何も書かれていない丸括弧は、言われたことが聞き取れなかったことを示す。
(( ))　　二重の丸括弧は、逐語録ではなく文字起こしの際に加えられた補足説明であることを示す。

出典：ten Have（1999, 付録）を改変

　ボックス8.1のテキストは、一見したところかなり読みにくく感じられる。これは電話での一連の会話を文字に起こしたものであり、特殊な目的——ここでは、9章で解説する会話分析——のために作成される逐語録の複雑さを示すために引用したものである。職人を対象にしたナラティヴ・インタビューを文字にする際に、ミシュラーがこの表記法の一部を用いたことも思い出すとよいだろう（ボックス6.2）。こうした特殊なかたちの逐語録は、一般的なインタビュー・プロジェクトにおいて膨大なインタビュー・テクストの意味を分析するためには適当とは言えないし、必要性も低い。しかし、研究の焦点が調査インタビューにおける言語学的スタイルや社会的相互作用——たとえば医師と

患者の面談におけるそれ——であるとしたら、音声によるやりとりにおける間、重なり、イントネーションは非常に重要な情報となる。また、ボックス8.1にあるような詳細な逐語録は、インタビューのやりとりのいっそう細かな部分に対するインタビュアーの感受性を高めることになるだろう。

　文字起こしがどのくらい詳細であるべきかという問題は、よい成績をめぐる競争に関して交わされたインタビューのやりとりを見ておくとわかりやすい。そうした競争はデンマークでは好ましくないとされ、多くの生徒が認めたがらない行動である。

インタビュアー　成績の評価があるということは、生徒のみなさんの間の関係に影響するのでしょうか？
生徒　いや、いやいや、悪い成績をもらった人を見下したりなんか、誰もしませんよ。僕はそうは思いませんね。まあ少しは、そうするやつもいるかもしれないですけど、僕はそんなことはしません。
インタビュアー　それって、クラスのなかに競争はないという意味でしょうか？
生徒　ええ、そのとおりです。全くありません。

　額面通りに受け取るなら、この少年は、成績の悪い生徒を見下したりする者はいないと述べており、クラスには成績の競争は存在しないというインタビュアーの解釈を裏書きしている。しかしながら、このデータを批判的に読むと逆の結論にたどり着くかもしれない。つまり、他の生徒を見下すことを何度も否定しているのは、明らかなかたちで口にされていることと真逆を意味しているという解釈も可能である。もし上記のインタビューのやりとりが逐語的に書き起こされておらず、たとえば、「成績の悪い他の生徒のことを見下す者はいないし、成績のための競争もない」などと短く言い換えられていたとしたら、その言葉の表面的な意味をそれとは逆に再解釈する可能性は失われていただろう。

文字起こしの信頼性と妥当性

　文字起こしの信頼性と妥当性について詳しく見ていくと、逐語録が本質的に構築的なものであることがはっきりする。

信頼性

録音されたインタビューの同じ部分を複数の人に独立に文字起こししてもらう。信頼性はコンピュータ・プログラムで2つの逐語録の間で一致していない単語をリストアップしてその数を数えれば、技術的にはたやすくチェックできる。しかし、2つの逐語録の間の一致度を計るそうした単純な数量的なチェックは、インタビューの研究者にショックを与え、経験豊かなタイピストの専門家としての誇りを傷つけることになるかもしれない。

録音を聞き直してみるとその食い違いの一部は、聞き取りにくい一節が聞き違えられたり誤解されたりするなど、録音の質の低さがその原因であることがわかるかもしれない。食い違いのなかには、白黒がはっきりするような解決が望めないものもあるだろう。どこで文が終わるのか？ 間があるのはどこか？ 会話の間でなく沈黙とされるのはどれくらいの長さか？ それぞれの間は対象者に属するのかそれともインタビュアーに属するのか？ 等々。また、会話の感情面――たとえば、「緊張した声」、「含み笑い」、「神経質そうな笑い」など――を逐語に含めるとしたら、複数の主観の一致に基づく文字起こしの信頼性を高めることは、それ自体が研究プロジェクトになるほどむずかしいだろう。ボックス8.1にあるような電話上の会話を会話分析のために文字起こししたものを見ると、口頭の発話から書かれたテクストへ正確に変換することがどれほど複雑な作業であるかがわかる。

妥当性

インタビューの逐語録の妥当性を確かめることは、信頼性の確認よりもさらに厄介である。文字起こしは、それ自体独特なルールをもつ話し言葉から、別種のルールをもつ書き言葉へと変換することである。逐語録は、何らかのオリジナルな現実の写しでも代行表現でもない。それは解釈的な構築物であり、所与の目的を達成するために役立つツールである。それはまた、文脈から切り離された会話であり、地形図がもとの風景から抽象化されて作られたものであるのと同じ意味で抽象的なものである。地形図はその地域のいくつかの特徴を強調し別の特徴を省略するが、どの特徴を選ぶかはそれがどう使われるかによって変わってくる。

したがって、「どういう文字起こしが正確で妥当な文字起こしなのか」という問いには答えることができない。話し言葉の様式から書き言葉の様式へと変換する、真に客観的な方法など存在しないのである。より建設的な問いを立て

るとしたらそれは、「自分の研究目的に対して役に立つのはどんな文字起こしなのか」ということになる。つまり、言語学的な分析を目的とする場合には逐語的な記述が必須であるし、同様に、たとえば不安の程度とか否認の意味といった心理学的な解釈のためには発話の休止や反復や声のトーンを逐語録に含めておくことが重要であろう。一方、会話を文学的なスタイルに書き直しておくことは、発話内容のニュアンスに光をあて、対象者のストーリーの意味を読者に伝達するのを促進するだろう（信頼性・妥当性については、Flick, 2007b も参照）。

インタビューの分析のためのコンピュータ・ツール

インタビューの文字起こしが終わると、それを構造化し分析するために、さまざまなコンピュータのプログラムを利用することが可能になる。この世界に入ったばかりの初学者のなかには、コンピュータ・プログラムが自分たちのインタビューの詳細な分析を担当してくれるだろうと信じている人もいるかもしれない。テクスト分析のためのコンピュータ・プログラムが宣伝されるようになったために、そうした期待が高まっているのだろう。たとえば次のような宣伝文がある。

> 質的研究は大仕事！ インタビュー、フォーカスグループ、観察、サーベイ、人物プロフィール、インターネット調査などからの豊かなデータを前にして、どのようにすればそこから意味を取り出し、その正しさを主張できるでしょうか？ どのようにすればパターンを見つけ、説明し、テーマを同定して、結果をうまく伝えられるでしょうか？ その答えはこれ！ プログラム○○○は研究者のために、世界トップレベルの質的な解決を提供します。

その一方、プログラムの制作者自身や教科書の著者たちは、テクストの分析にコンピュータ・プログラムを使うことについてそれほど楽観的ではないかもしれない。たとえば次のように述べられる。「プログラムは思考を代替するものというよりも、思考のための力強い助っ人である。… コンピュータは分析したりはしない。それを行なうのは人間の方である。」(Weitzman & Miles, 1995, p.3)

確かにコンピュータ・プログラムは、インタビューの逐語録の分析を容易に

するところがある。たとえば、何百ページにもわたる逐語録のページに対して、時間のかかる「切り貼り」をする代わりに、「電子のはさみ」を使うことができるし、後の分析のためにインタビュー資料を整理する助けにもなる。しかし、解釈の作業とその責任の所在は研究者の側にとどまる。コンピュータ・プログラムにできることは、メモを書くこと、インタビューについて考えたことをその後の分析のために書き残すこと、コード化すること、キーワード・サーチをすること、単語数を数えること、図を作って示すことなどである。あるプログラムは、逐語録を読みながら画面上で同時にコード化したりメモを書いたりすることもできる。ただしこうした作業の一部は、一般のワープロのプログラムでも可能であるという点は忘れるべきではない。

　今日コンピュータが行なう分析のなかでもっとも一般的なのが、次章で解説するインタビュー・データのコード化、ないしカテゴリー化*である。コード化にあたっては、研究者はまず逐語録を精読し、重要な部分にコードを付与していく。次に、コード整理機能の助けを借りてコード化された部分を列挙することができるので、再コード化やコード結合の機能を用いながらそれらを再検討する。現在流通しているコンピュータ・プログラムはコード化を用いた分析に適したものとなっており、ナラティヴ分析やディスコース分析といった他のタイプの分析法は、テクストの分析のためのコンピュータ・プログラムにおいては視野にあまり入っていない。コード化に適したコンピュータ・プログラムが広く使われるようになることの結果として、分析への近道にコード化の手法が好まれるようになるということがある。次章で述べるようなインタビューの分析の豊かさや多様性が犠牲になってしまうのである。

　今日のコンピュータ・プログラムのほとんどは、文字化されたテクストを対象にしているが、最新のものは録音された音声を直接扱うことができる。[訳注10] 研究者はインタビューのやりとりに直接耳を傾け、コード化し、テクスト画面上に連想や解釈を書きつけ、コード化された音声のまとまりに対して、後で速やかに立ち戻ることができる。音声を直接分析できると、インタビュー全体の文字起こしをするのにかかる時間と費用を節約できるだろう。また、本章で述べた文字起こしに関わる問題の多くを回避し、研究者がもとの口頭の談話データに密接に関わることを保証することにもなる。その場合、より詳細に分析すべきデータとして取り上げられて文字起こしされる対象となるのは、データの一部ということになるだろう（詳しくは、Gibbs, 2007 参照）。

▤ キーポイント

- インタビュー実践の質については集中的に議論されてきたが、インタビューの逐語録の質の問題についてはこれまでないがしろにされてきた。
- 口頭の会話と書かれたテクストは言語学的にまったく異なる言語形式であり、文字起こしの際には、その相違に留意しなければならない。
- 逐語録の信頼性と妥当性は見過ごされていることが多い。この問題を取り上げるなら、文字起こしの解釈的・構築的な本質が露わになるだろう。
- 逐語録の信頼性を高めるには、録音の質を確保することや文字起こしの方法に対する指示をはっきりしたかたちで行なうことが必要である。
- 口頭の発言に対して唯一の妥当な文字起こしの仕方は存在せず、多様なかたちの起こし方があって、それぞれ逐語録の使い方に応じて妥当性をもつことになる。
- インタビューの分析を促進するコンピュータ・プログラムが出回っている。大半のプログラムは文字起こしされたテクストに対するものであるが、録音された音声を直接用いて分析を行なうことができるプログラムもある。
- コンピュータ・プログラムはあくまで分析のためのツールであり、分析の工夫および責任は研究者の側にある。

さらに学ぶために

文字起こし一般およびその質については、次の文献に取り上げられている。

Flick, U. (2007b) *Managing Quality in Qualitative Research* (Book 8 of The SAGE Qualitative Research Kit). London: Sage.［フリック／上淵寿（訳）(2017)『質的研究の「質」管理』（SAGE 質的研究キット8）新曜社］

Gibbs, G. (2007) *Analyzing Qualitative Data*. (Book 6 of The SAGE Qualitative Research Kit). London: Sage.［ギブズ／砂上史子・一柳智紀・一柳梢（訳）(2017)『質的データの分析』（SAGE 質的研究キット6）新曜社］

Mishler, E. G. (1991) 'Representing discourse: the rhetoric of transcription', *Journal of Narrative and Life History*, 1: 255.80.

Poland, B. D. (2002) 'Transcription quality', in J. F. Gubrium & J. A. Holstein (eds.) (2002) *Handbook of Interview Research*. Thousand Oaks, CA: Sage, pp. 629-49.

Rapley, T. (2007) *Doing Conversation, Discourse and Document Analysis* (Book 7 of The SAGE

Qualitative Research Kit). London: Sage. ［ラプリー／大橋靖史（訳）（準備中）『会話分析・ディスコース分析・資料分析』（SAGE 質的研究キット7）新曜社］

Weitzman, E. A. & Miles, M. B. (1995) *Computer Programs for Qualitative Data Analysis*. Thousand Oaks, CA: Sage.

訳者補遺

文字起こしについては、1章で述べた概説書でも軽くふれられているが、詳細に論じた文献はわりと少ない。以下の2つ目の文献は、第2章「研究のためのナラティヴの構築」で、2つのトランスクリプトの対比と考察がなされている箇所があり、この章の内容と重なっている。質的分析ソフトウェアの利用に関する文献はそれ以外の2つの文献に詳しい。

佐藤郁哉（2008）『QDAソフトを活用する実践質的データ分析入門』新曜社
リースマン, C. K./大久保功子・宮坂道夫（監訳）(2014)『人間科学のためのナラティヴ研究法』クオリティケア
リチャーズ, L./大谷順子・大杉卓三（訳）(2008)『質的データの取り扱い』北大路書房

訳注

[1]「言語ゲーム」は、哲学者ウィトゲンシュタインの後期哲学の中心概念である。言語活動（あるいはもっと広く、人間の社会活動全般）は、ある種のルールによって可能になるゲームのようなものとして理解すべきであるという考え方として理解しておくとよい。ここでは、背景にあるルールやそれに伴う使い方が書き言葉と話し言葉で違っている、といった意味である。たとえば、話し言葉では、「雨」と「飴」の違いはアクセントの違いによって表現されるが、書き言葉では、平仮名では区別されず、漢字を使って初めて区別が可能になる。これもまた書き言葉と話し言葉の間に見られるルールとそれに則った行為（ゲーム）の違いである。

[2]『声の文化と文字の文化』（桜井直文他訳, 1991, 藤原書店）。人類が文字を発明し、書き言葉を使いこなすようになったことで、社会や文化がどのように変化したかをあとづけた名著。文字のない社会における規範や価値、つまり文化を、文字をもつ社会のそれと対比して論じている。文化を一種の言語ゲームとして捉えることも可能であろう。

[3] もともとは、traduire traittori というラテン語の名句。英語では translators are traitors. 発音の似た単語が重なって韻を踏んでいるのが特徴的である。解釈学の伝統のなかで聞かれる言葉であり、翻訳には完璧なものはなく、どうしても意味の変更を引き起こしてしまう、といった意味と考えておけばよい。

[4] 日本語の場合でも、同じくらいのページ数になることは想定しておいた方がいいだろう。

［5］近年では、文字起こしを比較的安価で請け負ってくれる会社もある。特に大量のインタビューを文字起こししなければならない大規模プロジェクトの場合には、利用してみてもよい。ただ、学生・院生の方が行なう場合には、トレーニングの意味も含めて、基本的には自分で行なうことをお勧めしたい。また、業者に依頼する場合でも、その結果を鵜呑みにするのではなく、もう一度、録音記録と照らし合わせる作業は必須である。

［6］次章、「言語学的分析」のセクションを参照のこと。

［7］日本の会話分析の表記法もほぼこれに則っているが、大声を示す際に使われている「大文字」は日本語には存在しないため、たとえば、太字で表現したりする。鈴木・大橋・能智（編）『ディスコースの心理学』（ミネルヴァ書房，2015）等を参照。

［8］前章ボックス6.2でミシュラーが行なっているように、インタビューの会話を定形詩の形式を利用して表記することなど。

［9］現在では日本語のデータに対しても、複数のソフトウェアの利用が可能である。代表的なものとしては、N-Vivo, Max-QDA, Atlas-ti などがある。日本語のマニュアルの有無、使用可能なデータの幅、使い勝手など、その特徴には違いが見られる。個人で購入するには比較的高価であるのが、いちばんの難点かもしれない。

［10］こうしたプログラムはまさに日進月歩で変化・発展している。さらに最近のプログラムでは、画像を取り込んで、その一部を選択してそこに直接ラベルを付与するといった作業も可能になっている。

9章　インタビューを分析する

インタビューの分析をインタビュー研究に統合する
分析の諸様式
意味に注目した分析
言語形式に注目した分析
ブリコラージュとしてのインタビュー分析
理論的な読みとしてのインタビュー分析

この章の目標
- インタビューのテクストを分析するための分析ツールについて、その概要を知る。
- インタビューを実施し文字に起こす際に、それぞれの分析様式が課す特別な要請に対して意識的になれるよう、インタビュアーとしての感性をみがく。
- インタビューのプロジェクト全体を通じて分析を研究に統合することの必要性を理解する。
- 対象者によって表出された意味に主に注目した分析様式についての知識を獲得する。
- 対象者の発話の言語形式に主に注目した分析様式についての知識を獲得する。
- インタビューを理論的に読むだけではなく、研究者が異なるタイプの分析を混合させる一般的なブリコラージュの手法に親しむ。

インタビューの分析をインタビュー研究に統合する

質的研究のワークショップで教えていると、ときどきこんな質問を受けることがある。
「集まった1000ページのインタビューの逐語録を分析する方法を、どうやって見つけたらいいでしょうか？」
その答えは単純である。「多すぎます。それに遅すぎです！」。まず何より、一般的に言って1000ページの逐語録は1人の研究者が適切に扱うには多すぎる。第2に、インタビューとその文字起こしが行なわれた後になって分析について考え始めるのでは遅きに失している。分析方法はインタビューの実施に先立って考えておくべきであるのみならず、程度の差こそあれ、それはインタビュー状況そのものに組み込まれるべきものである。この場合、発言の意味を明確にする作業は、「今言われたことは ⋯ という意味だと理解しましたが ⋯」といった単純なかたちをとるだろう。研究者はさらに、インタビューの実施中に自分の解釈が正しいかどうかを確かめようとするかもしれない。そのような「歩きながら」の解釈によって、分析のかなりの部分がインタビュー状況それ自体のなかで「前倒し」的に行なわれる。そうなると事後的な分析がいっそうやりやすく、わかりやすくなるばかりでなく、より確かな足場の上に組立てられるようになる。

ボックス9.1　分析の6段階 [訳注1]

　分析のステップは、インタビュー実施中に自らの生活世界について**対象者が発話**するときに始まる。彼らは特定のトピックに関連して自分が経験し、感じ、行為していることを自発的に語る。このとき、インタビュイー自身からもインタビュアーからも解釈や説明はほとんどなされない。
　第2のステップは、インタビュー中に新たな関連を**対象者自身が発見**し、自分の経験の新しい意味に気づくときに生じる。これは、自発的な発話に基づくものであって、インタビュアーの解釈は伴っていない。たとえばある生徒は、成績評価の影響について述べるなかで、成績がいかに生徒間の望ましくない競争を助長してしまうか考えるようになった。
　第3のステップでは、インタビュイーの発話の意味を**インタビュアーがインタビュー中に縮約・解釈**した上で、その意味を「送り」返す。インタビュ

イーには返答の機会が与えられ、たとえば「そんな意味ではありません」とか、「私が言おうとしていたのはまさにそれです」とか、「いいえ、私はそう感じたわけではなく ⋯」とか言うことができる。理想的にはこのようなやりとりは、可能な解釈が1つだけ残るまで続けられるか、あるいは、相矛盾するかもしれない複数の理解を対象者がそのテーマについてもっているとわかるまで続けられる。このかたちのインタビュー実践では、「通話中の」インタビュアーが行なう連続的な解釈が、「その場で」肯定されたり否定されたりする可能性をもちつつ維持され、結果的に、「自己修正的な」インタビューとなる。

　第4のステップでは、**録音されたインタビューがインタビュアーひとりで、もしくは共同研究者とともに分析**される。インタビューは普通、文字起こしを通じて分析のための整理が施される。この時に、テクストの分析のためのコンピュータ・ソフトが使われることもある。分析それ自体としては、インタビューの意味内容が取り出されたり、対象者自身の理解に光があてられたり、研究者の方から新たな視点がもたらされたりもする。また、テクストの意味に注目したり言語形式に注目したりするさまざまな分析ツールが利用可能である。

　第5のステップは**再インタビュー**である。インタビューのテクストを分析してから、研究者は対象者にその解釈を戻してもよいだろう。「自己修正」的なインタビューの延長線上において、対象者はインタビュアーの解釈に対してコメントを返し、当初の自分自身の言葉を詳しく言い直す機会をもつことになる。これは一種の、「メンバーによる妥当化*」[訳注2]である。

　第6のステップがありうるとしたらそれは、記述と解釈の連続を超えて、インタビューで得られた新たな洞察をもとに対象者が**アクションを起こす**ことであろう。この場合、調査インタビューは心理療法的な面接に近いものとなるかもしれない。より大きな社会的場面では共同のアクションによって変化がもたらされうる。たとえばアクション・リサーチでは、研究者と対象者がともにインタビューで生み出された知識に基づいてアクションを開始する。

　ボックス9.1には、記述から解釈、アクションに至る連続体上の6つのステップを示した。この6つのステップは必ずしも、相互に前提となっているわけではない。インタビューのプロセスを通じて生じる記述、発見、解釈という最初の3つのステップについては5章で簡単に述べた。以下では、インタビューの逐語録を分析する第4ステップで使われる分析の道具立てに目を向けてみよう。

9章　インタビューを分析する　| 157

分析の諸様式

　膨大な逐語録に隠された意味の宝物を最終的に露わにしてくれる魔法の杖を期待している人は、以下の記述を読んでがっかりしてしまうかもしれない。インタビューのなかで言われたことの本質的な意味やいっそう深い含意に到達するための標準的な方法、つまり王道などありはしないからだ。そうした分析技法の探索は、意味を分析し構築するという研究者の課題に「技術的解決」を与える近道探しにほかならない。もっとも、インタビュー・テクストの意味の分析に対して、さまざまなテクニカルな手続きを用いつつアプローチするための共通の方法はないわけではない。そうした分析のテクニックは、ある種の目的には有用であり、特定のタイプのインタビューには適した道具立てであって、そちらに向いている研究者もいる。

　本章では、インタビューの分析を行なう際にインタビューの職人が使うことのできる道具箱について説明する。そこに入っているツールを使えば何百ページもの逐語録の意味が研究者に自ずと明らかになる、というわけではない。分析の質を決めるのは、研究者の職人性、研究トピックについての知識、取り組む対象である言語という媒体への感受性、言語的に表現された意味を分析するツールの熟達度である。その道具箱について以下で展開される概観や主要なツールの記述は、インタビュアーがそのプロジェクトに適した分析様式を選択するのに役立つだろう。分析ツールのなかには、たとえばコード化のように理論的な基礎なしに実践のなかで発展してきたものもあれば、現象学や解釈学などの哲学的伝統に触発されたものもある。また、ディスコース分析や脱構築的分析のように、特定の認識論的立場に特に依拠して作り上げられたものもある。

　表9.1に示されているのは、インタビューの分析に対するいくつかの主要なアプローチである。それらは、述べられたことの意味にもっぱら注目する分析と、意味が表現される言語形式に注目した分析の2つに分類される。それらに加えて、ブリコラージュ*としての分析——これは、複数の分析形態を折衷的に組み合わせたもの——と理論的な知識を用いた読み取りを、重要な分析様式として挙げている。意味のコード化と縮約といった分析法は、インタビュー実践の鉱夫メタファーに関連しており、すでにテクストのなかに存在する何かを取り出そうとする手法である。言語学的分析、会話分析、ディスコース分析といった他の分析法は、旅人メタファーとの親和性が高く、語られたストーリー

表9.1 インタビュー分析の諸様式

意味に注目した分析
　意味のコード化
　意味の縮約
　意味の解釈

言語形式に注目した分析
　言語学的分析
　会話分析
　ナラティヴ分析
　ディスコース分析
　脱構築

ブリコラージュ

理論的な読み

の言語的媒介に着目する。そこでは、会話が何らかの客観的データや本質的意味を指示しているかどうかという点には、何ら立場をとらない。意味の解釈とナラティヴ分析については、両方のメタファーが使われる。

意味に注目した分析

　意味と言語形式はお互いに関係しあっている。しかし、インタビュー分析の実践においては、意味への注目と言語学的な形式への注目はかなり異なる技法である。ここではまず、テクストの意味に注目する分析の諸様式について概説する。関係するのは、意味のコード化、意味の縮約、および意味の解釈である。

意味のコード化
　コード化とカテゴリー化は、社会科学におけるテクストの分析に対して古くから使われてきたアプローチである。コード化とは、後で発言内容を同定できるように、テクストの部分部分に1つあるいは複数のキーワードを与えておく作業である。カテゴリー化は、発言をよりいっそう体系的に概念化することに関わっており、数量化への道を開くものである。ただ、この2つの用語は同じ

意味で使われることも少なくない。コード化は多様なかたちをとるが、インタビュー・テクストの内容分析、グラウンデッドセオリー、コンピュータを用いた分析に欠かせない手続きである。

内容分析

　これは、はっきり表現されたコミュニケーション内容を、体系的・数量的に記述するための技法である。この技法は、第2次世界大戦中、敵国の宣伝活動の研究のために開発されたもので、それ以来メディアの分析に広く使われてきた。テクストの意味をコード化してカテゴリーにまとめることにより、特定のテーマがどれくらい頻繁にテクストに現れたかを数量化することが可能になる。また、しかる後にテーマの出現頻度を比較して他の指標との相関をとることもできる。

　コード化は、質的研究に対する**グラウンデッドセオリー**のアプローチの重要な特徴であり、このアプローチはグレイザーとストラウスが1967年に導入したものである。グラウンデッドセオリーでオープン・コード化と言えば、「データを小分けにして検討し、比較・概念化・カテゴリー化する過程」を意味している（Strauss & Corbin, 1990, p.61）。グラウンデッドセオリー・アプローチにおけるコードの場合、数量化は求められず、他のコード、および文脈や行為の帰結との関係を質的に分析するという方向に進むという点で、内容分析とは対照的である。コード化はまた、インタビューの分析のために開発された新しいコンピュータ・プログラムの重要な特徴ともなっている（Weitzman & Miles, 1995）。

　カテゴリー化は、長いインタビューにおける発言の意味を、少数の単純なカテゴリーに縮減する手続きである。一定のカテゴリーへとコード化しておけば、ある現象が生起しているかどうかを単純な"有"か"無"で表現できるし、意見の強さもまた、たとえば1〜7といった尺度上の数値で簡明に示すことが可能になる。かくしてカテゴリー化は、長大なインタビューのテクストを少数の図や表にまとめ、構造化するのである。用いられるカテゴリーは、前もって準備されたり、分析を通じてデータから生み出されたりする。言い換えれば、それらは理論から取ってこられることもあれば、インタビュイーが慣用する表現や仲間うちで使われている言葉から作られることもある。調査インタビューの内容をカテゴリー化すると、大量の逐語録を概観することができ、比較や仮説検証が促進される。

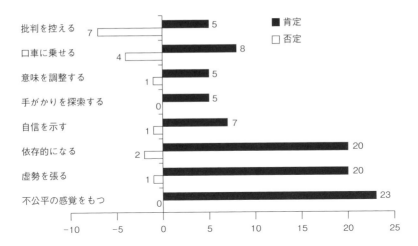

図 9.1　教師と生徒の関係のカテゴリー化
インタビューを受けた 30 人の生徒のうち、「成績評価を意識した行動と態度が生じた」と肯定した人数が右に、それを否定した人数が左に示されている。ただし、各カテゴリーについて言及がなかったり、曖昧な発言しかしなかったりした生徒もいるので、直接的な肯定と否定の合計は 30 にはなっていない。

　成績についてのインタビューの分析は、カテゴリー化の 1 つの形式を例示している。30 人の生徒に対するこのインタビューは、762 ページの逐語録となり、その内容がカテゴリー化された。目的は、成績を用いて学習度を推測することは学校における学びと社会関係に影響する、という仮説を検証するためであった。図 9.1 には、成績を見る視点の主要な次元の 1 つである「教師との関係」について、8 つの下位カテゴリーを示している。これらのカテゴリーは教育学の文献や予備的インタビューから取り出され、定義されたものである（たとえば、「虚勢をはる＝よりよい成績を得ようとして、生徒が実際に知っている以上の知識があるという印象を与えようとすること」、「口車に乗せる＝よりよい成績を得ようとして、生徒が教師の同情を買おうとすること」）。30 人に対するインタビューは 2 人のコード化担当者によって独立にカテゴリー化され、コードはその後統合された。図 9.1 は、30 人の生徒のうちどのくらいが、「教師との関係」の 8 つの下位カテゴリーそれぞれを肯定あるいは否定しているかを示している。この結果は全体として、成績が学校内の社会関係に影響するという仮説を支持している（Kvale, 1980, 1996b）。

インタビュー実践のためのヒント　あてはまるかどうかという二者択一的な決定を必要とするカテゴリー化が行なわれる場合には、カテゴリーをインタビューの前に正確に定義しておいた方がよい。また、対象者の発言がどのようにカテゴリー化できるか、インタビュー中に注意深く探りを入れて確認しておくことも望ましい。コードやカテゴリーを、インタビューの実施と分析を待って初めて創出するのであれば、インタビュー中にコード化・カテゴリー化される特定の現象について、豊かな記述を得ておくことが重要である。

意味の縮約＊

　意味の縮約（condensation）とは、インタビュイーが表現したいろいろな意味を要約して、より短縮したかたちにすることである。そこでは、長々とした発言は圧縮されてより簡潔な言葉に置き換えられ、言われていることの主な意味が数語に変換される。例として示しておきたいのは、ジオルジが現象学的な哲学に基づいて発展させた、意味の縮約の手続きである（Giorgi, 1975）。彼の研究テーマは、日常活動のなかで一般の人々にとっての学びの構成要素は何かということであった。方法的な目論見として、日常言語で表現されたデータをいかに体系的に扱えるか、また、データを必ずしも量的表現に置き換えることなくいかに厳密さと規律を適用できるか、ということも示そうとしていた。

　表9.2は、学びに関するインタビューに対して、どのように意味の縮約がなされるのかを示したものである。分析は5つのステップに分かれる。第1に、インタビュー全体の感覚をつかむため、テクストを最後まで読み通す。第2に、テクストに見られる自然な「意味単位」[訳注6]を、対象者による表現を大事にしながら研究者が決定する。第3に、研究者が理解した対象者の観点からの発言をテーマとして取り出し、自然な意味単位を支配するテーマをなるべく簡潔に言い表わす[訳注7]。表9.2は、この第3のステップを表している。第4に、意味単位を研究の目的に照らして詳細に吟味する。第5ステップでは、インタビュー全体から得られた本質的なテーマ[訳注8]を、重複を除いて結びつけ、1つの内容記述へとまとめていく。

　このようなかたちの意味の縮約は、膨大でしばしば複雑なインタビューのテクストを分析するのに役立つだろう。そこでは自然な意味単位が探索され、主要なテーマが取り出されることになるわけだが、テーマはこの後、より幅広い解釈や理論的な分析にかけられるかもしれない。たとえばジオルジは、学びによる対人関係の重要性を指摘しているが、そのテーマはこの研究のなかで浮か

表 9.2　意味の縮約

自然な意味単位	中心的テーマ
最初に心に浮かんでくるのは、私がインテリア装飾についてミルティスから学んだことね。彼女は目のつけどころを教えてくれたの。部屋が違えば彼女の見方は違っていたわ。こう言ったっけ。部屋に入ったとき何本の垂直なラインと水平なラインがあるか普通気づかないでしょ、少なくとも意識的には気づかない。でももしインテリア業界の事情を知っている人を連れてくなら、そういう人は垂直ラインと水平ラインの数が適切かどうか直感的に感じるでしょ、ってね。	インテリア装飾における垂直ラインと水平ラインの役割
それで、私は家に帰ってリビングの線を眺めてみて、水平と垂直のラインの数を数えたわけ。大部分はそれまでラインだとも思ってなかったんだけど。たとえば梁なんてね … 前は単に壁からの出っ張りくらいに思っていて、垂直のラインだなんて考えたこともなかったわ（笑）。私たちのリビングの問題点は、水平のラインが多くて、多すぎで、垂直のラインの数が足りないってわかったの。それで手始めに物を動かして部屋の感じを変えてみたわけ。家具のいくつかを移動させたり小間物を片づけたりして、いくつかのラインを見えにくくするとかね。… すると、ずいぶん私には違って見えるようになったわ。	自宅で垂直と水平のラインを探す リビングに水平ラインが多すぎることに気づいて見え方の変更に成功
面白かったのは、何時間か後に主人が帰ってきたとき私、「リビングを見てみて。見違えるわよ。」と言ったんだけど、私が片づけたことを知らない主人は私みたいには見なかったわね。彼は物が移動しているのはわかったけど、垂直のラインが強調されたとか水平のラインが見えにくくなったとか、言葉にはできなかった。私は、ちょっと勉強になったなって感じたわけ。	夫は違いを認めたが理由はわからない

出典：Giorgi（1975）

び上がってきた現象であり、当時の学習理論においてかなりないがしろにされていたものだった（この方法のさらなる発展に関しては、Fischer & Wertz, 1979 および Giorgi & Giorgi, 2003 を参照）。ここで注意しておいてほしいのだが、意味の縮約は現象学的アプローチに限定されるものではなく、他の質的研究にも適用されている（Tesch, 1990）。

　インタビュー実践のためのヒント　現象学に基づく意味の縮約を行なうためには、対象者の日常言語において、豊かでニュアンスに富んだ研究対象の現象記述を手にすることが何より重要になる。インタビュアーがその研究テーマにつ

いてもっている理論は、インタビュー中には「括弧入れ」しておくべきである。

意味の解釈*

インタビュー・テクストの意味を解釈するとは、言われたことの表面的な意味の整理を超えて、テクストのより深く批判的な読みに到達することである。意味の解釈は、批評家による詩や映画の読解など、人文科学では一般的なことだし、患者の夢に関する精神分析的な解釈にも認められる。解釈者はテクストには直接現れていない意味の構造や関係に取り組むために、直接言われたことの向こう側を見ようとする。解釈においては、カテゴリー化によって発話データを文脈から切り離すのではなく、それをより広い参照枠組みのなかに再度文脈化する。カテゴリー化と縮約化はテクストを縮減させていくテクニックであるが、それと対照的に、解釈はしばしばテクストを拡張する。結果として、解釈対象であるオリジナルなデータ以上の言葉が編み上げられることになる。

意味の解釈の一例は、第7章におけるハムレットのインタビュー（ボックス7.1参照）の評価に見ることができる。ハムレットの誘導的な質問がもたらした知識は信頼できるものかどうか、インタビューのなかでだまされているのはハムレットなのかポローニアスなのかなど、インタビューの読み方が異なるとかなり違った意味が現れてくる。ここでは、体系的な意味解釈の方法は何も使われていない。

人文科学におけるテクスト解釈の解釈学的な伝統においては、宗教、法律、文学のテクストの妥当な解釈を導く原則が探し求められてきた（Palmer, 1969参照）。解釈学では、段階を踏んだ方法ではなく、昔ながらのテクスト解釈の伝統のなかで有用とみなされてきた一般原則が使われている。そこでテクスト解釈を特徴づけるのが、**解釈学的円環**である。すなわち、テクスト全体の意味は部分を解釈するプロセスを通して成り立つ一方、個々の部分の意味はテクストの全体的な意味を予期するなかで決定される。個々の部分を読み直すと、当初予想されたテクスト全体の意味が修正され、それがまた個々の部分の意味を変えていくことになるかもしれない。原則的に言うと、そうした解釈学的なテクスト解釈は無限に続くプロセスであるが、現実的には、納得できる一貫した意味に到達したところでそのプロセスは終わりになる。

ときに意味の解釈は、言われたことに対して疑いの目を向けることにもつながる。たとえばハムレットのインタビューは、言葉と他の登場人物の行為に対する広範な不信を表現するものとして読み取られ、「間接に、搦手から攻めた

てて、必ず獲物をしとめる」会話とみなされる。「懐疑の解釈学」[訳注9]においては、発言は直接言われていることとは異なる何かを意味するものとして批判的に解釈される。それはちょうど、言われていることの裏に精神分析家が無意識的な力を見ようとしたり、政治的な発言の背後にマルクス主義者がイデオロギー的な階級の利害を探したりするようなものである。

インタビュー実践と文字起こし作業のためのヒント　批判的で深い意味解釈のために役立つのは、インタビュー中に批判的・解釈的な質問をすることと同時に、インタビューを通じて豊かでニュアンスに富んだ記述を獲得することである。ある種の解釈を行なうためには、第8章で競争を否定する生徒の言葉を批判的に読んだときのように、詳細な逐語的記述が必要であろう。

言語形式に注目した分析

すぐれた職人は、対象としている材料と作業に用いる道具のことを熟知している。インタビュアーが相手にしている媒体つまり材料は言語である。インタビューのプロセスは発話を通じて移行し、インタビューの産物は言葉を用いて呈示される。ここ20～30年、質的な社会科学の研究者は、哲学における言語論的転回に影響を受けてきた。彼らは、言語的素材を分析するのに、人文科学において発展してきた言語学的なツールを用い始めたのである。そこに含まれるのが、言語学的分析、ナラティヴ分析、会話分析、ディスコース分析、そして脱構築である。

言語学的分析*

インタビュー実践は言語を介した相互作用であり、インタビューの産物は言語テキストである。言語学的分析（linguistic analysis）は、インタビューにおける言語の特徴的な使用、つまり文法や言語学的形式の使い方を分析対象とする。たとえば、インタビュアーによる能動態・受動態の使用、人称・非人称代名詞の使用、時間・空間の指示、内包された語り手・聞き手のポジション[訳注10]、メタファーの使用などが検討の対象となる。

言語学的形態の重要性は、成績評価に関する研究事例が示唆してくれるだろう。この分析は、研究者に特別な言語学的能力が備わっていたから行なわれたというわけではない。むしろ生徒の発言をカテゴリー化する際に、実際的な問

題として立ち上がってきたものである。ほとんどの成績評価に関する言動は、「成績は不公平なものだと僕は思う」とか、「私は先生にはったりをかけた」とか、一人称のかたちで記述されるのが普通だったが、「口車に乗せる」を含む、2、3の行為については、「あいつら、うまく口車に乗せたもんだ」、「普通はこう口車に乗せていた」[訳注11]など、常に三人称的なかたちで述べられた。もし当時私が人称代名詞の使い方の違いにもっと敏感であったなら、主体を曖昧にしながら「口車に乗せた」という表現がなされた場合、インタビューのなかでもっと突っ込みを入れただろうし、それが話し手のことなのか他の生徒のことなのかをはっきりさせただろう。これは、インタビュイー自身のことか他の生徒のことかという、発言をカテゴリー化するやり方の問題とも言えるが、研究テーマに照らしても人称代名詞の使用の区別は重要なものだった。というのもそれが、デンマークの高校生の間で虚勢をはる行動と口車に乗せる行動の社会的な受容度が異なることを示す指標の1つとなりうるからである。

インタビューの言語学的な諸特徴に注意することは、発言の意味を露わにし、それを検証することの両方に貢献するだろう。上記の人称代名詞の例のような、文法形式の違いの重要性は常識でわかるかもしれないが、言語学の訓練を受けた読み手であればそうした言語学的表現をただちに探し出し、発言の意味を解釈するのに役立つニュアンスを引き出すことができるかもしれない。近年、言語学の技法を質的研究にとっての「統計学」のようなものとして駆使していくことを推奨する議論は少なくない (Jensen, 1989)。インタビュー調査の媒体としての言語にいっそうの注意が向けられるようになりつつある現在、社会科学者がインタビューのテクストに向き合う際には、言語学をコンサルタントとして用いることがおそらく多くなるだろう。これは、数量を分析する際に、統計学をコンサルタントにすることが一般的であることに対応している。

インタビュー実践と文字起こし作業のためのヒント　言語学的特徴に注目することで、ボックス5.4で示唆されたように、インタビューの問いの正確さが高められるかもしれない。さらには、対象者の言葉の使い方に耳を傾ける際にも感受性が鋭くなることが考えられる。インタビューの相互作用に対して体系的な言語学的分析を実施するためには、詳細な逐語的文字起こしと言語学のトレーニングが必須である。

会話分析

会話分析（conversation analysis）は、相互作用のなかでの発話を研究する方法であり、言葉によるやりとりの構造とプロセス——それによって間主観的な理解が成立し維持される——を検討する。会話分析は、エスノメソドロジー[訳注12]に触発されて発展してきたが、言語学の語用論[訳注13]とも関係が深く、語と文が何を行なっているかに関心を向けている。そこでの発話の意味とは、それが特定の社会的実践のなかで果たす役割のことである。会話分析は 1960 年代、H. サックスとその同僚が電話における会話の研究を行なったときに創始された。その後は、医師と患者の相互作用、心理療法セッション、ニュースのインタビュー等、非常に広範囲にわたる行為のなかの発話が研究対象とされてきた。

会話分析は、やりとりのなかの発話の詳細な特徴を検討するものであり、テープレコーダーの登場とともにやりやすくなった手法である。そこでは、発話の連鎖、特にターン（順番）取得の連鎖やその際に生じるエラーの修復が研究の焦点となる。[訳注14]特に注目されるのは、発言に見られる話し手の意図ではなく、特定の発話部分が何を達成するかということである。たとえば、ボックス 8.1 で文字起こしされた電話口のやりとりに対して会話分析を行なった結果は、次のようにまとめられている。

> どうやら E は、M を訪問した後で M に電話をかけたようである。E は、そこでの出来事とそこにいた M の友人たちについて一連の「評価」を口にする。比較的はっきりとした、歯切れよい評価である。その出来事と友人たち全般に関する最初の 2 回の発話は、"oh（はあ）" と前置きされた短い発話で M に受けとめられるのだが、E が続けようとするとさえぎられる。［略］パットについての評価は、M によって "yeh（ええ）" と支持されるものの、その後に来る M の評価の言葉はいくぶん低調である。E の "a do:ll（お人形みたい）" に対しては、M は "Yeh isn't she pretty（ええ、あの子かわいいわよね）" と述べ、E の "oh: she's a beautiful girl（ああ、彼女きれいな子よ）" に対しては、M は "Yeh I think she's a pretty girl（私は彼女、かわいいと思うわ）" と言う。［略］ここで評価とその受けとめというかたちをとって達成されているのは、「ていねいなかたちで感謝の気持ちとお礼を示してそれを受容する」という（対人儀礼上の）「作業」と解することができる。(ten Have, 1999, pp.4-5)

会話分析では、深い意味の理解には立ち入らず、話し手同士の言語的な相互作用に近いところにとどまって分析を行なう。逐語録の作成は多大な労力を要し、発話のつながりの分析が非常に詳細であるため、多量のインタビュー資料を分析する一般的なやり方として会話分析が選ばれることは少ない。しかしながら会話分析は、インタビューから選択的に切り取られた重要部分の分析にとっては意義が大きいと思われる。また、インタビュアーの訓練においては、インタビュー中のやりとりの微妙な特徴を彼らに意識させるために有用だろう。

　文字起こし作業のためのヒント　いかなる言語のやりとりも会話分析のテーマとすることができるので、インタビュー自体に対する要請は特にない。しかし、ボックス8.1の逐語録からわかるとは思うが、会話分析が可能なかたちでインタビューを逐語化する方法は非常に特殊であって、細かな必要条件がある。

ナラティヴ分析

　ナラティヴとはストーリーのことである。ナラティヴ分析（narrative analysis）はテクストの意味と言語学的形式に焦点をあてており、インタビューのストーリーにおける時間的構造や社会的構造、そしてそのプロットに注目する。人々が語るストーリーのナラティヴ構造は、これまでも人文科学において分析されてきた。その草分けは、1920年代にプロップによって行なわれたロシアのおとぎ話の構造分析で[訳注15]、これは数十年後にグレマスやラボフに引き継がれた。おとぎ話の構造においては、主要人物に位置づけられるのは行為者としての王子であり、王女という目標に向かっていくことが多い。王子はその途上で敵対者や援助者と出会い、多くの困難を乗り越えた後に王から王女と王国の半分をもらい受けることになる。グレマスはこの構造を用いて、さまざまなジャンルにおけるナラティヴ構造に関する行為者モデル[訳注16]（actant model）を発展させた。

　インタビューの分析は、ナレーションつまりインタビュイーが語ったストーリーの連続というかたちをとりうる。ナラティヴ分析[訳注17]はインタビュー時に語られたストーリーに焦点をあて、その構造やプロットを明らかにしようとする。たとえ自発的に語られるストーリーはないとしても、インタビューの全体に広がる多くのエピソードから、1つの一貫したナラティヴが構築されるかもしれない。また、ナラティヴ分析は、異なる対象者の語る複数の話を1つの「典型的」なナラティヴへと再構成するというかたちをとることもある。「典型的」

ナラティヴは、1回限りのインタビューから得られる散発的なストーリーと比べていっそう豊かで、凝縮され、一貫したストーリーになるかもしれない。また、ナラティヴ分析は意味の縮約と同様に、対象者の日常的な言葉づかいの内部にとどまる傾向ももつだろう。

　ボックス6.2に示されていたのはミシュラーによるインタビューから引用されたものだ。そこでは家具職人／芸術家が学校での木工のプログラムの受講をやめてしまったストーリー[訳注18]が語られていた。また、自発的なナラティヴのかたちをとったものとしては、インテリア装飾の学びをテーマにしたインタビュー（表9.2）に注目することができるだろう——もっともジオルジはインタビューの意味の縮約を行なっており、ナラティヴのかたちに目を向けたわけではないのだが——。その他、インタビュー調査のデザインについて論じた4章では、導入部分で、感情面の連続的な悪化のナラティヴ[訳注19]が再構成されていた。続いて、インタビュー研究の7段階を通じて一方向的に進展する、理念化されたストーリーが示された。

　インタビュー実践と文字起こし作業のためのヒント　ナラティヴを捉えるためのインタビューのやり方については6章で述べた。そこで強調されたのは、具体的なエピソードを知るために質問をし、対象者の自発的なストーリーを掘り下げ、その時間的・社会的構造やプロットを細かく拾っていくことであった。文字起こしにおいては、ナラティヴの形式に接近できる方法を使って実験的にテクストを作成してみることもできる。ミシュラーによる職人のストーリーで、詩の連が利用されたのが1つの例である（より詳しくは、Gibbs, 2007; Rapley, 2007参照）。

ディスコース分析

　ディスコース分析（discourse analysis）では、元来は真でも偽でもないディスコースのなかで、どのように本当らしさの効果が生み出されるかという点に焦点があてられる。この種の分析法の発展に刺激を与えたのは、ディスコースの間の力関係を検討したフーコーの分析である（Foucault, 1972）。個々のディスコースは非連続的な実践であり、しばしば互いを無視したり排除したりもするが、互いに交差したり、ときにはふれあったりもする[訳注20]。7章で提示したインタビューの断片は、学びに関する異なるディスコースの間でインタビュアーと電子工学の学生が剣を交えていると解釈されたが、これはディスコース分析に

刺激を受けた解釈である。

 ディスコース分析において何より重要なのは、発話それ自体である。その焦点は、発話がどのように構築されるのかということ、そして、ある社会状況に関する異なるディスコース的な発言がどのような社会的帰結をもたらすかということである。

> 研究参加者のディスコースないし社会的テクストは、**それ自体**として検討される。態度、事象、認知過程のような、そのテクストの「向こう側」への副次的なルートとして検討されるわけではない。ディスコースは、行為に向かう媒体として扱われるものであり、透明な情報チャンネルではない。したがって、伝統的な社会心理学研究であれば決定的となる問いは重要性を失う。たとえば、サンプリングされた人が民族的なマイノリティに対する「ほんとう」の態度を示してくれているかどうか、あるいは、サッカー場で起こった事件に関するファンの証言は「正確」かどうか、などといった問いは私たちには無縁である。[訳注21]（Potter & Wetherell, 1987, p.160）

 ディスコース分析の視点からすれば、調査インタビューの妥当性に対するおきまりの異論は無効化することになる。その異論とは、純粋な個人的意味に関する問いであったり（たとえば、「インタビュイーが実際に言わんとしていることがちゃんと理解できているとどうやって判断するのか」）、客観的な現実に関する問い（たとえば、「インタビュイーが客観的な状況について正しく記述しているとどうやって判断するのか」）であったりする。インタビューの信頼性についてしつこく繰り返されてきた異論は、インタビュアーが違えば結果も違ってくるという点に関わるものだった。もし対象者がインタビュアーによって異なる自己提示を行なうとしたら、そしてやりとりの間に意見を変えたりもするとしたら、インタビューを通じて信頼できる客観的な知を創り出すことはできない、というわけである。
 こうした異論が前提としているのは、態度とか自己呈示といった研究トピックを、本質的で安定した個人の中核が表に現われたものとみなす考え方だろう。これに対してディスコース的な理解では、態度とか自己といった現象を対人関係のなかで構築されるものとして扱う。そういうものだとしたら、異なるインタビュアーが異なる状況でインタビューを行なう場合、これらの現象の現れが違っていたとしても、それは、揺れ動く自己の社会的な現れを研究するために

インタビューが感度の高い方法であればこそなのである。つまり、態度や自己を真の本質として見るか、あるいは程度の差こそあれ社会的に構築される流動的なものと見るかといった認識論の違いによって、インタビューは非常に信頼性の低いものに見えたり、妥当性の高いきめ細かな方法に見えたりするのだ。

インタビュー実践のためのヒント　ディスコース分析は、たとえば「剣を交える」ディスコースと記述されるようなインタビューも含め、通常のインタビューに適用してかまわない。ただ、ディスコース・インタビューを実施しようとする場合には、その焦点となるのは変動や多様性である。また、6章で示した、ディスコースに対するインタビュアーの積極的な参加も注目されるだろう。そこでは、真の内的な意味を求めたり、外部にある現実を客観的に呈示しようとしたりする努力は、結局無駄骨に終わることになる。

脱構築

「脱構築*（deconstruction）」はデリダが導入した概念で、「破壊（destruction）」と「構築（construction）」を組み合わせた用語である。脱構築においては、テクストの1つの理解が解体され、それ以外の理解を構築するためにテクストが開かれていく[訳注22]。そこで焦点となるのは、ある概念を用いている人がその概念を通じて何を言おうとしているかではなく、その概念自体が何を言っているか／言っていないかということである。密接な関係にあるのが、批判的な「懐疑の解釈学」[訳注23]の考え方なのだが、会話分析やディスコース分析と同様、そこではテクストの背後に隠されている真の、あるいは安定した意味を探索しようとはしない。意味は、その言語に含まれる他の語からなる無限のネットワークとの関係において理解するべきものとされる。

脱構築的な読みは、テクストが当然とみなしている諸概念を揺さぶって、そのテクストを解体する。そこで生じる緊張のただなかで、テクストが言おうとしていることや実際に言っていること、さらにはテクストのなかで言われていないこと、テクストの諸概念の使用によって排除されていることに注目しつつ、テクストを分解するのだ。脱構築的な読みは、テクストの前提や内的な序列を露わにし、現代の思考と言語に組み込まれた二項対立——たとえば、真／偽、現実／非現実、主観／客観——をあぶり出す[訳注24]。かくして脱構築は、テクストを解体するのみならず、テクストの再記述に道を拓くのである。

脱構築的読みでは、たとえばインタビューの一部分に選択的に焦点をあて、

そこで表現されている意味を検討しつつ、使われている語が隠蔽したり除外したりしている意味を解明しようとする。以下では、1つのインタビュー・テクストを脱構築するのではなく、インタビュー文献で——そして、私自身の初期の著作において——繰り返し使われてきた1つの表現を脱構築してみたい。それは「インタビューの対話」という表現である。

　まずは、どうしてこの2つの類似した用語「インタビュー」と「対話」が、「本来的な」、「リアルな」、「真正の」、「対等な」、「信頼できる」などといった修飾語でしばしば意味を強められつつ、結びつけられることが多いのかと考えてみよう。現代のインタビュー調査において「対話」という概念が用いられるとき、それはソクラテス的な厳しいものであることはめったになく、通常は温かな気遣いを伴う対話を指すものとして用いられる。「対話」は「独話（モノローグ）」と二項対立の関係にあり、後者は今日では時代遅れの権威主義的なコミュニケーション形態を意味していることが多い。[訳注25]「対話的インタビュー実践」は、温かで共感的な気遣いを含意しており、実験や質問紙調査のように人を客体化し疎外するような社会調査とは対照的だと感じられている。インタビューを対話とみなす場合、研究者と対象者はともに有意義な親しい個人的関係をもつ、対等なパートナーとして意味づけられる。「インタビューの対話」という表現は、インタビューのやりとりに見られる非対称的な力関係——そこでは、インタビュアーの方がインタビューを開始し終了し、質問をするほか、普通はインタビュアーの発言の意味を独占的に解釈する力を保持する（ボックス2.2）——を覆い隠しているのだ。

　さらに指摘すれば、「対話」という用語は今日、経営や教育などさまざまな現場のテクストのなかで、「経営者と労働者の間の対話」とか「対話的な教育」を唱えるようなときに使われる（Kvale, 2006）。こうした文脈でも、明らかな力の差やその間の摩擦がありうるわけだが、「対話」という用語を使うと対等性と調和的な合意の印象が醸し出されることになる。以上、「インタビューという対話」という言い回しを手短に脱構築してみたわけだが、終えるにあたって、調査インタビューについて用いられる「対話的インタビュー」という用語が、対話的経営とか対話的教育と同様に、インタビュアーとインタビュイーの力の不均衡を粉飾し摩擦の可能性を隠蔽するのに貢献していないだろうかという問題提起をしておきたい。

　インタビュー実践に対するヒント　どのようなテクストも脱構築的な読みの

対象になりうるので、これを行なう場合のインタビュー実践に特別な要件は存在しない。ただ、もしインタビュー・テクストの脱構築を行なうつもりならば、インタビュアーはさまざまな文脈のなかで、鍵となる用語を多様な観点から使用することを促してみてもよい[訳注26]。それによって、脱構築を行なうための多面的な資料が得られるからである。

ブリコラージュとしてのインタビュー分析

インタビューの分析は、特定の分析法に従うことなく施行されることも多い。研究者はこの場合、異なる技法とアプローチの間を自在に移動することになるだろう。ブリコラージュ（bricolage）という語[訳注27]は、技法のレベルで混合がなされることを意味しており、解釈者はさまざまな分析技法の間を自由に行き来する。こうした折衷的なやり方で意味を生み出すことは、インタビューの分析の様式としては一般的なものであり、これはデータに即した多様な方法と概念的アプローチを通じて行なわれる。カテゴリー化とか会話分析のような体系的な分析法とは逆に、ブリコラージュは分析中にさまざまな技法を自由に相互作用させることを意味している。そこでの研究者は、インタビューを読み通し全体的な印象を得て、その上で関心を引く具体的な一節に立ち返るだろう。たとえば、ある現象に対して異なる態度を示す発言の数を数えたり、インタビューの諸部分をナラティヴとして理解したり、鍵となる理解に到達するためにメタファー（隠喩）の解釈に取り組んだり、発見をフローチャートのかたちで視覚化してみたりする。こうした意味生成のための戦略は、当初の読みでは全体的に意味がとりにくかったインタビューに対して、意味のあるつながりや構造を研究プロジェクトにもたらすかもしれない。この種の意味生成の結果は、言葉で表現されることもあれば、数字や図、フローチャート、およびこれらの混合というかたちをとることもある。

ボックス9.2 インタビューの分析におけるデータに即した技法の例

分析者は、(1)パターンやテーマに目を向ける、(2)あり得る関係に注意する、(3)クラスターにまとめる、といった作業を通じて「何と何とが関連しているか」に気づくかもしれない。以上3つの方略に加えて、(4)メタファー（隠喩）を考案することも、多様なデータを前にさらなるまとまりを生み出

9章 インタビューを分析する

すのに役立つ。また、(5)**数を数える**ことは、「そこに何があるのか」に気づくための方法として一般的である。

その他、理解を深めるための一般的な方略として、(6)**比較対照すること**もよく行なわれる。(7)**変数を区分する**場合のように、細かな差違に目を向けることもときには必要である。

さらに、ものごとやそれらの間の関係をいっそう抽象化して捉えるための方略も必要とされる。そこに含まれるのは、(8)**特殊なものを一般的概念に包摂する**、(9)**因子を見出す**——これは、おなじみの量的研究の技法に似ている——、(10)**変数間の関係に注目する**、(11)**仲介変数を見つける**、などである。

最終的に、われわれはいかにしてデータの一貫した理解を体系的に組み立てられるだろうか。ここで議論される方略としては、(12)**エビデンスの論理的な連鎖を構築する**、(13)**概念的・理論的な一貫性を示す**、がある。

出典：Miles & Huberman (1994, pp.245-246)

ボックス9.2が示しているのは、質的なテクストにおいて意味を生み出すために臨機応変に使われる有用な戦略であり、これらはブリコラージュのアプローチと響きあう手続きである。そこには、手続きが大まかに、記述から説明へ、具体的なものから概念的・抽象的なものへと配列されている。これは、多様な分析技法を概説したマイルスとフーバーマンの著書、『質的データ分析（*Qualitative Data Analysis*）』（Miles & Huberman, 1994）から引いてきた要約の箇所である。1つ例を挙げておこう。メタファーとは、ある物事を理解するのに別の何かを用いることを意味しており、結果的にその物事の新たな側面に光が当てられる。[訳注28] メタファーははっきりした概念構造を伴っておらず、ある発言がその一部かどうかといったかたちで明確にカテゴリー化されることはない。本書の場合は、鉱夫とか旅人といった「メタファーの考案」が行なわれたが、これはインタビューの知を理解する多様な方法を説明し、対比することによって、インタビュー調査に関する多様な見方をよりいっそう整理することを意図している。

私が行なった成績評価の研究においても、発言量と成績の間のつながりという学生によって提起されたテーマを追究するために混合法的なブリコラージュが適用された（1章）。続けて行なわれた質問紙調査（表4.1）によれば、成績のよさは授業中にどれだけ発言するかによって決まることが多いと、82

パーセントの生徒が信じていた。30人の生徒のインタビューを通しで読むと、個々のインタビューに対して1校時があてられていたにもかかわらず、実際の長さがいかに多様であるかに驚かされた。私はふと思いついて、逐語録のページ数の順にインタビューを配列してみたのだが、すると生徒のGPA（成績平均）がそのページ数に相関しているのがわかった。算出された相関係数は0.65で危険率0.1％以下、つまり生徒がインタビューで話した量と彼らの成績には統計的に有意な相関が認められたのである。この相関についてはさまざまな解釈が可能である。生徒は全般的によく話すからこそ高い成績を得ているのだろうか？　あるいは、高い成績を得ている生徒は成績評価についていっそうよく内省し、成績についてインタビュアーと長時間話すことに抵抗を感じることが少ないのだろうか？

　この事例は、発言量と成績の間のつながりに関する仮説を探求するために、多様な技法を使うことがどのようにして可能になるのかを示している。すなわちここでは、インタビューでの生徒の発言が正しいかどうかをインタビュー自体のなかで議論し、質問紙で信念の一般性を検証し、成績に関するインタビューの長さを使って間接的に統計的証拠になりうるものを見出している。この混合法的なブリコラージュにおいては、方法と技法のいずれにも認識論的な優位性を与えてはおらず、いずれも成績評価に関して刺激的な命題を探求するための異なる手段となっているのである。

理論的な読みとしてのインタビュー分析

　研究者は、自らの行なったインタビューを最後まで繰り返し読み、興味を引く特定のテーマについて理論的な考察を加え、体系的な方法や技法の組み合わせに頼ることなく解釈を書き上げることがある。ここで指摘しておきたいのは、過去20〜30年に行なわれた有力なインタビュー調査のいくつかにおいては、その学問領域で新たな知を生み出すのに、特定の体系的な分析ツールが使われているわけではないという点である。すでに言及したベラーらの研究、ハーグリーブスの研究、ブルデューらの研究、セネットの研究がそうである。これらの調査は、テーマに関して理論的に精緻で広範な知識に基礎づけられており、ブルデューやベラーの研究もソクラテス的な直面的インタビュー*の形式に基づくものであった。豊かな意味を発展させるためにインタビューを理論的に細かく読みこんでいく際にも、手の込んだ分析技法は適用されなかった。おそら

くこれが示しているのは、研究テーマに関する広範で理論的な知識や理論的に精緻なインタビュー上の問いは特定の分析ツールに頼ることに優るとも劣らないということである。

ハーグリーブスの研究『変化する教師、変化する時代（*Changing Teachers, Changing Times*）』（Hargreaves, 1994）では、40人の教師と校長に対してインタビューを行なった結果、逐語録はほとんど1000ページにもなったという。そのデータをしっかり頭に入れるために、逐語録が隅々まで何度も読まれ、続いて、鍵となるテーマに沿って各インタビューの要約的な報告が書かれた。テクストに現れてきたテーマに対しては、インタビューのなかの肯定的なエビデンスと否定的なエビデンスが積極的に探索され、その作業をもとにテーマの登録・分類・再分類がなされた。ハーグリーブスによるデータの探求は、さまざまな概念や理論を参照する、意識的な折衷型のアプローチであった。彼は自らの分析アプローチを、仕事について語る教師の声に耳を傾けることであり、文献から得られた仕事に関する教師の主張と彼らの声とを比較することだと述べている。「この研究全体を通して、私はさまざまな理論とデータの間で創造的な対話を維持することを試みてきた。これは、何らかの仮説的な視点を正当化するための探求ではない。教員によって経験される限りでの社会的文脈のなかで単に問題を理解するための探求なのだ。」（Hargreaves, 1994, p.122）。

この著書のなかには、表もなければテーマを数量的にカテゴリー化したものも出てこない。そこでは、「仕組まれた同僚性（contrived collegiality）」の概念（ボックス1.2）──この概念は、逐語録を読むうちに不意に浮かび上がってきたものなのだが──につながる発言などインタビューの断片が挿入されつつ、解釈的なテクストが積み重ねられるかたちで知見が報告されている。筆者はたとえば次のように述べる。「仕組まれた同僚性において、教師間の協働は自発的ではなく強制的なものとなり、時間と空間に関して限定性と固定性をもつようになる。そこではまた、発展させることよりもむしろ何かを履行することが優先され、予想できない結果よりも予想できる結果が期待されるようになる。」（Hargreaves, 1994, p.208）。同書では、学校経営に関する文献や文化のポストモダン的な分析がインタビューの結果と結びつけられ、教師の仕事に関する理論的な考察へと統合される。その成果として、ポストモダン文化のもとでのカナダ人教師の仕事環境に関し、特に時間と同僚性にますます圧迫される状況が印象的な形で記述された。こうした記述は、デンマークの教師にとっても十分思い当たるものであった。

ブルデューらは、『世界の重み（*The Weight of the World*）』のなかで、インタビューの明示的なテクスト解釈をほとんど行なっていない（Bourdieu, et al., 1999）。他の著作においては、フランスの虐げられた人々の生活状況について克明に理論化し記述しているのだが、この著作のブルデューは、もっぱらテクストに引用された多くのインタビューそれ自体に語らせている。もっとも、読者に対していくらかの補助的な説明はある。同書の付録資料である「理解の作業」のセクションには、インタビューにどうアプローチしたかが説明されている。

　　　… ここで是非はっきりと述べておかなければならないことがあるように思う。それは、われわれが本書で知見を呈示した研究プロジェクトのなかで、これを実行に移した意図、および手続きの原則である。そうしておけば読者は、テクストを読みながらそのテクストを生み出した構築と理解の両方の作業を再現することができるだろう。（Bourdieu et al., 1999, p.607）

　インタビューそれ自体に広く語らせることができる理由は、インタビューイーの置かれた社会的状況がインタビューの記録に先だって呈示され、読者が彼らの発言をその生活状況と結びつけて解釈できるからである。もっと言えばその理由は、説明を助けるソクラテス的な産婆術[訳注29]を通して、分析の大部分がすでにインタビューに組み込まれていることとも関係している。たとえば、インタビューイーが自由に発言を持続できるようにインタビュアーが誘いの言葉を口にし、その言葉に誘導されたり刺激されたりしながら自己分析が引き出されているのである。ブルデューはまた、2人の若者とのインタビュー（ボックス1.3）がブルデュー自身に与えた感情的な影響など、1回のインタビューから得られた重要なテーマや分析をいくつか示している。彼は次のように述べる。

　　　私はすべての語や文、わけてもその時の声のトーンや顔の表情や身体表現に刻みこまれた感情を、共有しようと無理をする必要はなかった。その言葉は、運命のように**社会的排除**の場に集められてきた人々につきまとう、集合的な不運の**明白さ**を示すものだった。そうした社会的排除の場では、ひとつひとつの個人的な苦しみは、非常に多くの苦しんでいる人々と共在し共生するところから来る全体の苦しみによってさらに増殖する。その言葉はまた、おそらくもっと重大なことだが、スティグマを受けているグループの一員であることから来る運命的な影響もまた示していた。（Bourdieu et al., 1999, p.64）

9章　インタビューを分析する　｜　177

> ■ キーポイント

- インタビューの分析はインタビュー研究の開始時点から考えておくべきものである。分析は研究テーマやデザインを形にするところからすでに始まっており、分析の様式はインタビューや文字起こしを行なうときにも考慮されなければならない。
- インタビュー研究の初期段階に分析が行なわれるほど、後の分析がより容易に、より適切なものになる。
- 意味に注目したインタビューの分析には、意味の縮約、意味のカテゴリー化、意味の解釈などがある。
- 言語形式に注目したインタビューの分析には、言語学的分析、会話分析、ナラティヴ分析、ディスコース分析、脱構築などがある。
- ブリコラージュとしての分析、および、理論的内省としての分析は、インタビュー分析に対する特定のテクニックやアプローチに従うことを超えて、多様なテクニックや理論的概念が用いられる。

さらに学ぶために

次の書籍は、インタビューの分析における諸問題に関し、理解を深めるのを助けるだろう。

Gibbs, G. R. (2007) *Analyzing Qualitative Data* (Book 6 of The SAGE Qualitative Research Kit). London: Sage.［ギブズ／砂上史子・一柳智紀・一柳梢（訳）(2017)『質的データの分析』(SAGE 質的研究キット6) 新曜社］

Miles, M. B. & Huberman, A. M. (1994) *Qualitative Data Analysis*. Thousand Oaks, CA: Sage.

Mishler, E. G. (1986) *Research Interviewing: Context and Narrative*. Cambridge, MA: Harvard University Press.

Potter, J. & Wetherell, M. (1987) *Discourse and Social Psychology*. London: Sage.

Rapley, T. (2007) *Doing Conversation, Discourse and Document Analysis* (Book 7 of The SAGE Qualitative Research Kit). London: Sage.［ラプリー／大橋靖史（訳）(準備中)『会話分析・ディスコース分析・ドキュメント分析』(SAGE 質的研究キット7) 新曜社］

Silverman, D. (2006) *Interpreting Qualitative Data* (3rd ed.). London: Sage.

Tesch, R. (1990) *Qualitative Research: Analysis Types and Software Tools*. London: Falmer.

訳者補遺

　日本語で読める質的データの分析についての書籍は少なくない。以下の書籍のほとんどは、本章に関係が深い分析法を扱っており、かつ、なるべく具体的な手続きが書かれているものを選んだ。なお波平・小田の文献は、第3章で、質的分析＝コード化という図式に対する批判的議論がなされており、これも一読に値する。

有馬明恵 (2007)『内容分析の方法』ナカニシヤ出版
戈木クレイグヒル滋子 (2008)『実践グラウンデッド・セオリー・アプローチ：現象を捉える』新曜社
ジオルジ, A.／吉田章宏（訳）(2013)『心理学における現象学的アプローチ：理論・歴史・方法・実践』新曜社
鈴木聡志 (2007)『会話分析・ディスコース分析：ことばの織りなす世界を読み解く』新曜社
波平恵美子・小田博志 (2010)『質的研究の方法：いのちの"現場"を読みとく』春秋社.
リースマン, C. K.／大久保功子・宮坂道夫（監訳）(2014)『人間科学のためのナラティヴ研究法』クオリティケア

訳注

[1] このボックスを一読してわかるように、ここで言う「分析」は、研究者がデータ収集後にデータに対して行なう行為に限定されていない。「分析」とは、インタビュー研究の全過程を通じて持続的に行なわれる、記述・発見・解釈の積み重ねなのである。質的な分析は常に二重の解釈作業になるという言い方が、これまでもしばしばなされてきた。まずは対象者自身が自分の経験を解釈し、その解釈を分析者が解釈する。しかし、ここでクヴァールが提示しているのは、幾重にも重なる、共同的なデータへの働きかけの連鎖であり、その積み重ねのなかでこそ分析が進んでいくのである。
[2]「メンバーによる妥当化」の意味と考え方については、10章参照。
[3] テキストの一部を短い言葉で代表させるのがコード化であるが、言葉が概念と切り離せないものである限りにおいて、コード化は概念化を伴っている。概念とカテゴリーは表裏の関係にあり、概念を外から見ればカテゴリーであり、カテゴリーを内側から見れば概念だとも言える。そう考えていくと、コード化はカテゴリー化であると言ってもおかしくはない。ただ、質的な分析では伝統的に、個々のデータ部分に与えられた言葉をコードと呼び、それらを分類したりグループ化したりしたときのまとまりをカテゴリーと呼ぶことが多い。
[4] グラウンデッドセオリーの考え方をもとにした手続きは1つではないが、そのうちもっともよく知られているのが、ここでも引用されているA. ストラウスとJ. コービンによるも

のである。彼らは、分析の全体を「コード化」と呼んでおり、オープン・コード化に続いて、軸足コード化、選択的コード化を行なうことで、グラウンデッドセオリーの発見や構築が可能になるとしている。

[5] このように、同じ「コード化」という用語を使っていても、狭い意味での「内容分析」におけるそれとはずいぶん違っているところは注意を要する。内容分析では、どちらかと言えば、コードの内容はあらかじめ研究者によって理論や予備研究をもとに決められることが多い。それに対してグラウンデッドセオリーのコード化では、収集された質的データをもとにして構成されることになる。目指される最終結果が、グラウンデッド（データに足場を置いた）な理論と呼ばれるゆえんである。この場合のコード化は、次節で説明される「意味の縮約」とかなり共通の部分をもつことになる。

[6] 現象学的方法における意味単位は、事実のまとまりではなく個人の志向性のまとまりであり、表9.2でもわかるように、他の分析法に比べるとわりと長めのデータが1つの単位として括られる傾向がある。なお、初期のジオルジの文献では、「意味単位」という語には「自然な」という形容詞が常に冠せられていたが、次第にこの形容詞は使われないようになりつつある。もともとそこにある、自然で客観的なものなど存在しないということが、意識されるようになってきたからである。

[7] ここで「テーマ」とは、個々の意味単位に表現されている経験を簡潔に表現したものであり、ボトムアップのコードとも共通しているが、コードよりもやや説明的な印象がある。やっていること自体は、たとえばKJ法においてデータの短いまとまりに対して「一行見出し」をつけてラベル化する過程に類似している。

[8] ここで「本質」とは、共通の意味、というくらいに解釈しておけばよい。より具体的には、心理学的な基盤や社会・文化的な規範を意味していることが多い。意味単位から浮かび上がってくるテーマにも、かなりのバリエーションがありうるが、そのなかから経験のもっとも不変の構成要素を決定し、要素間の全体的な関係性（構造）を示す。

[9] 哲学者のP. リクールによれば、解釈学には「信（faith）の解釈学」と「懐疑の解釈学」があるという。前者は、テクストに意味を取り戻すことを目指し、後者は偽装された意味をはぎ取ることを試みる。ナラティヴ研究者のR. ジョセルソンは、これをナラティヴ研究に応用し、対象者に声を与えるという目的の研究と、対象者の語りの意味に疑問を投げかける研究を区別している。

[10] ポジションとは、語りのなかで語り手が自分をそこに位置づける立ち位置のこと。たとえば、インタビュー場面でインタビュアーが「…とおっしゃったところ、よくわからなかったので、もう少し教えていただけますか？」と質問したとすると、「教える」という言葉を使って、相手を「教師」というポジションに、自分を「生徒」というポジションに位置づけている。こうした位置づけは、1つのインタビューのなかでも変動する。

[11] 原文では、"one" を主語にして表現されている。

[12] アメリカの社会学者、H. ガーフィンケルによって提案された、ミクロ社会学の方法。エスノ＝人々の、メソドロジー＝方法論、という意味であり、ある社会を構成する人々が、現実の秩序を作り出し、維持するために用いている方法を探究する。たとえば、教師は教師としてふるまう方法を身につけ実践することで、社会のなかで教師であることができる。

[13] 語用論（pragmatics）は、言語学の一分野で、言葉が実際の場面でどのように使われて

いるかを検討の対象とする。たとえば、現実場面では、暖房の効きすぎた部屋で「暑いね」と言えば、「設定温度変えよう」という提案の意味になるかもしれない。「暑い」という言葉を辞書で引いてもそんな意味はどこにも載っていない。しかし、具体的な状況のなかではそのような意味が自然と共有される。

[14] たとえば、AとBという2人の会話において、話すターンをAがとっているときには、Bは黙って聞いている。話の区切れ目等のサインがあって初めてBは、話すターンを取得するチャンスを得る。あたりまえに思えるかもしれないが、それも会話という秩序を維持するための方法なのである。そういうサインがないときに相手が話し始めるとそれはエラーとなり、エラーを修復するようなやりとりが始まることになる。

[15] V. プロップは『昔話の形態学』（水声社, 原著1928）において、魔法が出てくるおとぎ話を分析した。そこで明らかにされたのは、おとぎ話は一見多種多様であるが、そこには単純な共通構造が存在するということである。その分析によれば、おとぎ話の要素としては7つの行動領域（主人公、助手、敵対者、探し求められる人物、等々）と31の結合の仕方があるだけであり、あらゆるバリエーションの魔法物語はその組み合わせとして理解できるという。

[16] A. J. グレマスは『構造意味論』（紀伊国屋書店, 原著1966）においてプロップの示した登場人物類型をさらに整理し、6つのタイプの行為者 actant からなるものとした。多くの物語は、この6人の行為者が、欲望、コミュニケーション、投影といった3つの軸によって関係して展開するものと考えた。プロップもグレマスも、物語内容の背後にある構造を整理した、物語論の比較的初期の成果である。

[17] ここで「ナラティヴ分析」という言葉は、narrative analyses と複数形で使われていることに注意しておくべきかもしれない。唯一のナラティヴ分析、つまり the narrative analysis があるわけではなく、ナラティヴをターゲットにした、さまざまなナラティヴ分析がありうるということである。ここでは、ナラティヴの構造とプロットを明らかにしようとするものを軸に述べられているが、他にも、「物語る」という行為としてのナラティヴに注目した分析もあり、それらはディスコース分析からの影響も受けながら発展している。

[18] これは、必ずしも自発的にとうとうと述べられたナラティヴではない。しかしたどたどしく語られるなかで、全体として一貫したストーリーが浮かび上がってくる例と言えるであろう。

[19] これは、直前のパラグラフで言う、再構成された「典型的な」ナラティヴということになる。ナラティヴ分析というかたちで行なわれたものではないが、ナラティヴ分析が目指すところの一部を例示したものと言えるだろう。

[20] フーコーの著作の1つである『言語表現の秩序』（河出書房新社, 原著1971）のなかに、次のような一節がある。「言説は、互いに交差し往々にして相接するが、それぞれ互いを知らず、そして互いに相容れることがないという、このような非連続的な実践として扱われるべきです。」（「言説」は「ディスコース」の訳語の1つである。）ここでフーコーは、1つのディスコースを歴史のなかで徐々に発展してきたものとみなすのではなく、他の時代から切り離され、同時代の他の概念と踝を接しながら、さまざまな力のもと関係を結ぶものとみなしている。たとえば、因果律に基づく医学・生物学的なディスコースが、自由意志を尊重するヒューマニスティックなディスコースと対立しつつ共存しているように。

[21] やや難解に聞こえるが、対象者の言動の向こう側に真の態度なり実際に生じた出来事なりを想定し、その向こう側と言動とが対応しているかどうか（言動が透明で、向こう側が見えるかどうか）を問題にするわけではない、ということ。言動がその向こう側の正確なコピーであるかということよりも、その言動が聞き手に対する行動としてどういう影響力をもっているかが問題となる。本書で出てきた別の用語を使うなら、「鉱夫メタファー」で対象者の発言や語りを見ているわけではない、ということを意味している。

[22] J. デリダ（1930-2004）はフランスの哲学者。脱構築の概念を提示し、その実践として、ソシュールの言語学やフッサールの現象学を再解釈していったことでよく知られている。ソシュールもフッサールも、それまでの西洋の学問的な伝統を転倒した業績で知られるが、それを突き詰めていくと、実は西洋の伝統を逆に支えている面が露わになることをデリダは示した。このように脱構築とは、ある考え方が何をもたらしているか突き詰めていくことで、一般的な解釈とは逆の解釈の可能性を引き出し、最初の解釈を相対化していく方法と言える。わかりやすい例としては、フェミニストが女性の権利の拡張を伴う価値の転倒を叫べば叫ぶほど、その主張は社会的に力をもつことを価値とする男性的な規範をかえって強めてしまうという面があることを示していくなどがある。

[23] 本章、訳注9を参照。

[24] ここに挙げられている例のほかにも、「量的研究／質的研究」というのも典型的な二項対立である。二項対立はわかりやすい思考の枠組みを提供し、私たちはそれを、客観的で普遍的な現実の反映であるような気になることが多い。しかしそこに落とし穴がある。たとえば、二項のいずれにも入らない逸脱した第三項は視野に入りにくくなる。また、二項の背後にはその社会の価値観が隠されていることが多いのだが（たとえば、「現実／非現実」では前者の価値が高い）、そうした序列も見落とされるかもしれない。脱構築な読みはしばしば、明示的には表現されていないこともあるそうした二項対立を指摘し、そこで隠蔽されてしまうものや補強される価値観などを指摘することに役立つ。

[25] たとえば、現代の文学理論で重要な位置を占め、質的心理学にも影響が大きいM. バフチン(1895-1975) は、『ドストエフスキーの詩学』において、トルストイの小説の多くが作者と同様の思想をもつ人物を主人公とし、その主人公を中心にストーリーが展開される点を「モノローグ的である」として批判している。対話主義を掲げるバフチンが評価するのは、ドストエフスキーの小説である。というのも、登場人物それぞれの考え方がそれぞれ尊重されつつ、その間で多様な対話が繰り広げられる多声的な展開がそこには認められるためである。

[26] 脱構築の対象となる概念について、単に分析者の知識をもとに解釈するのではなく、インタビュイーの発言からその解釈の土台となるような資料が得られるように、インタビューのなかで工夫していく。たとえば、上の例で筆者が行なっている「対話」の脱構築を、インタビューのテクストに対して行なうのであれば、「対話」の反対語として何が想定され、どういうニュアンスで用いられているのかがわかるような、豊かな内容の語りを引き出すよう心がける。

[27] もともとは文化人類学者で哲学者のC, レヴィ＝ストロース（1908-2005）の用語。「器用仕事」と訳されることもある。近代社会の思考に特徴的なエンジニアリングのように、最初から特定の目標に向けてきちんと計画されているわけではない。必要な材料も揃ってい

ない状況で、手持ちの材料を適宜用いながら、計画自体も必要に応じて変更しつつ物を作り上げていくものであり、「野生の思考」に特徴的とされた。

[28]「隠喩」という用語が使われているが、比喩全般を考えておいてよいのではないかと思う。佐藤信夫の『レトリック感覚』（講談社）によると、隠喩における比喩する側とされる側の関係は、どちらかと言えば一般的に認められたものが多い。むしろ、「AのようなB」といったかたちをとる直喩の方が、比喩する側とされる側の間に新たな関係を発見したり構築したりするレトリックとして役に立つという。

[29] ソクラテスが自らの問答のやり方を「産婆術」と呼んだことに由来する。ソクラテスは対話を通じて、知識が生み出されるのを助けることを企図した。それは生まれるべくして生まれるものであり、知識を創り出す主体は、ソクラテスではなく相手の方である。ブルデューのインタビューにおいては、そのやりとりのなかで新たな知識が生み出されており、読者はテクストを読むことでその過程を追体験し納得することができる。

10章　インタビューから得られた知の妥当化と一般化

インタビューから得られた知の客観性(オブジェクティヴィティ)
インタビューから得られた知の信頼性と妥当性
職人性の質としての妥当性
コミュニケーションによる妥当性とプラグマティックな妥当性
インタビュー調査からの一般化

本章の目的

- インタビュー調査にとっての、信頼性、妥当性、一般化の概念について理解する――これらは普通、社会科学における知の信用性、頑健さ、転用可能性といった問題を議論する際に用いられる。
- インタビューから得られた知の客観性に関する論争について理解を深める。
- インタビューを用いた探求全般を通じて、その信頼性と妥当性を職人性の質に関連づけながら理解する。
- インタビューにおいて生み出された知を、コミュニケーション活動およびプラグマティックな活動のなかで妥当化することについて理解を深める。
- インタビュー調査からの分析的な一般化について理解する。

インタビューから得られた知の客観性(オブジェクティヴィティ)

信頼性や妥当性に関する問いは、技法上あるいは概念上の問題にとどまらず、知見の客観性(オブジェクティヴィティ)、およびインタビュー調査の本質に関わる認識論上の問題にも結びついている。客観性はかなり多義的な用語だが、以下ではこの

言葉を、先入観からの自由、間主観的な合意、対象(オブジェクト)への適合性、対象による反論可能性という、4つの面に分けて論じる。

先入観からの自由という意味での客観性とは、信頼できる知識であること、確認と管理がなされ個人的な先入観や偏見によってねじ曲げられていないことを指している。この常識的な、先入観からの自由としての客観性の概念が意味しているのは、すぐれて堅固な、熟練した研究が行なわれていること、そして、複数の視点から体系的に確認され検証された知識が生み出されていることである。大筋で言えば、専門的な技を駆使したインタビューは、偏見に影響されていないという意味で客観的な調査法でありうるだろう。

客観性が**間主観的**な知であることを意味するという考えは[訳注1]、社会科学においては今や一般的なものである。複数の主観の間における合意としての客観性は、計量的なものと対話的なものに分けて考えることができる。**計量的な客観性**（arithmetic objectivity）は、独立した観察やコード化の一致率によって統計的に判定される。原理的には、インタビューの分析も間主観的な一致という意味において客観性をもつと言ってよいだろう。数量化できるカテゴリーによってインタビュー結果をコード化し、それをもとに間主観的な信頼性の高さの程度を示すことができる場合などがそうである。

対話的な間主観性（dialogical intersubjectivity）が意味しているのは、現象を解釈する者の間における、理性的な話し合いと相互批判を通じた合意である。これは後述するコミュニケーションを通じた妥当化の一種であり、複数の研究者の間でなされることもあれば、研究者と対象者の間でなされることもある。研究者と対象者の力が均衡しているわけではないという点を考慮すると、インタビューは対話的な間主観性としての客観性を達成する上で特権的な地位を占めていることになる。というのも、インタビューは研究者と対象者の間における会話であり意味の交渉だからである。

客観性をもつことはまた、研究対象の本性をしっかり意識して対象自体に語らせ、**研究対象**に**適**した見方のもと、研究される対象の実際の性質を表現しているという意味でもありうる。つまり、もし仮に人間世界が基本的に数字として存在しているならば、研究される社会的対象の本性を拾えるのは数量的な方法だけということになる。いきおい、妥当化の概念は測定と関連づけて考えるほかなくなるだろう。しかしながら、インタビュー調査の対象は、言語により構築され対人的に交渉された社会的世界に存在していると理解できる。その場合、質的な調査インタビューは、社会的世界について客観性をもつ知を生み出

すという点で、特別な地位を占めることになる。というのもインタビューは、会話によって作り上げられた人間世界という研究対象の本性に対して敏感であり、それを反映するものだからである。インタビューの会話のなかでこそ対象は語り始めるのだ。

ほかにも客観性は、**対象からの反論（objection）を可能にする**という意味をもつことがある。ラトゥール（Latour, 2000）[訳注2]は、最高度の客観性が達成されるのは、自然科学者の実践に対して研究対象自身が反論できることを通じてであると示唆している。その議論によれば、社会科学における客観性は、「対象が反論する」のを許容することで獲得できるという。もし社会科学者が客観的であろうとするならば、自然科学者もまたそうしているように、希少で極端な状況を探さなければならない。そうした状況においては、研究者による対象記述に対して対象自身が反論できることになり、対象とは利害を共有しない研究者の言葉よりむしろ対象自身の言葉において問いを投げかけることが許容される。社会科学の事例としてラトゥールは、社会科学者のインタビューというアプローチを通じて今日のフェミニズムがどれほど女性たちに反抗の力を与えてきたかという点を指摘している。ここで思い出してもらいたいのは、質的なインタビューは質問紙調査と比べて、対象者が研究者の質問や解釈の前提に反論できるということである。

さしあたっての結論は次のようになる。一般的な理解とは逆に、インタビューから生み出される知識は主観的であるとは限らない。客観性（オブジェクティヴィティ）の意味の本質に照らして考えれば、インタビューは原理的には客観性をもつ方法でありうるのだ。以下では、信頼性と妥当性に関連させて、客観性のより詳細な議論に移っていこう。

インタビューから得られた知の信頼性と妥当性

一部の質的研究者は、信頼性と妥当性の概念は量的研究に通じる実証主義的考え方の影響下にあるとして、それらの概念を信憑性（credibility）や信用性（trustworthiness）といった広く一般的に使われている用語に置き換えてきた。本書では、伝統的な信頼性・妥当性の概念の使用を維持するが、その理由はこれらもまた広く一般的に使われている語だからである。たとえば、「あの人は信頼できますか？」、「その議論は妥当なものではない」、などといった言い回しを見るとわかるだろう。私はこれらの概念を、インタビューにおける知の構

築にふさわしいやり方で再解釈しておきたい。もっとも、インタビュー実践とインタビュー分析の多様性（6章・9章）、および、生み出される知識の背後にあるさまざまな認識論（2章）を考えれば、インタビューの知の質を確かめる一般的な基準をここに示すことはできない。というのも、事実に関する知識を求める場合とインタビューのやりとりのディスコース分析を行なう場合とでは、インタビュー調査を妥当化する際に生じる問題が違ってくるからである。

　信頼性（reliability）は、研究結果の一貫性や信用性と関連しており、異なる時点や異なる研究者において結果が再現可能かどうかという問題として扱われることが多い。そこではつまり、インタビューの対象者がインタビュー中に回答を変化させていないか、あるいは、別のインタビュアーに対して違う内容を答えていないかといった点が問われることになる。信頼性はまた、インタビューの文字起こしや分析の段階においても問題となる。それは、文字起こしの担当者や分析者が異なる場合、逐語録や分析結果が同一のものになるかどうかということである。

　妥当性（validity）という語は、日常的には発言の真実性、正確さ、頑健性といった意味で使われる。妥当性の高い議論は確からしくその根拠が明確で筋が通っており、影響力や説得力をもつものである。社会科学における妥当性は、研究しようとしていることをその方法が適切に研究しているかどうかという問いに関連している。ただ、社会科学に対する実証主義的アプローチでは、妥当性の概念は測定場面に限定して用いられているのが現状である。たとえば、「妥当性は、『測定していると考えていることが測定されているか』という問いによって定義されることが多い」（Kerlinger, 1979, p.138）のように述べられる。この場合、もし数値で示される結果を生み出さないとしたら、質的研究は妥当性をもたないことになってしまうだろう。しかしより広く考えるなら、妥当性は、研究しようと意図するところをその方法でどのくらい適切に研究できているか、つまり、「私たちの観察が関心対象の現象や変数を実際のところどれだけ反映しているか」（Pervin, 1984, p.48）ということにも関連している。妥当性に関してこのように開かれた見方をすれば、質的研究も原則的には、妥当性をもつ科学的な知識を生み出しうると言えるだろう。

　真の客観的な社会的現実が存在するという信念を手放すとしたら、絶対的で確実な知識——それは客観的な外的現実、ないし本質的な内的現実と対応するものだが——を求めようとする志向は希薄になる。それに代わって関心対象になるのが、生成された知識の質であり、その知識の主張[訳注3]がどれだけ反論に抵抗

できるかが重要になるだろう。妥当化は、競合する反証可能な解釈の間でどれを選択するか、また、知に関する複数の主張のなかでどれが相対的に高い信憑性をもつかの議論を提供するといった問題に代わることになる。以下では、妥当性の基準を固定的に定めるよりもむしろ、インタビューの知を妥当化する3つの一般的なアプローチを提唱しておこう。その3つとは、インタビューを用いる研究者の職人性の質に注目したアプローチ、インタビューの知見のコミュニケーションに焦点をあてたアプローチ、そして、そのプラグマティックな効果に焦点をあてたアプローチである。

職人性の質としての妥当性

妥当化の作業は、研究全体を通しての研究者の職人性——つまり持続的にチェックを行ない、問いを投げかけ、知見を理論的に解釈する作業における質の高さ——にかかっている。本書ではこのように独立した章で扱っているが、妥当化は特定の研究段階で行なわれるものではなく、研究プロセスの全体におよぶ作業である。以下では、最終結果の妥当化から持続的な過程としての妥当化へと、視点を移動させる。インタビューの職人性にも、インタビューを通じた探求の7段階を通して妥当性を扱うことが含まれている。ここで議論されるのは、インタビュー研究を通して行なわれる、確認、問いかけ、理論化としての妥当化である。

妥当化とは確認を重ねること

妥当性の程度は、妥当性を低下させる理由があるかどうかを検討することで確認される。知見を示す命題が反証の試みに抵抗して持ちこたえられるほど、その知見はより強固で妥当性が高いということになる。研究者は自分の分析に対して批判的なまなざしを向けるよう心がける。選択的な知覚や偏った解釈が起こらないようにするためには、研究テーマに関する自らの観点を意識し、比較対象とともにそれを呈示する。ここでインタビュアーは、自分が発見したことに対して、意図的にあら探しをする役割を演じることになる。

グレイザーとストラウス（Glaser & Strauss, 1967）によるグラウンデッドセオリーのアプローチでは、検証が研究プロセス全体に組み込まれており、知見の信憑性やもっともらしさ、信用性が持続的にチェックを受ける。また、マイルスとフーバーマン（Miles & Huberman, 1994）は、質的な観察や解釈の妥

当化を妨げ得るバイアスの原因をなるべく多く抽出しておくことで、妥当性を高めようとしている。詳細は彼らの著書に譲るが、質的な発見を検証し確認するためには、以下のような方略が挙げられる。データの代表性や研究者効果を[訳注6]チェックすること、トライアンギュレーション[訳注7]を行なうこと、エビデンスの質を評価すること、「はずれ値」の意味を考えること、極端な事例を活用すること、意外に見えるデータを追いかけること、ネガティヴな証拠を探索すること、「もし～ならこうなるはず」[訳注8]という思考実験をしてみること、疑似相関を排除すること、発見を追試してみること、対抗する説明が成り立たないか検討すること、インフォーマントからフィードバックをもらうこと、等である。

妥当化とは問いを明確にすること

「研究しようとしていることをその研究が実際に調べているかどうか」という意味での妥当性を確かめる際には、方法よりも研究の内容や目的の方が大事になる。つまり、「どのように」妥当化すべきかという問いの前に、「何を」「なぜ」という問いに答えることが求められるのである。インタビューのテクストに対して投げかけられる「何」や「なぜ」に関わる問いが違えば、データの解釈をどのように妥当化すべきかという問いへの答えも違ったものになる。成績評価研究の例を引くならば、あるタイプの研究設問に対しては、成績評価をめぐる個人の経験の多様性を明らかにすることが目的であった。そのため、高校での成績に関わる生徒の発言に対して**体験的な**読みを行うことが求められた。また、別のタイプの問いの場合には、クラス内の社会的相互作用に対する成績の影響についてインタビュイーが目撃者ないしインフォーマントとみなされたため、**事実確認的な**読みが必要とされた。さらに言えば、焦点をインタビュイー自身に向け、特定の発言をする際の個人的な理由を知りたい場合の研究設問は、**徴候的な**[訳注9]読みと結びついた。このように妥当化のあり方は、インタビューのテクストに対して立てられる問いが違えば異なるものになる。

妥当化とは理論的に見ること

妥当性は方法の問題にとどまらない。研究しようとしていることを特定の方法が実際に研究しているかどうか確かめるためには、何を研究しようとしているのか理解する理論的な概念が必要になる。グラウンデッドセオリーの言い回しを使うなら、理論を生み出す過程の一部には解釈の検証が本来備わっているということになる。妥当化の方法についての議論を深めていくと、研究対象

である現象の性質に関する理論的・認識論的な問いにぶつかる。9章でディスコース分析を扱った際に考察したように、仮に対象者がインタビュー中に、たとえば移民に対する態度について発言を頻繁に変化させたとしても、必ずしもインタビューの技法の信頼性・妥当性が低いということにはならない。むしろ、社会的態度におけるニュアンスの多様性や流動性を捉えるだけの感度を、インタビュー技法がもっていたことの証左であるとも言えるだろう。[訳注10]

理想的に言えば、インタビューから見出されたことについて確認を重ね、設問を明確にし、研究テーマを理論的に見るといった職人性の質が高ければ、そこでなされた知識の主張はそれ自体として非常に強力で説得的なものになる。いわば力強いアート作品のように、結果として主張に妥当性が宿るのである。そうした場合、研究手続きは透明で、結果は明瞭、全体の結論は真善美を兼ね備え、自然に説得力をもつものになるだろう。インタビューによる探求を通じた知識の構築においては、あらゆる段階に妥当化の作業が組み込まれているため、第三者による認定や公的な太鼓判を求めることは二の次となる。この意味で妥当性の高い研究とは、妥当性の問いを無意味なものにしてしまう研究と言えるだろう。

コミュニケーションによる妥当性とプラグマティックな妥当性

知を現実の鏡映像と考える近代的な信念が退潮し、社会の現実が社会的に構築されたものとみなされるようになった昨今、注目されているのはコミュニケーションによる妥当性＊とプラグマティックな妥当性＊という形態である。方法を真理の保証とみなす考え方が薄れてくるとともに、現実の社会的構成という見方に伴って、共同体のディスコース（言説）が重視されるようになりつつある。また、知識の伝達が重要となり、科学的なディスコースにも美しさやレトリックが関与するようになってきた。

コミュニケーションによる**妥当性**は、知識の主張の妥当性が会話のなかで検証されることを意味している。観察や解釈が妥当かどうかは、適切な共同体のディスコースのなかで確かめられる。インタビューの知をコミュニケーションを通じて妥当化する場合は、そのコミュニケーションがいかに、なぜ、誰と行なわれたかについて、具体的な問いが投げかけられることになる。

表 10.1 に示したのはコミュニケーションによる妥当化の 3 つのタイプであ

表 10.1　解釈の文脈と妥当化のための共同体

解釈の文脈	妥当化のための共同体	妥当化の形式
自己理解	インタビュイー	メンバーによる妥当化
常識に基づく批判的な理解	一般の人々	受け取り手による妥当化
理論的な理解	研究者の共同体	同僚による妥当化

り、これらを区別するのは、妥当化のための共同体に関与する人の違いである（Flick, 2007b も参照）。インタビュアーの解釈がインタビュイーの発話の自己理解に向けられている場合、正しい解釈を見つける会話の重要なパートナーとなるのはインタビュイーである。これは「メンバーによる妥当化（member validation）」と名づけられる活動に関わっている。研究者の解釈はまた、常識（共通感覚）を基礎にした批判的理解の範囲に踏みとどまりながらも、対象者の自己理解——つまり、対象者自身がそのトピックに関して何を感じ何を思うか——を超えることになるかもしれない。例として挙げられるのは、（8 章で見たように）競争の存在についての度重なる否認を解釈してその存在を確認したり、あるいは、陪審員が目撃者の信用性について熟考したりする場合である。こうした「受け取り手による妥当化*（audience validation）」を行なう共同体として重要なのは、一般の人々である。さらに、第三の文脈においては、発言の意味を解釈するために理論的な枠組みが適用される。この場合の解釈は、インタビュイーの自己理解のみならず常識的な理解も超えていく。たとえば成績を、知識の使用価値と交換価値の間で矛盾を抱える教育システムの通貨として解釈するような場合である。[訳注11]このときの妥当化に関与するのは、インタビューのテーマやインタビュー・テクストに適用される理論を熟知している学者の共同体であり、「同僚による妥当化*（peer validation）」と呼ばれる。

　現在の観点から言えば、これら 3 つの文脈は、いずれかが他よりも正確で本格的な深い知識をもたらすというわけではない。いずれもインタビューの場に投げかけられうる別種の研究設問に適しているというだけである。また、コミュニケーションによる妥当化は、[訳注12]解釈共同体のなかで能力と正統性をもっている人をどうやって決めるのかという、権力の問題を提起する。真実や価値について決定ができる共同体のメンバーの選出は、多くの研究において結果に決定的な影響を及ぼすだろう。たとえば陪審員の選択がそうだし、また、研究パラダイム間で競合が見られる領域において博士号取得候補者を審査する委員会

を組織する際にもきわめて重要とみなされるかもしれない。

プラグマティックな妥当性は、ある解釈についてそれを使用する側がどのような反応をするかに関わっている。強い意味では、研究から得られた知識に基づく介入が行動面の実質的な変化につながるどうかに関係する。プラグマティズム*の運動は、知の正当性から知の使用価値へと議論の力点を移動させたが、それとともに重視されるようになってきたのは行為を通じてのプラグマティックなエビデンスである。知識は効用性の高い行為をなす力とみなされるようになった。この場合もっとも重要なのは、その効用を計る基準とその望ましさであり、そこでは行為の正しさという倫理的問題も問われる。プラグマティックな妥当化とは、文字どおりの意味で verification する（＝正しさを作る）ことである。[訳注13] 正当化するという認識は、応用するという行動にとって代わられる。知識は観察ではなく行為であり、私たちがさまざまな知識についてもつ信念の有効性は、私たちの行為の有効性によって証明されるのだ。

インタビューの解釈は、直接的な質問などのコミュニケーションを通じて検証されるばかりではなく、インタビュアーの解釈が行為としてどんな帰結をもたらしたかを観察することによって、プラグマティックなかたちでも検証される。フロイトは治療的な解釈を妥当化するために、ことさら患者の自己理解だけに頼ったわけではない。そこでは、「その通り」「いや違う」といった返答を要求するよりもむしろ、直接的ではないかたちの妥当化が推奨された。たとえばフロイトは、解釈に対する患者の反応を観察しているが、その反応には、患者の自由連想や夢や忘却されていた記憶の想起、神経症的症状の変化などが含まれていた（Freud, 1963）。また、プラグマティックな妥当化は、より広い社会的場面における反応や集合的行為にも関係する。社会システムのなかで望ましい変化を引き起こそうと試みるアクション・リサーチでは、システム評価の報告書に対する受け取り手の反応、および、研究者と対象者の相互作用が重視される。

インタビュー調査からの一般化

仮にインタビュー研究の知見がそれなりに信頼性と妥当性をもっていると判断されたとしても、結果がもともとその対象だけにあてはまるものか、それとも他の対象者や状況にまで転用可能なのかという疑問は残る。そもそもインタビュー調査に対するよくある批判は、対象者数があまりに少なく結果を一般化

することができないのではないかというものであった。

　この批判に対してはまず、「なぜ一般化なのですか？」と返すことができる。一般化可能な知識を生み出すことは社会科学に対し繰り返し投げかけられてきた要請だったわけだが、この要請の前提には、あらゆる場所と時間、人類全体に未来永劫妥当する普遍的な知識が存在するという仮定があった。しかし、構成主義的なアプローチやディスコース的なアプローチによれば、社会に関する知識は社会的な世界を理解するために社会的・歴史的文脈に埋め込まれた様式であるとみなされる。そこで私たちが問うことができるのは、「インタビューからの知識は全世界的に一般化できるかどうか」ではなく、「具体的なインタビュー状況で生み出されたその知識は他の関連状況に転用できるか」である。

　上記の批判に対しては、他にも、「一般化のやり方は単一ではないのでは？」と返すこともできる。インタビューが生み出した知識に対しては、統計的な一般化だけではなく分析的な一般化を行なうことも可能だろう、と答えられるのだ。

　統計的一般化の場合、その手続きは形式的かつ明示的であり、母集団から無作為に代表として選ばれた対象者に対して適用される。対象者の無作為抽出と知見の数量化が行なわれている限りにおいて（4章）、少数の対象者を使ったインタビュー研究でも統計的一般化を行なうことは不可能でない。しかし、必要とされる統計学的な前提があるため、治療参加をボランティア的に決めた対象者の場合など、自発的なサンプルから得られた知見は母集団全体に適用することはできない。

　分析的一般化とは、ある１つの研究からの知見が他の状況で起こりうる事象を理解するためのガイドとしてどの程度使えるか、論理的に判定していくことを意味している。ここで私たちは、インタビュー研究からの分析的一般化を、研究者の側のものと読み手側のものとに区別することができる。前者について研究者ができるのは、豊かで具体的な記述をすることに加えて、得られた知見の一般性についての議論を示しておくことである。後者においては、知見が新しい状況に一般化できるかどうか判断するのは読み手の役目であり、読み手はインタビュー研究の詳細な文脈の記述をもとに、それを判断することになる。

　ケネディ（Kennedy, 1979）は、システムを評価するために事例研究をどう使えるか議論するなかで、１つの事例研究から質的な知見の一般性を推論するためのルールを作ろうと試みている。それは普通の判断力をもつ人であれば合意できる推論のルールである。参考にできるモデルとして、ケネディは法律や

臨床の実践における一般化に目を向けている。法律の場合もっとも重要な先行事例として選ばれるのは、最も類似性が高い事例、つまり、目の前の事例とほとんどの属性が似ている事例である。この場合、一般性の判断の妥当性は、目の前の事例と先行事例の類似点と差異の分析、つまり、比較される諸属性がどの程度対応しているかにかかっている。そうした判断の前提になるのは、事例が豊かで緻密で詳細に記述されていることである。ケネディは、法律および臨床事例を比較する際に必須の属性を選ぶ基準を提案している。つまり臨床の場であれば、記述の正確さ、縦断的な情報、他職種の視点からのアセスメントがそれである。その情報を受け取る側が、新たな状況への転用可能性をもつ知見かどうかを決めるのだ。裁判の場であれば、先行事例が係争中の事例に一般化できる判例を提供するかどうか決めるのは法廷である。ケネディは次のように述べる。「法律における一般化と似て、臨床的な一般化は情報をもともと生み出した側の責任というよりも、情報を受け取る側の責任である。研究を評価する場合には、そうした一般化を可能にするだけの十分な情報が提供されているかどうかに気をつけなければならない」(Kennedy, 1979, p.672)。

分析的一般化とコミュニケーションによる妥当化はいずれも、インタビューの過程とそこからの知見の記述における質の高さが前提となる。これが意味しているのは、インタビュー研究がいかに報告されるかが重要だということであり、その点については次の章で議論したい。

キーポイント

- インタビュー研究に対してよく投げかけられる批判は、その信頼性、妥当性、一般化についてのものである。そうした批判は量的研究に適した基準に基づくことが多いが、質的なインタビュー研究には、異なるタイプの基準が望ましいと考えられる。
- 妥当化に関わる諸問題は、インタビュー研究の特定の段階に限定されるものではなく、初期のテーマ設定の段階から最終的な報告の段階まで、すべての段階におよんでいる。
- インタビューの妥当性はインタビューの目的によって、および客観性や知識についての認識論的な立場によって違ってくる。
- インタビューが生み出す知識の妥当性は、インタビューの知見を持続的に確認し、問いを明確にし、理論的に捉えていくといったインタビュー

研究者の職人性の質にかかっている。
- 研究の知見を会話のなかで検証するという意味での妥当化は、コミュニケーション的な行為とみなすことができる。
- 知識の有効性を私たちの行動の有効性によって検証するという意味での妥当化は、プラグマティックな行為とみなすことができる。
- 対象者のランダムなサンプリングと知見の数量化を行なうことで、インタビュー研究から統計的な一般化を行なうこともできる。
- インタビュー研究からの分析的な一般化は、サンプリングの仕方や分析の様式にかかわらず行なうことができる。分析的な一般化の基礎になるのは、豊かな文脈の記述である。そこには、他の対象者や状況に対するインタビューの知見の転用可能性についてのインタビュアーの議論、および、読み手によるレポートからの一般化などが含まれている。

さらに学ぶために

インタビュー研究の妥当性、一般化の問題については、次の書籍にある程度詳しく解説されている。

Flick, U. (2007b) *Managing Quality in Qualitative Research* (Book 8 of The SAGE Qualitative Research Kit). London: Sage.［フリック／上淵寿（訳）(2017)『質的研究の「質」管理』（SAGE 質的研究キット8）新曜社］

Kennedy, M. M. (1979) 'Generalizing from single case studies', *Evaluation Quarterly*, 3: 661-678.

Mishler, E. G. (1990) 'Validation in inquiry-guided research: The role of exemplars in narrative studies'. *Harvard Educational Review*, 60: 415-442.

Stake, R. E. (2005) 'Case studies', in N. K. Denzin & Y. S. Lincoln (eds.), *Handbook of Qualitative Research*. Thousand Oaks, CA: Sage, pp.443-466.［ステイク (2006)「事例研究」デンジン, N. K. & リンカン, Y. S.（編）／平山満義（監訳）『質的研究ハンドブック 2巻　質的研究の設計と戦略』北大路書房］

訳者補遺

1章で紹介された文献でも、質的研究の評価は避けては通れない問題であり、ほぼすべてにおいて何らかの言及がある。以下の2冊は、コミュニケーションによる妥当化の部分を含め、この章で主張される妥当性の問題をめぐる議論と重なる内容である。

矢原隆行・田代順（編)(2008)『ナラティヴからコミュニケーションへ：リフレクティング・プロセスの実践』弘文堂

矢守克也 (2010)『アクションリサーチ：実践する人間科学』新曜社

訳注

[1] 私たちは、「ある言葉がバイアスなく現実を的確に（客観的に）言い当てているかどうかを確認するためには、言葉と現実の対応性をチェックすればよい」と考えがちだが、それは厳密には不可能である。というのも、生の現実は存在せず、それは常にすでに言葉やそれと結びついた概念を通じて初めて意識されうるからだ。現象学的に言えば、複数の人が同じように意識化・言語化している場合に、人はそれを「客観的」と呼んでいる。実質的には、複数の主観の間の対応が問題なのであり、間主観的ないし共同主観的と言った方が正確なのである。

[2] B. ラトゥール（1947-）はフランスの社会学者。邦訳としては『科学論の現在』(2007, 産業図書）などがある。自然科学的知識もまた客観的普遍的な真理ではなく、社会のなかで作り上げられたものであり科学的な研究も政治的な過程であるという、社会構成主義的な見解を提示し、従来の科学論を批判したことで知られている。

[3] 「知識の主張」は knowledge claim の訳。知識とは、世界や自分たちについて人々がもっている理解のうち正しいとみなされたものであるが、正しいとみなされる前には「知識の主張」にすぎない。それは、さまざまな検証や議論を経て人々に認められることで、知識とみなされるようになる。ただ、ある時代の知識がずっと知識とみなされ続けるわけではない。天動説が地動説にとって変わったように、知識とされていたものが新たな証拠によって反駁され、知識と呼ばれなくなることもある。その意味では、現在「知識」と呼ばれているものも、知識の主張の1つであるという面が消え去るものではない。

[4] 科学哲学者のK. R. ポパー（1902-1994）は、科学と疑似科学を分ける基準として、その主張が反証可能性 falsifiability をもっているかどうかという点に注目した。反証可能性とは、その主張が間違っているかを実験や観察などの方法で吟味する可能性がそこに含まれているかどうか、という意味である。たとえば、「月は30日周期で満ち欠けする」は反証可能だが、「私には月は巨人の目に見える」については反証可能性は低い。質的研究においても、反証可能性を担保することは結果としての仮説生成において重要である。

[5] ここまでの記述でも何度か出てきた用語ではあるが、クヴァールは「妥当性（validity）」の概念以上に、この「妥当化（validation）」の概念を重視している。その理由は、研究の質が白黒二分法的に判断されるものでも特定の方法によって達成されるものでもなく、持続的にさまざまなやり方で徐々に高められるべきものであるからである。

[6] 研究者が対象者に与える効果や影響であり、たとえばその研究における研究者の期待を対象者が取り入れてそれに即した言動をするなどが典型的である。質的研究では研究すること自体1つの働きかけであると考えるので、研究者効果をゼロにすることを期待するわけではない。しかしどのような効果がどの程度認められるかを意識化しておくことは必要である。

［7］無理に訳すと「三角測量法」ということになる。ある現象の見えに対して別の視点からの見えを比較して、それが一致するかどうか確かめるという手続き。インタビューのような質的データに対して質問紙調査のような量的なデータを比較することが多いかもしれないが、それには限定されない。たとえば同じ質的データに対して、カテゴリー化を行なう分析とディスコース分析を行なって比較することもトライアンギュレーションの一部である。ただし、必ずしも一致する結果にならなければ質が高くないというわけではなく、食い違いが見られた場合にはその食い違いの理由を問うことで研究の質を高める契機ともなる。

［8］2つの事象の間に因果関係がないにもかかわらず、別の要因の介在などで因果関係の見かけが生じてしまうこと。「カエルが鳴くと傘の忘れ物が増える」などがよく引かれる例である（言うまでもなく、この例は、雨が多いという条件が両方の現象を規定している）。質的研究でも因果関係を含む仮説が生成されることがあるが、その見かけ上の因果をそのように見せている、第2、第3の条件の存在について、常に気を配っておく必要がある。

［9］徴候的な読み（symptomatic reading）は医者が兆候・症状からその背後の病理を読み取ろうとするように、隠された向こう側を解明しようとするような読みである。もともとは文学理論の用語で、批判的な読みの一形態とされる。文芸批評において、文学テクストに何らかのイデオロギーが影響していないかどうかを分析する手段として知られている。フロイトが夢の背後に無意識を読み取ったやり方に想を得て、哲学者のアルチュセール等によって用いられた。

［10］この例で言えば、「態度」という概念をどう捉えるかに関わる理論枠組みの問題になる。態度を実体的な個人の内的属性と見るという理論が一方にあり、それとは別に、態度を具体的な対人関係のなかで流動する現象とする理論もある。後者のような理論枠組みがあてはまる場合には、そのような現象をうまく捉えられる方法が実際用いられているかが、妥当性や妥当化の議論で問われることになるだろう。

［11］「使用価値」「交換価値」はもともと古典経済学・マルクス主義経済学の用語。物は人のニーズを満たす限りにおいて使用価値をもつが、それが他の物との交換の場面では交換価値をもつ。使用価値と交換価値は必ずしも対応せず、たとえば空気のようにどこにでもある物は使用価値をもつが交換価値はゼロに近い。知識についても、それ自体は、個人にとって何らかの効用をもたらすわけだが、皆が共有する知識では交換価値はなく、新奇な知識の方が交換価値をもつ。成績は高ければ高いほどその人に価値が生じる点でお金と似ているが、同じ80点であっても、クラスのほかの人が90点である場合とみんなが50点である場合とでは意味が違っている。

［12］アメリカ合衆国の文芸評論家S. フィッシュ（1938-）が作った言葉。読者はどのようにでもテクストを読むことができるが、その解釈が受け入れられるかどうかは、その読者が含まれる共同体が決定するという。その集団のことを解釈共同体と呼ぶ。『このクラスにテクストはありますか』（みすず書房）も参照。

［13］verification は verify の派生語であり、語源的に言えば、語幹部分はラテン語 vérus（本当の）から来ている。それにify がついて動詞になっているので、語源に忠実に訳すとしたら、「正しさを作る」「正しくする」ということになる。

11章　インタビューの知を報告する

インタビューの報告の対照的な受け取り手
インタビューの報告を仕上げる
インタビューの報告の質を高める

この章の目標
- インタビューの知見の妥当化と一般化は読み手とのコミュニケーションにも関わっており、インタビューの報告の質が鍵となることを理解する。
- インタビューの報告に対する受け取り手の反応は多様であることを理解する。
- インタビューの説明を秩序立ったやり方でよりよいものにしていくコツを学ぶ。
- インタビューの報告の質を高めるためのさまざまな方法について知る。

インタビューの報告の対照的な受け取り手

　本書を通じて私は、インタビューおよびインタビュー調査を会話の一形式として扱ってきた。インタビュー研究者は異国を旅する旅人であり、そこに住む人々との会話を通じて学んでいく者として描き出された。旅人は、遠方の土地での出会いについての土産話を故郷に持ち帰るが、その際、聞き手である故郷の人々が土産話に対して示す反応はかなりまちまちであることに気づくことになるだろう。インタビューの研究者にとって、インタビューでの会話について同僚たちと会話するよりも、対象者と会話する方が容易に思えることもときにはあるかもしれない。
　インタビュー研究をもとに報告を書く場合、求められる内容がそれぞれの社

会科学研究の学界ごとに異なっていることは意識しておいた方がよい。社会科学の研究報告に絶対的に必要な条件は、分野、領域、国、時代によって大きく異なっている。質的インタビュー調査の「客観性(オブジェクティヴィティ)」に対する主流派からの批判のいくつかについては、すでにインタビューの質について議論した際に述べた（ボックス7.5）。それらの批判は、インタビュー実践を鉱夫の作業のように捉え、データや意味の鉱石をインタビュー対象者から掘り出すものとみなしている。質的調査や人文科学の研究者はそれとは対照的な聴衆であり、彼らのポストモダン的なアプローチでは、インタビュアーは異国での会話からストーリーを自国に持ち帰る旅人として理解される。

　インタビューの報告の質を高め向上させる方法に目を向ける前に、最近よく見かけるインタビュー報告からどんな印象が得られるかについて軽くふれておこう。インタビューという状況は、そのやりとりのなかで新しい情報やストーリーや洞察が次々とわき起こってくる場合、インタビュー対象者やインタビュアーにとって魅力的なものとして体験されるだろう。しかし、インタビューで得られたストーリーを研究者が記述したものを読むのは、往々にして退屈な作業となる。もともとはわくわくするものだったはずの対象者のストーリーが、分析を経て焦点がぼやけ、ところどころに研究者のコメントが挟まれた冗長な逐語的引用の寄せ集めにまで解体されてしまっているのである。主観的な解釈を恐れるあまり解釈抜きの引用がいらいらするほど続いたり、新たな洞察をほとんどもたらさない引用の要約がときたま挿入される報告書になっている場合もある。そこには、インタビューという旅がたどった方法の諸段階はほとんど認められない。理論的な解釈は、あたかもそれが一種の危うい推論でしかないかのように、しばしば排除されている。

　以上の記述が否定的にすぎると感じる読者は、現代のインタビュー報告に対するリチャードソンとアダムズ・サン・ピエールの、さらに辛辣な批判を参照するとよい。「告白すると、私は何年もの間、代表的とされるおびただしい数の質的研究を、あくびをかみ殺しながらなんとか読んできた。半ば読み半ばざっと眺めて放り出したテクストは数え切れないほどだ。新しい本を大きな期待とともに注文したこともあるが … 結局はそれも退屈だとわかっただけであった。」（Richardson & Adams St. Pierre, 2005, p.959）。ここで著者たちが強調しているのは、質的研究者の報告執筆のスキルを磨くことの必要性である。彼らは、ポストモダンの考え方に触発されつつ、執筆は創造的な作業であり「書くことは探求の方法として」扱わなければならないと示唆している。

インタビューの報告を仕上げる

　インタビュー調査の結果を重要と感じる読者であれば、その魅力的な知識を生み出した研究デザインや方法を知りたいと思うだろう。インタビューの知の質、妥当性、転用可能性を評価するためにも、研究方法の諸段階についての情報は必須である。ありがちなインタビューの報告では、実際の会話と報告された結論との間のつながりが見えにくかったり、あるいは書かれていなかったりする。読者が関心をもっても、そのインタビューの知識がいかに生成されたかについて何も読み取れないこともあれば、曖昧な記述が散見されるだけという場合もある。読者によっては、研究者は自分の使った方法や手続きにあまりに自信がないため、書かないですませたかったのだろうという印象をもつかもしれない。方法について口をつぐんでしまうよりもむしろ、研究方法上の諸段階、手続き、意思決定をなるべく正確なかたちでいかに質的に記述するかという点こそ、質的なインタビュー調査のユニークな特性が提起する課題なのである。

　十分実質的な方法論の記述や興味深い知見を含む、読みやすい報告を書くためには、インタビュー研究の初めから最終報告を念頭に作業を進めることが求められるであろう。この場合、当初のテーマ設定から最終報告までの方法のステップがとても詳細に記録されることになる。結果として読み手は、インタビューのデザインが研究テーマと目的にどう関与しているのか確認することができるし、結果の信用性を評価することもできる。原理的に言えば、調査を追試することも可能になる。

ボックス 11.1　最終報告を念頭に研究を進める

　1. **テーマを設定する**　インタビュー研究者がその研究の最終結果——自分が語りたいストーリー——を早い時期から明確に視野に入れていればいるほど、インタビューの報告の執筆は容易になるだろう。

　2. **研究をデザインする**　最終報告における方法セクションのための資料として、研究実施の手順を体系的に記録しておく。研究をデザインする際には、インタビュー報告書の最終形態を考慮する。たとえば、対象者のストーリーを後日出版することを念頭に、インフォームド・コンセントに関わる倫理的なガイドラインにも目配りする。社会調査は人間の生きる状況を改善す

るのに役立つべきであるという倫理的な理念のもとでは、調査の知見を科学者集団や一般社会に伝えることは重要な責務である。

　3．**インタビューを実施する**　理想を言えば、レコーダーのスイッチが切られた瞬間には、インタビューが読み手に報告できるかたちになっているように実施されるのがよい。

　4．**文字に起こす**　逐語録の作成中には、対象者のプライバシーの保護はもちろん、公表されることを念頭に置いてインタビューの読みやすさを考慮しつつ行なわれるべきである。

　5．**分析する**　ナラティヴ分析ではインタビューの分析と報告は融合しており、結果として読者に対して語られるべきストーリーが生み出される。インタビューの分析は報告の一部に組み込まれるため、他の分析形式においてもどう結果を呈示するかを考えておくのがよい。

　6．**検証する**　妥当化をコミュニケーションや行為として理解し、一般化を読み手によってなされるものと考えるとき、インタビューの報告の質は中心的な関心事となる。

　7．**報告する**　インタビューの初期から最終報告を目指して作業を進めることは、方法論的に十分具体的で興味深い結果をもたらす報告の作成に貢献する。

　ボックス11.1は、最終報告にとって重要な研究手続きに関する情報の一端を、7つのインタビュー調査の段階ごとに示したものである。たとえば次のような情報は、インタビューの状況を報告するのに必須となる。

- インタビューの前にどんな情報が対象者に与えられたか？
- インタビュー中の社交的・感情的な雰囲気やラポールの程度はどのようなものだったか？
- どんな種類の質問が投げかけられたか？
- インタビューはどのように構成されていたか？

こうした情報は、インタビューのなかで述べられたことの意味を解釈するために大事である。

　報告のなかでインタビュー中の語りを示す場合の様式は、会話分析で行なわれるような精密な逐語的引用から再構成されたナラティヴの呈示まで、研究の目的によって違ってくる。引用の力を借りてインタビューの知見を示す際に薦められるのは、以下の3つの編集上のガイドラインである。

- 文脈がわかるように引用すること。引用はインタビューの広範な文脈から切り取られた断片であり、インタビュアーにはその文脈がよくわかっていても読み手にはわかっていない。この場合助けとなるのは、回答を引き出したのがどんな問いか書いておくなど、インタビューにおける引用部分の文脈を示すことである。そうしておくと読者は、特定のテーマを持ち出したのがインタビュアーなのか対象者なのかという点や、それが特定の答えにつながるよう誘導されたものなのかどうかという点についても判断できるであろう。
- インタビューの引用は読みやすいスタイルにすること。日常語、特に土地なまりを含んだインタビューの断片は、読みにくいものである。口頭の発話を書き起こした逐語録には、特徴的な反復、話の脱線、間、「んー」などの声などが含まれており、文字で表現されると把握しづらい。最終的な報告書では、理解を促進するために、対象者の自発的な口頭発話を読みやすい書き言葉のテクストのかたちにしておくことが望ましい。ただし、言語学的分析、会話分析を例示するための引用は別である。
- インタビューの引用はなるべくインタビュイーの習慣的な言葉に忠実であること。対象者のなかには、自分のインタビューの逐語的な書き起こしを読んでショックを受ける者もいるかもしれない。これは、逐語的に起こされた口頭の発話が一貫性のない混乱したものに見え、知的レベルの低さを示しているとすら思われるためである。一貫性のない反復的な逐語録がインタビュイーやその所属集団に対して好ましくない烙印を押してしまうなど、倫理的に不適切な事態を招くこともある。彼らは気分を害し、それ以上の研究協力や語りの引用を断ってくるかもしれない。メンバー・チェックのためにインタビュイーに逐語録を戻さなくてはならない場合には、初めからそれを流暢な書き言葉のスタイルにしておくよう配慮してもよいだろう。さもなければ、話し言葉と書き言葉のスタイルは違うのが普通だという情報を逐語録に添えることを考えておく。報告を書く際にインタビュイーを尊重しつつ逐語録を編集するガイドラインの1つは、彼らが自身自分の声をどんなかたちで書き言葉に表現してほしいと思っているか想像してみることである。そこで文字起こしをする人は対象者に代わって、対象者の話し言葉のスタイルを彼らの習慣的な表現様式と調和する書き言葉のかたちに変換するよう努めることになる。

インタビューの報告の質を高める

　ここでは、科学的な研究報告の標準的な必要条件を超えて、インタビューの記述の読みやすさを高める方法を提案しておきたい。参考にするのは、ジャーナリズムのインタビュー、哲学的対話、症例のストーリーとナラティヴである。

　インタビューを報告する形式の1つは、単純にそれを**インタビュー**として示すことであり、この場合、社会科学の研究者が学ぶことができる対象はジャーナリストである。彼らの仕事にはインタビューの開始時点より一定の読者や視聴者が想定されており、また、厳しい字数制限と交渉の余地のない締め切りがあるだろう。新聞やラジオのレポーターならば、状況説明と解釈とをインタビューそれ自体のなかに組み込んでいくことができるし、その場の文脈や社会的な状況を、インタビュアーの質問を通して紹介するかもしれない。たとえば、「私たちが今座っているのは、この方が退職時に建てられたお宅のリビングで、ここからは白樺林を通してフィヨルドを眺めることができます。さて、伺いたいのは …」といった具合である。重要なポイントとその解釈は、ジャーナリストの質問に対する対象者の回答から展開することもあれば、対象者による肯定や否定の言葉を期待してジャーナリストの側から示唆されるかもしれない。このように、文脈の呈示と解釈は、ジャーナリストとインタビューイーの両者ともに読者・視聴者を多少なりとも念頭におきつつ、会話のなかに組み込んでおくことができる。インタビュー・文字起こし・そしてその編集に通底するガイドラインは、想定される受け手に対してインタビューの対象者が自身のストーリーをできるだけ豊かに伝わるよう心懸けることであろう。

　会話やナラティヴに対する自由で内省的なアプローチは、臨床的な**症例のストーリー**に見出すことができる。フロイトの症例報告は、会話を行なってそれを魅力的かつ芸術的に呈示した例であり、1世紀後の今もなお読み継がれ、議論され続けている。

　自発的なストーリーや再構成されたストーリーの報告は症例のストーリーにも含まれているかもしれない。それに対して**ナラティヴ・アプローチ**をとるインタビュアーは一貫して、自分たちの探求は徹頭徹尾ストーリーを語ることなのだと考えるだろう。この場合の報告では、対象者の自発的なストーリーをナラティヴのかたちにしたり（ボックス 6.2 における職人のナラティヴと比較してみるとよい）、あるいはそのストーリーを特定のナラティヴ様式に構造化

したりする。研究者がそれらを、新たなストーリーへと再編することもある。

インタビューの知見は、インタビューのテクストと研究者との対話というかたちをとるかもしれない。たとえば学校の教師へのインタビューを行なったハーグリーブスの報告（Hargreaves, 1994）は、既存の文献における教師の仕事についての理解を確認したり洗練したりそれに異を唱えたりする教師たちのインタビューの語りと向き合いながら、文献を理論的・概念的に考察したものである。それは、理論的な問いかけと教師たちの言葉の精緻化とを何度も往復することで、読者に興味深い読みを提供するのに成功している。

インタビューはまた、**対話**という形式でも報告されうる。情報はインタビューのやりとりによって伝達されるわけだが、そこに形式が与えられたりその文体が編集されたりするのである。ソクラテスとその哲学上の論敵との会話においては、すべての情報は対話のなかに含まれており、報告者プラトンによって事後的な解釈が追加されることはない。プラトンの対話篇の内容は、それが逐語的な再現か文学的な構築かという歴史的な位置づけはともかく、今日でも私たちの興味をかき立て続けている。これは、真・善・美の本性についてその対話が投げかける問いの重要さゆえであろう。

ブルデューらは、彼らの行なったインタビューを詳細に報告する際、要所要所でインタビューからのキー・フレーズを小見出しとして使っている。

> … ここで試みられているのは次のような種類の編集である。すなわち、談話が「それ自体語ってくれる」といった自然発生的な幻想を壊し、集中力に欠けた不注意な読者の知覚からすり抜けてしまうかもしれない社会学的に重要な特徴の方に読者の注意を向けるため、物を書く際の語用論を意識的に活用することである[訳注2]（特に、インタビュー自体のなかの語句から取り出された見出しや小見出しを、文章に入れるというやり方をとっている）。
> （Bourdieu, 1999, pp.621-622）

最後に、インタビューの報告に新たな地平を開いた報告書、『天使たちの憂鬱──HIV・エイズとともに生きる女性たち（*Troubling the Angels: Women Living with HIV/AIDS*）』（Lather & Smithies, 1997）を紹介しておきたい。研究者らはHIV陽性の女性たちとサポート・グループのなかで、あるいは個別的に話をし、感染から症状の発生、体調不良、衰弱、死に至る彼女たちの戦いの旅路をモデル化した。この本では、複数のタイプの記述が層をなして構造化

されている。その中心部分はその女性たちのサポート・グループでの会話であり、研究者はそこに、ときおり質問をしたりコメントをしたりするかたちで参加している。女性たちのストーリーとストーリーの間には、ところどころに天使に関するインターテクスト[訳注3]の挿入があり、この疾患によって引き起こされてきた社会的・文化的諸問題が時系列的に記載される。この本全体を通して囲み記事のかたちで呈示されているのは、HIV ないしエイズに関する事実情報である。また、多くのページの下部には、共同研究者たちによる実況的なコメントが書かれている。そのコメントは、研究法や理論的枠組み、研究テーマに対する彼らの反応——たとえば共同研究者のひとりが自分の HIV 検査の日を待ち、その結果を受け取るまでの感情など——から始まって、このプロジェクト全体を通じた共同研究者たちの内省記録に及び、それらの間を自在に行き来している。

　著者らが同書に期待したのは、HIV の女性たちや友人・家族に対してサポートと情報を提供すること、そして、彼らの抱える問題に対して一般の人々の意識を高めることであった。著者らは当初より、女性たちに対してこの本の編集委員になってもらう約束をとりつけ、出版前には完成稿を渡して彼らのメンバー・チェックを受けた。女性たちはこのプロセスに熱心に関わり、「その本はまだできないの？　私たちのなかには明日どうなるかわからない人もいるのよ！」など、いらいらした気持ちも率直に表現することができた。この本はスタイルが次々変わり意味が何層にも重なっていて、決して読みやすいものではない。しかし、最終的に読者を思考する主体として——つまり、あたりまえのことにあえて揺さぶりをかけ、言葉や理性を超えたものに対してオープンである存在として——位置づけながら、その女性たちの人生を正当に評価することを試みているのである。

キーポイント

- インタビューの報告はインタビューからの引用を断片的に配列した、つまらない読み物になる可能性がある。たとえばジャーナリストのインタビューや哲学的対話、症例のストーリーやナラティヴといった他のジャンルから学ぶことを含めて、インタビューの報告を改善し充実させるやり方が提案されている。
- インタビューの知見の信用性や適用範囲を確認するには、読者は研究者がどんな特定の手続きによって結果を得たのか知る必要がある。この点

に関して研究者は、方法的手続きの透明化に向けて努力することになるだろう。
- 特にコミュニケーションによる妥当化と分析的一般化については、結果を妥当なものにし一般化するために、読者はインタビュー結果についての豊かな文脈情報を必要としている。

さらに学ぶために

インタビュー研究からの知見を執筆し発表する作業については、次の2つの文献に詳しい。

Richardson, L. & Adams St Pierre, E. (2005) 'Writing: a method of inquiry', in N. K. Denzin & Y. S. Lincoln (eds.), *Handbook of Qualitative Research*. Thousand Oaks, CA: Sage, pp.959-978.
van Maanen, J. (1988) *Tales from the Field*. Chicago: Chicago University Press.

訳者補遺

上記の2つの文献には以下のような邦訳がある。これらはそれぞれ、質的研究全般およびエスノグラフィーに焦点をあてたものであり、インタビュー研究に特化した文章作法ではないものの、教えられるところが大きい。一般的な質的研究における論文形式については、1章で言及した能智(2011)の14章「研究の結果をどう伝えるか」も参考になるかもしれない。

リチャードソン, L. &アダムズ・サン＝ピエール, E. (2006)「書くこと：ひとつの探求方法」デンジン, N. K. & リンカン, Y. S. (編)／平山満義（監訳）『質的研究ハンドブック3巻　質的研究資料の収集と解釈』北大路書房
ヴァン＝マーネン, J.／森川渉（訳)(1999)『フィールドワークの物語：エスノグラフィーの文章作法』現代書館

訳注

[1] ここで「ストーリーを語る」と一言で述べられている行為にはさまざまなかたちがある。断片的に述べられているストーリーのかけらをまとめて1つにする場合もあれば、ストーリーとしてまとまっているように見えるものを構成要素とその結びつき方に分けて整理する場合もある。個人のストーリーをまとめて集合的なストーリーに再編したり、個人のストーリーを支える社会的・文化的なストーリーを見出したりする場合もあるだろう。これら、ストーリーを語ることの多様性は、ナラティヴ・アプローチの多様性とも対応してい

る。
［2］「語用論」については、9章の訳注13を参照。文章を書く際には、状況に応じて、辞書に載っていないようなさまざまな方略を使いながら意味を読者に伝えようとする。見出しや小見出しも、考えてみれば文章を書く際に使われる語用論的なルールと言えるかもしれない。
［3］インターテクストとは、メインとなるテクストの間にあって、その意味を際立たせる役割を果たすテクストを意味している。本文で紹介されている本は大きく分けて5部構成、全20章からなっているのだが、それぞれの部の最後に、章とは独立した「インターテクスト」というセクションが設けられている。たとえば最初のインターテクストは、「エイズと天使――曇った（憂鬱な）場所」というタイトルである。

12章　インタビューの質のさらなる向上に向けて

インタビュー実践の職人技を学ぶ
インタビューの知の価値
インタビューの知の認識論と倫理についての概念

> 理解のための海図があることと
> 船を操ることは別物なんだ
> 人は政治に関する書物から説得術を学ぶかもしれない
> だが一国を治めるには
> それ以上の何かが必要とされるんだ
> （ルズヴィ・ホルベア『政治の鋳掛け屋』[訳注1]）

この章の目標

- 本書がここまでで示してきたのはインタビューという旅の素描にすぎず、実際のインタビュー研究の実施は別の作業であって、プラスアルファの何かが必要になることを知る。
- 本書の「はじめに」で示された、逐語録作成の作業から何を学びうるかを理解する。
- インタビュー実践の技を学ぶための実習を計画する方法を知る。
- インタビューの実践的なスキルに加えて、インタビューが生み出す知識の質や価値についてじっくり考えることの必要性を理解する。
- 現在のインタビュー研究の価値に対する内部からの批判について再考するところから何が得られるかについての理解を深める。
- インタビューを通じて知識を生み出す会話的な実践に有効な、知の認識論についての理解を深める。

インタビュー実践の職人技を学ぶ

　インタビュー実践の職人技について本を書くことはいくぶん逆説的である。というのも、職人技はしばしば言葉にできないものであり、状況に依存した実践的スキルと個人的なノウハウから成り立っているにもかかわらず、明示的で一般的なガイドラインを示さなければならないからである。インタビュー実践についての本を読んだからといってすぐれたインタビュアーになれるわけではない。ただ、そうは言っても、本を読めばインタビューという旅で経験される場面やその旅に使える装備に関する情報を得ることはできる。結果的にその旅がスムーズなものになるし、インタビューの旅から持ち帰ってくる知識の質を高めることにもつながる。ここまでの章の目標は、インタビュー研究においてたどることができる経路をいろいろと示し、利用できる選択肢や結果的に生み出される知識に関して概説することであった。

ボックス 12.1　逐語録の作成を通してインタビュー実践を学ぶ

　録音された調査インタビューを3つほど用意して1週間かけてそれらを文字起こしし、逐語録を作りながらインタビューのプロセスと諸問題について考察する。

　得られる教訓
- 録音の音質を確保すること
- 聞き取りづらい答えをインタビュー中にはっきりさせること
- インタビュー対象者が理解できる明瞭な質問をすること
- 何がどう言われているかに対して注意深く耳を傾けること
- 重要なトピックかどうか、また、追究するにはプライベートすぎるトピックではないかといったことを判断する手がかりとして、声やその休止、ため息のようなものにも注意を払うこと
- インタビューでの発言を掘り下げるために、追加質問を使うこと
- インタビューが世間話に終始しないよう気をつけること
- インタビュアーによる質問のスタイルの多様性、およびそれぞれの長所と短所に気づくこと

- 話し言葉と書き言葉の違い、また、話し言葉から書き言葉へ変換する際のガイドラインの必要性を意識すること
- 音声記録をていねいに検討することで、意味の新たな解釈がいかに自然に現れてくるかに気づくこと
- あまりにプライベートな質問をしたりあまりに批判的な質問をしたりするなどの、倫理的な踏み外しに対して敏感になること

　本書の冒頭で私は、次のようなことを勧めた。職人技を学ぶのと似たやり方でインタビュー実践を学ぼうとするなら、本書を読み進むよりもむしろ、読むのをやめてボックス12.1に書かれている課題をやってみるべきであると。調査インタビューが初めての読者は、1週間の逐語録作りの作業のなかで、インタビューの実施や逐語録作りについてこれまでの章で展開されてきたことの多くを――その一部はボックス12.1に述べられているわけだが――自力で発見することになるだろう。ちなみに、この逐語録作りの課題はティリーの論文「逐語録作成作業――研究実践への共同参加を通じての学び」に触発されたものである（Tilley, 2003）。

　インタビュー実践を学び始めるにあたって、録音記録に耳を傾けることは、インタビューの職人技を実現する手段である音声に対し、インタビュー初心者の感受性を高めるのに役立つだろう。また、インタビューの文字起こしを行なうところからインタビュー実践を学ぶことは発見学習[訳注2]を促し、この分野の初学者が生(なま)の会話を書き言葉のテクストへと変換する技法や、それに伴うジレンマを発見しやすくなる。安心できる文字起こし状況においては、初学者はインタビュー実践の細かな特徴に気づくことができるかもしれない。そこでは、重要なインタビューにおける知識生成を台無しにすることはないし、また倫理的な面で言えば、生(なま)のインタビュー状況でインタビュイーの対人的な境界を踏みにじるようなこともないだろう。

　インタビュー実践の職人技の学びは、研究コミュニティのなかでの徒弟修行[訳注3]を通じて実現されるのが理想である。もっとも、新米インタビュアーが皆、インタビュー実践を日常的な活動の一部とする研究者集団に接触できるわけではないし、また、研究者側にも新人教育に割ける暇があるとは限らない。後者のような場合には、職人技の徒弟的な学びに見られるのと同じように、新米研究者の側が、現在進行中の調査プロジェクトに必要な単純作業を行なう――たと

12章　インタビューの質のさらなる向上に向けて　｜　211

えば逐語録を作りつつその過程を通して学ぶ——というかたちで、「授業料を支払う」というのも1つの方法である。分析の段階であれば、逐語録をコード化する人が複数必要になるかもしれない。その場合、学習者はこの作業に携わることでインタビュー実践の世界にゆっくり入っていくことが可能になる。積極的に質的調査の集団に入る代わりに、自学自習をすることもできる。以下では、インタビュー実践の職人技を習得するための諸段階において学習者が行なえるインタビューの実習を述べておこう。これは反省的実践家を教育するためのショーンの演習（Schön, 1987）から着想したものである。

ボックス12.2　インタビュー実習

I. 他の人のインタビュー場面の観察を通じてインタビュー実践を学ぶ

　　インタビューを行なっている経験豊かな研究者に陪席してじっくり観察し、次いで記録の担当、共同のインタビュアーとしての参加など、次第に積極的な役割を果たす。

　学びの内容：
　－生のインタビュー状況と録音された発話の違い。
　－インタビュアーとインタビュイーの間の社交的な関係性の大切さ。
　－インタビュアーが質問のテーマとしている話題について知識を十分もっていることの大切さ。
　－前もってインタビューの場をしつらえ台本を作っておくことの価値。

II. 実際にインタビューを行なってみることでインタビュー実践を学ぶ

　学びの内容：
　－インタビュー実践の実際的、技法的、社会的、概念的問題に次第に対処できるようになることで自信を深め、それによって、安心できしかも刺激的なインタビュー状況を作り出せるようになる。
　－質問の内容、構成、配列を改善する方法を知る。
　－追加質問の技法に習熟することの重要性に意識的になる。
　－予備的インタビューを何度かビデオ撮影することで、インタビュアーとインタビュイーのボディランゲージに対する感受性を高める。

III. インタビュー研究者の共同体のなかでインタビュー実践を学ぶ

　学びの機会：

－異なる段階で進行している複数のインタビュー・プロジェクトを見る
　　　ことによって、インタビュー調査全体のデザインについての印象が得
　　　られる。
　　－インタビューに耳を傾けると同時に、インタビューについてのインタ
　　　ビュアーのストーリーにも耳を傾ける。
　　－より経験豊かなインタビュアーから予備インタビューに関するコメン
　　　トをもらう。
　　－別の研究者にお願いし、自分の研究テーマに関して自分をインタ
　　　ビューしてもらう。インタビューテーマについてこれまで意識しな
　　　かった仮定や個人的なバイアスを明らかにできる。

　ボックス 12.2 に挙げられているのは、他の新人たちとともにインタビュー実習を行なった場合や通常の研究グループに参加した場合に体験される学びの機会である。本書のこれまでの章からまとめられた学習内容もまた一部附記されている。以上の逐語録作成課題とインタビュー実習では、インタビュー研究の7段階のうち、文字に起こす・インタビューを行なうという2つの段階を学ぶことが中心だった。しかし、インタビュー実習や研究の共同体のなかでは、同様にしてインタビュー研究の他の段階についても学習できるだろう。研究の共同体のなかでは観察の機会も多いし、この領域での経験豊富な実践者を援助する機会もいくらかはもてるかもしれない。また、第一人者の手によるすぐれたインタビュー研究は、この領域におけるスキルの獲得を助けるだろう。たとえば、ロジャーズの『クライエント中心療法』（Rogers, 1956）の臨床面接や、ブルデューらの『世界の重み：現代社会における社会的な苦しみ』（Bourdieu et al., 1999）の調査インタビューを読むことがそれにあたる。

　文字起こしの課題、インタビューの実習、また、理想的には研究上の徒弟関係を通じてインタビューの職人技を身につけるための道は、一部の学生にとってはあまりに面倒で時間がかかるものに見えるかもしれない。そのようなゆっくりした学習のプロセスよりも、彼らはインタビュー技法の速成コースで学習することを好み、すぐさま自分のインタビュープロジェクトに取りかかろうとする。しかしここで心に留めておかなければならないのは、インタビュー実践の職人技をマスターするためには通常、数年間のトレーニングが必要だということである（4章）。これは、臨床の場の面接者であれ商業的なインタビュアー――つまり、インタビューの知見が雇用者にとってもつ価値によって生計

を立てているインタビュアー——であれ、あてはまる。数年間のトレーニングは、大学の詰め込み式のプログラムにおいては現実的でないかもしれない。しかし学術的なインタビュー研究でも、専門的なインタビュー実践のスキルを身につけるためにどれだけの時間が必要かという点は、見過ごされるべきではないだろう。

インタビューの知の価値

インタビュー調査を学ぶことは、インタビューの職人技のテクニック的な面に習熟する以上のものを含んでいる。インタビューの実践やインタビューが生み出す知識に対する専門家的な内省、認識論的・倫理的な問題への意識などもそこに含まれる。インタビュー調査には異論も多く、その価値は受け手が違えばかなり異なる判定が下されるかもしれない。インタビュー調査に対してよく聞かれる定型的な批判の一部は、インタビュー実践への鉱夫アプローチに近い立場からのものであり、それについてはすでにボックス7.5に示しておいた。しかし今日では、質的インタビュー調査の考え方に共感的な人々——たとえば、人文科学の研究者や心理療法の専門家など——からも、さまざまな側面で不満が寄せられている。こうした批判者たちはインタビュアーを、未知の土地での会話から得られた話を故郷に持ち帰る旅人として理解する立場に近いところにいる。

ボックス12.3 インタビュー調査に対する内部からの批判

現在のインタビュー調査は、以下の点で問題である。
- **個人主義的** 個人に焦点があてられており、個人が社会的な相互作用のなかに組み込まれているという面が無視されている。
- **観念的** 人間の経験や行動が、社会的、歴史的、物質的世界の状況の一部である点が軽視されている。
- **お人好し** 批判的な態度を維持することなく、インタビュイーの言うことをすべてうのみにして受け取っている。
- **主知主義的** 知における感情的な面が無視されており、知の様式としての共感が見過ごされている。

- **認知主義的** 思考と経験が研究の焦点とされ、行為については軽視されている。
- **非行為的** 研究対象者は座って話をするだけで、世界のなかで動き、行為することがない。
- **発話の重視** 口頭による相互作用と逐語録を盲信し、インタビュー状況における身体的な相互作用を無視している。
- **非言語学的** 言語を媒体とみなしているにもかかわらず、言語形式に対する言語学的なアプローチが欠けている。
- **非理論的** インタビューの場での発話が尊重されすぎており、研究対象フィールドの理論的な分析がないがしろにされている。
- **非修辞的** 公表されたレポートが説得力あるストーリーになっておらず、インタビューからの引用の退屈な集積になっている。
- **内容が平凡** 表現されているのは些末な内容ばかりで、言及する価値のある新たな知見はほとんど見られない。

　ボックス 12.3 には、インタビュー研究の現状に対する内部からの批判の一端が示されている。これらの批判のいくつかには、方法的に対処することが可能である。たとえばインタビュー研究の個人主義的な傾向は、フォーカスグループ・インタビューの社会的相互作用によって埋め合わせられるかもしれない。また、フィールドワークを加えることで、インタビュイーが社会に組み込まれているという面を考慮することができる。インタビュー研究が発話だけに頼りがちであるという点については、インタビュー場面をビデオ録画すれば、身体表現や対人的な力動を見ることができ、ある程度は対処可能になる。今日ほとんどの調査インタビューは椅子に座った状態で行なわれるが、その点、ラジオやテレビのインタビュアーからも学べることがあるかもしれない。というのも彼らは、対象者の職場や自宅などの自然な環境のなかを対象者とともに歩き回ったりもするからである。対象者の日常世界に組み込まれた会話は、インタビュイーの活動を社会的・物理的な世界という状況に位置づけ、アクション・リサーチとして社会状況を変化させるのに貢献する可能性をもっている。
　上で提起された調査インタビューに関する懸念の一部に対しては、別の調査アプローチをとるのが適切な場合もある。文化的な状況を包括的に理解するためにはフィールド研究がよりふさわしく、そこには程度の差こそあれくだけたかたちでのインタビューもまた含まれるだろう。社会的活動を変化させること

についての知識を得るためには、単なる言語インタビューよりも、アクション・リサーチが適当かもしれない。さらに言えば、強烈な感情的相互作用を通じて個人の感情や空想に関する知識を得るためには、長期にわたる治療的関係のなかでの集中的な感情的面接を用いた方が、方法的にも倫理的にも適切であろう。

　最後の批判点であるインタビューの知見の平凡さについてだが、前章で議論したように、現代のインタビューのレポートが退屈と言われることが多いのは、単にレポート執筆におけるレトリックの問題ではなく、インタビュー研究の結果内容とも関係しているのかもしれない。公表されたインタビューのレポートのなかに実質的な発見があまり認められないとか、あるいは、現在の常識や確立された学問知を動かすような有意義で新しい知識に欠けている可能性がある。精神分析的な面接や社会学的・エスノグラフィー的なフィールド研究の貢献に比べると、現在の質的なインタビュー調査から得られたもののなかに、意味のある新たな知識のまとまりを指摘することは困難である。

　社会科学において 1980 年代に生じたラジカルで新しい研究方法からの展望と、今日質的なインタビューによって生成されている有意義で新しい知識の総量の間には、ある意味、食い違いが認められる。質的なパラダイムや方法論に関する教科書は数多く出版されたものの、知識レベルでの躍進はほとんどない。本書で言及したベラー、ブルデュー、ハーグリーブス、セネット、ショーンのインタビュー研究は例外に属しており、これらはインタビューのテーマに関する広範な理論的先行知識に基づくものである。さらに言えば、現在のインタビュー研究が広くパラダイムの視点から方法論を正当化しているのに対して、これらの研究は質的なパラダイムの多様性についてはほとんどふれておらず、方法に関してはかなり素っ気ない記述をするにとどまっている。インタビューで発見された内容とその理論的・実践的な意義の方が、主に強調されているのだ。おそらく私たちが今直面しているのは、現在のインタビュー調査において、方法論的なパラダイムに使われるページ数とその領域で実質的に新しい知に対して割かれるページ数とが反比例するという事態である。

インタビューの知の認識論と倫理についての概念

　調査インタビューにおける知識生成の質を高めることは、単に個々の研究者の調査スキルを改善させればよいとか、インタビューの実践の方法論的視野を

広げればよいといった問題ではない。インタビューの質の向上はまた、概念的な問題でもある。つまり、先に述べたように研究テーマに関する理論的な知識が必要となるだけではなく、公的な目的でなされる私的な生についての研究上の会話が、どのような認識論的・倫理的な諸問題を提起しているのかに注目することも必須となってくる。

　質の高いインタビューの知を「いかに」生み出すのか学ぶためには、インタビュー実践に関わる「何」と「なぜ」――つまり、インタビューの知の本性とインタビュー研究の目的――についての適切な概念をもっていることが前提となる。たとえば誘導的な質問に関する実証主義的な偏見のように、インタビューの会話について誤った理論的な概念をもっていると、皮相的なインタビュー実践を行なってしまうことになるかもしれない。

　専門的で学術的なインタビュー調査では、研究テーマに関する理論的な諸問題について検討しておくだけではなく、インタビュー研究に関わる倫理的・認識論的前提に意識的であることが求められる。こうした大切な問題に対して自分の立ち位置を定めるために必要なのは、インタビューの実践を通してだけではなく、書籍や学術的なセミナーを通じて理論について学ぶことである。以下では、プラグマティズムやポストモダン哲学を引きつつ、インタビューの会話の本性に響きあうような知の概念を提案しておきたい。そうした概念は、インタビュー調査の質や価値についてしっかりと考えるための参照枠組と、それらを向上させる方向性を用意するだろう。そうした概念には、インタビューの知におけるプラグマティックな本性、状況に組み込まれているという本性、言語学的で会話的な本性が含まれている。

プラグマティックな知

　本書では、プラグマティズムの立場からインタビューを実践的に学ぶことを強調してきた。そこでは、自分自身のインタビュー実践から学ぶだけではなく、古典的なインタビュー研究、つまり、私たちが社会的現象を理解する視点に多大な影響を与えてきた研究からも学ぶことになる。これは言いかえれば、方法を真実の保証と考えるところから離れること、すなわちインタビュー調査を方法上の規則に従うものとみなす立場から距離をとることを意味している。その先にあるのは、研究を職人技とみなし、その職人性は実践を通して学ばれるとする考え方であり、生成された知の価値こそが重要な質の基準となるという立場である。

プラグマティズムの立場では、知識は哲学的に正当化されるものから実践的に有効なものへと移行する。今では私たちは、インタビューの知識の客観性と妥当性を問うところから、生み出された知識の質と価値を問題にするところへの移行をはっきり見て取ることができるだろう。「インタビューは科学的な方法なのか」あるいは、「質的研究から得られた知識は客観的だろうか」といった一般的で典型的な問いと比べると、プラグマティックな問いはより具体的なものになる。たとえば、「インタビューが生み出したこの知は役立つのだろうか」、「誰にとって、何にとって役立つのか」、「これらの結果は価値や値打ちがあり、洞察に富み、有益なものであるか」などである。応用に関する問いはさらに、どういう目的のために、そして誰にとって有用で有益なのかという問題を提起し、生成された知の使用に関して倫理的で社会・政治的な問いを導くだろう。

状況に埋め込まれた知

インタビューの知は特定の対人的状況のなかで生み出されるものであり、生成された知識に影響を与える状況的、相互作用的な要因が考慮されなければならない。今日それは、インタビューのディスコース分析や会話分析においてなされているところであり、普遍的な知識を求めるよりもむしろ、状況に埋め込まれた知識の方が重視されている。重要なのは、文脈から独立した一般的な知識に到達することではなく、状況に埋め込まれた知識をインタビューをもとにていねいに記述していくことである。この知識が他の状況へと転用できるかどうかは、他の研究者や一般の読者によって批判的に評価されることになるだろう。

生成されるものとしての知

鉱夫メタファーにおけるインタビュー実践は、後で分析するために適切な手順で情報を収集することだったが、それに対してここでのアプローチでは、データの収集と分析をはっきりと切り離すというやり方をとらない。インタビューの知は収集されるのではなく、インタビュアーとインタビューイーの間で構築される。両者のやりとりのなかで構築された意味は、インタビュー研究のその後の段階を通じてまた再構築される。重視されるのは、インタビュー研究の過程全般を通じての知の生成である。まずは当初のインタビュー状況のなかで生成される知識において質の向上が図られ、次に逐語録の構築的な性格が考慮され、最終的に読者へのインタビュー報告を通じて、より豊かな知識が生成

されることが努力目標なのである。

言語学的な知

インタビューが会話の特殊な形態であるという理解に従うならば、熟練したインタビュアーは会話の媒体である言語をマスターしておかなければならない。専門家としてインタビューとその逐語録の言語を分析するためには、言語の分析のための言語学的なツールに習熟しておくべきであろう。数量を相手にしている社会科学者は普通、統計など数値の分析のための専門的なツールを用いる。しかし、大学院における社会科学のプログラムで統計の授業は必修であっても、言語学の授業は存在しない。今日数量的な分析に匹敵する専門レベルに到達するためには、質的な社会科学研究は言語学教育の欠如という現状から脱し、専門家としてインタビューの職人技の言語学的な媒介に習熟することが必要である。

会話的な知

私たちが生きているのは、会話的な世界である。社会科学における会話の重要性は、単にインタビューという会話の使用を実証的な研究法の１つに加える以上の意味をもっている。会話的な世界について会話するインタビューのなかで知識が生み出されるわけだが、その知識の真実性や価値に関して、研究者の間でも一般の人たちの間でもまた会話がなされる。リチャード・ローティのネオ・プラグマティズムの哲学においても、一義的に重要な役割を果たしているのは会話である。「われわれが知識というものを自然を鏡に映し出す企てとしてよりは、むしろ会話の問題および社会的実践の問題として見るならば …」、知が客観世界を再・表象するものとみなす考え方は破棄される。このとき私たちは、「… 会話を知識が理解されるべき究極の文脈」と考えることができるかもしれない（Rorty, 1979, pp.171, 389. 邦訳 pp.186, 450）。対象自身に語らせ、異議申し立てさせるという意味で客観性（オブジェクティヴィティ）を理解するとしたら、質的な調査インタビューは、会話的な世界から客観的な知を生み出すための特権的な立ち位置を占めることになる。

私たちは、会話的な循環のなかで生きている。社会的世界に関する私たちの理解は会話に依存しているし、同時に、会話に関する理解は社会的世界についての私たちの理解に基礎づけられている。これは悪循環ではなく、解釈学的な意味における**生産的な循環**（circulus fructuosis）である。問題は会話的循環の

外に出ることではなく、そこにうまく入り込むことである。その作業は、「第三次の解釈学（third-order heumeneutics）[訳注6]」を習得することと考えてよいだろう。第一次の解釈学は、すでに存在するインタビュイー自身の会話的活動を理解することから成り立っている。インタビューという会話において口にされたインタビュイーの第一次的な意味に対して、インタビュアーは次に、第二の解釈学的理解に取りかかる。もしインタビュアーが自らの二次的な解釈をインタビュイーに戻すとしたら、そこには第三次の解釈学の動きが生じる。これによってインタビュアーは、インタビュイー自身の活動の一次的な解釈学的実践に入り込み、その実践を修正することになるかもしれない。さらに、もしインタビュアーの解釈が公の会話のなかで報告されることになると、その解釈は人々の自己理解や日常世界を編み変える可能性もある。これは、精神分析的な面接の解釈において生じてきたことでもあって、精神分析的な解釈は、一定程度西洋の人々の自己理解の一部となってきた。

　インタビュー調査が社会にもたらすそうした影響は、その結果が有益かどうか、またそれが誰にとって有益かといった問いについての倫理的な会話を呼び込む。そうした問いが提起される場面の1つは、ベラーとその共同研究者たちにならうなら、インタビューを用いて公的な会話を広げていくことかもしれない。インタビューは、ベラーらがアメリカの個人主義について行ない、ブルデューらがフランスの被抑圧者たちの苦境について行なったように、批判的に実施され巧みに呈示されるとき、読者を促して会話に巻き込み、その内容について議論し、公的な議論の場で検証される世論を刺激していく可能性をもっているのである。

> **さらに学ぶために**
> 　質的研究とインタビューの質を高めるという問題については、次の文献にさらに詳しく論じられている。
>
> Flick, U. (2007a) *Designing Qualitative Research* (Book 1 of The Sage Qualitative Research Kit). London: Sage.［フリック／鈴木聡志（訳）(2016)『質的研究のデザイン』（SAGE 質的研究キット1）新曜社］
>
> Flick, U. (2007b) *Managing Quality in Qualitative Research* (Book 8 of The Sage Qualitative Research Kit). London: Sage.［フリック／上淵寿（訳）(2017)『質的研究の「質」管理』（SAGE 質的研究キット8）新曜社］

訳者補遺

第7章で紹介した質的研究の質に関する文献に加えて、以下の文献もまた、質的研究の質を高めるための示唆を多く含んでいる。

北　素子・谷津裕子 (2009)『質的研究の実践と評価のためのサブストラクション』医学書院

松嶋秀明・徳田治子 (2013)「協働の学びプロジェクト：ナラティヴ協働合宿――多声教育法の開発」やまだようこ（編）『多文化横断ナラティヴ：臨床支援と多声教育』(pp.196-234) 編集工房レイヴン

訳注

[1] Ludwig Holberg（1684-1754）. ノルウェーで生まれ、デンマークで活躍した、哲学者、歴史家、劇作家。『政治の鋳掛け屋』は彼の書いた喜劇。

[2] 認知心理学者でありナラティヴ研究の理論家でもあるJ. ブルーナーの提唱した学習のパターン。それはまた、教育の方法でもある。そこでは、学習者が自分で何事かを発見し、その発見が学習を進展させる。

[3] 本書の別の箇所でも引用されている文化人類学者のレイヴ (Lave, J.) らは、「実践共同体」の概念を提唱している。これは、その場・その集団の活動に個人が参加することを通じて知識と技巧の修得が可能になるような共同体のことである。そこで学びとは、個人が知識や技能を単に自分のものにすることではなく、実践共同体への参加を通じてそこでの役割や立場が変化することだとみなされる。クヴァールは、インタビューの技能の学習をそのようなものとして位置づけている。

[4] 既存の知識を合理的に現場に適用しながら実践するのではなく、現場における状況と自己の観察と反省を通じて、適宜その実践のあり方を修正していく専門家のあり方。本書でクヴァールが主張する、職人技としてのインタビューを身につけたインタビュアーと共通する部分が大きい。現場に関わる質的研究者は、誰でも反省的実践家の面をもっている。4章の訳注7も参照。

[5] R. ローティ（1931-2007）はアメリカ合衆国の哲学者。ポストモダンの時代と言われる現代において比較的軽視されてきたW. ジェームズやJ. デューイによるプラグマティズムの思想を土台にしながら、W. クワインなどの分析哲学の要素を批判的に吸収して、新たなプラグマティズム（ネオ・プラグマティズム）を提唱した。この直後の引用は、主著である『哲学と自然の鏡』（邦訳は野家啓一の監訳で、産業図書から1993年に刊行されている）からのものである。

[6] この3つの解釈学は、ボックス9.1で述べられている分析の6段階の前半と緩やかに対応しているように思われる。

訳者あとがき

　本書はスタイナー・クヴァールの著書、*Doing Interviews*（Sage, 2007）を全訳したものである。これは、Sage 社の質的研究キットのシリーズの一冊として出版されているが、本書冒頭の「謝辞」でもふれられているように、もとになっているのはクヴァールの主著 *InterViews: An introduction to qualitative research interviews*（『インター・ビュー：質的調査インタビュー入門』）（Sage, 1996）である。クヴァールは本書の原著が出版された翌年 2008 年に惜しまれつつこの世を去ったが、死の直前まで *InterViews* の改訂を進めており、その成果は弟子であるスヴェン・ブリンクマンとの共著というかたちで 2009 年に第 2 版、そして、ブリンクマンが第 1 著者というかたちで第 3 版が上梓されている。*InterViews* は、インタビュー研究の基本書の 1 つとして広く読まれており、すでに原書を通じてこれらの著作に親しんできた読者も少なくないだろう。本書のタイトルを原書名の直訳ではなく、『質的研究のための「インター・ビュー」』としたのは、以上述べたような本書の成り立ちと関係している。

　ただ本書は、1996 年に出版された *InterViews* の初版をベースにしているが、章の構成や内容といった点では、初版にはない新たな観点や記述がかなり加えられており、その内容は、むしろ今日までブリンクマンによって引き継がれている第 2 版以降の *InterViews* と近い。そのような意味で、本書は、クヴァール自身が単独で記した最後の著作というだけでなく、初版と 2 版以降をつなぎつつ、今日まで広く読まれている *InterViews* のエッセンスにふれたものとして位置づけることができる。

　本書はまた、質的研究キットの一冊という手軽な教科書の体裁をとってはいるものの、クヴァールのオリジナルなアイデアを軸に展開された、まことにユニークな著作になっている。初版の *InterViews* から用いられている「旅人としてのインタビュアー」と「鉱夫としてのインタビュアー」というメタファー、および、質的インタビュー研究プロセスの 7 段階を軸にしながら展開されるインタビュー実践のあり方をめぐる考察は、クヴァールやその共同研究者によって行なわれた研究の具体的なデータだけでなく、哲学、社会学、教育学、心理学などといった多岐にわたる分野における重要な研究知見にもふれながら展開

223

されている。そうした点は、インタビュー実践に関する具体的なノウハウを超えて、本書に広がりと奥行きを与えている。以上のような理由から言えば、本書をもっぱら質的研究の初心者をターゲットとした教科書とするのは、いささかもったいない気がする。むしろ、一度はインタビュー研究を経験した方々にも手にとっていただき、その研究実践を再度振り返り、発展させる契機としてもらいたい、そんな本になっていると思う。

　本書のタイトルにも冠した「インター・ビュー」という言葉は、インタビューの表記としては見慣れないものかもしれないが、クヴァールの独自の視点はこの語に集約されていると言える。たとえば本書1章の冒頭には次のように記されている。

　　　調査インタビューとは、インタビュアーとインタビュイーの間の相互行為（インター・アクション）のなかで知識が作られる営みであり、まなざし／見解の間で生じるもの（インター・ビュー）なのである。

　インタビューを単に一方向的な情報収集の過程と見るのではなく、情報収集でありつつも同時に情報生成の過程と見る視点が、本書には一貫して流れている。この視点自体は、たとえばグブリアムとホルスタインの『アクティヴ・インタビュー』（せりか書房, 2004, 原著 1995）と響きあうものであり、社会構成主義的なインタビュー論を取り込んだものと言える。一方で、本書は、インタビューやインタビュアーの質といった観点から、それをインタビューの学びのプロセスに組み入れ、具体的なインタビュー研究の実践のなかで批判的に吟味している点で読み応えがある。

　さらに、インタビューの学びという本書のテーマにおいて中心にあるのが、学びの対象が一種の職人技（craft）であるという考え方である。言い換えれば、インタビュー調査の研究者になるということは、いわゆる自然科学者に近い存在になるというよりも、職人的な構えを身につけていくことなのである。職人技は、決してすべてが言語的に対象化され、形式化され、一般化されるもの——クヴァールはそれを「方法」と呼んでいる——ではない。というのも、技は一般的なかたちで現実にあてはめられたとたんに本来あるべき柔軟性を失って、技としての可能性の多くが失われてしまうからである。職人が相手にする素材は一定ではない。たとえば陶器を作る職人が素材とする土は、どこの土を使うか、どのように配合するか、どのくらい水を混ぜるか等によって微妙に粘

着性や可塑性が違ってくる。適当な性質の土を作ることも大事だし、その性質に配慮しながら形を作ったり細工を施したりする必要も出てくるだろう。どれほど品質管理が徹底しても、最終的にはその時その場で職人の目と手が感じる土との対話のなかで、よい作品は作られることになる。インタビューの対象である人間は、土などよりもさらに多様かつ複雑であり、その性質に即した「今・ここ」での判断が常に求められるだろう。

　こうした独自のインタビュー論を著した、スタイナー・クヴァールとはどういう人物なのか、諸外国に比べて我が国ではそれほど知られていないように思われるので、その経歴について一言ふれておきたい。クヴァールはノルウェーで生まれ育ち、オスロ大学を卒業した後、ドイツのハイデルベルグ大学の大学院で学んだ。そのなかで、心理学と哲学を中心に、幅広く人文・社会科学系の諸学問を身につけたようである。*InterView* の初版が執筆されたときには、デンマークのオーフス大学の教育心理学の教授で、同大学の質的研究センターのセンター長も務めていた。クヴァールの学問的な関心は多岐にわたっており、現象学、解釈学、弁証法を思想的な背景として、独自の実証的研究を行なった他、心理学や心理療法、さらに教育実践のあり方に対して刺激的な提言を行ない続けた。2008年に死去した直後に、*A Qualitative Stance: In memory of Steiner Kvale 1939-2008* という追悼論文集が編まれているが、そこには、ケネス・ガーゲン、アメデオ・ジオルジ、イアン・パーカー、ノーマン・デンジンといった、質的研究の理論家として著名な錚々たる面々が寄稿している。その顔ぶれを見ただけでも、クヴァールの影響力の大きさは十分推測できるのではないかと思う。日本ではこれまで、クヴァールが編者となった『心理学とポストモダニズム：社会構成主義とナラティヴ・セラピーの研究』（こうち書房, 2001, 原著 1992）が出版されている（ついでながら、同書も含めて、著者の名前の日本語表記が「クヴァル」となっているものが多いが、今回はあえて原語の発音により近いと考えられる「クヴァール」を採用している）。

　本書の訳文の検討がほぼ終わった2015年8月、ノルウェーで行なわれたInternational Human Science Research Conference 第34回大会に翻訳者のひとり能智が参加した際、クヴァールの後継者として活躍しているスヴェン・ブリンクマン教授に会って話をする機会をもつことができた。そのとき、本書の原著である *Doing Interviews* の第2版が、ブリンクマンとの共著というかたちで近々出版されるという情報も耳にした。最新の情報を我が国の質的研究者にお伝えすることを優先するとしたら、第2版の出版を待って、修正点を直した

上で出版することもできたかもしれない。しかしそれをやっていると、また出版は1年かそこら遅れることになるのも予想されたし、他の質的研究キットの翻訳・出版との兼ね合いもあった。そこで今回は、ブリンクマン教授が、「それほど大幅な変更はしていないから、初版を読めばスタイナーのオリジナルな考え方は伝わると思うよ」と言ってくださったこともあり、当初計画されたとおり初版の翻訳を出版することとした。本書が書店に並ぶ頃には、原著第2版も通販などで手に入れられるかもしれない。もしお時間とご興味のある方は、本書を参考にしながら、第2版の改訂箇所も確認していただければ、有意義な学びの機会となるのではないかと思う。

　最後に、本書の翻訳作業の過程について、少しだけ述べておきたい。基本的に、能智と徳田の対等な共同作業によって訳出がなされた。まずは本書の前半を徳田が、後半を能智が下訳し、訳語などを統一した上で担当箇所を交換して、より読みやすい訳文に修正していった。注記は基本的に能智が担当した。訳出に際しては、なるべく平易な言葉を用いるよう心がけ、大学の学部で心理学かその関連領域を学んだ人であれば、用語解説や注記を参考に、内容が理解できるかたちになることを目指した。しかし、クヴァールの文章はしばしば含蓄に富み、十分に訳しきれたかどうか心もとない箇所が少なくはない。また、引用されている文献も、文学、哲学、社会学、経済学など実に多様な領域におよび、こちらの知識や能力が及ばなかった箇所もある。まだまだ読みづらいところがあるとしたら、それはひとえに訳者である私たちの責任である。諸賢からご批判を待ちたいと思う。

　新曜社の塩浦社長には、本書の翻訳の機会を与えてくださり、遅筆の私たちを温かく見守ってくださったほか、原稿を提出した際には細かな訳文チェックの労までとっていただいた。心より感謝したいと思う。

　　　2016年2月

　　　　　　　　　　　　　　　　　　　　　　　　能智正博・徳田治子

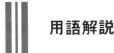

用語解説

一般化可能性（generalizability）
ある状況で見出された結果が他の状況にどのくらい転用できるか、その程度のこと。

意味の解釈（meaning interpretation）
発言の示す明白な意味を組み立てていくことを超えて、より深く批判的にテクストの読み解きを行なっていくこと。

意味の縮約（meaning condensation）
インタビュイーの発言の意味をより短い表現に要約すること。通常インタビュイーの理解や言い回しはそのまま残したかたちで行なわれることが多い。

インタビュアーの問い（interviewer question）
インタビュアーがインタビュイーに日常的な言葉遣いで投げかける質問。

インフォームド・コンセント（informed consent）
調査の全体的目的とデザインについて調査対象者に伝えて参加の承諾を得ることに関わる手続き。

受け取り手による妥当化（audience validation）
研究者の解釈を一般の人々に示して、その妥当性について議論するプロセス。

エリート・インタビュー（elite interview）
ある共同体における指導者や専門家、つまり、通常は権力的な地位にある人々に対して行なわれるインタビューのこと。

解釈学（hermeneutics）
人文科学におけるテクスト解釈を研究する学問分野。解釈学的な解釈は、テクストの意味の妥当な解釈に到達することを目指す。テクストにおける意味の多様性、および、テ

227

クストの主題に関する解釈者側の事前知識が強調される。

会話（conversation）
観察、意見、アイデアを口頭でやりとりすること。

会話分析（conversation analysis）
相互作用のなかでの会話のやりとり（トーク）を細かく見ていく方法で、語や文が遂行していることに注意を向ける。ある発話の意味とは、個別の社会的実践のなかでその発話が果たす役割のこととされる。

カテゴリー化（categorization）
ある発言を所与のカテゴリーに振り分ける体系的なコード化の方法であり、これによって数量化が可能になる。

義務の倫理（ethics of duty）
カント的な倫理の原則であり、行為の良し悪しはその帰結とは独立に、それを導いた動機によって判定される。

ケアの倫理（ethics of care）
個人的な関係性のなかでの共感や同情、および公正な共同体を目指そうとする関心を強調する倫理。

研究設問（research questions）
調査されるテーマに対して研究者がもつ概念的、理論的な問い。

言語学的分析（linguistic analysis）
ある発話やテクストの小部分における言語の特徴的な使用──たとえば、文法や言語の形式、言外に現れる話し手と聞き手のポジション、メタファーの使用など──を扱う分析法。

現象学（phenomenology）
対象者の生活世界に注目し、意識内容を注意深く記述・分析することに基礎を置く学問分野であり、事前知識を括弧に入れる試みや、記述された現象について不変で本質的な

意味を探求するところに特徴がある。

功利主義的な倫理（utilitarian ethics）
ヒュームとベンサムにならった結果重視の倫理であり、行為はその効果によって実用性の観点から評価される。

コード化（coding）
テクストを扱いやすい小部分へと分割し、後で検索できるようにそこに1つかそれ以上のキーワードを貼り付ける作業。

コミュニケーションによる妥当性（communicative validity）
知に関する主張を会話のなかで検証する場合の妥当性。

混合法（mixed methods）
今日では、ある1つの調査で異なった種類の方法を組み合わせることを示す用語であり、量的方法と質的方法のパラダイムが対比的に使われることがある。

実証主義（positivism）
哲学的な立場の1つであり、科学をデータの観測に基づくものと位置づけ、その観測は意味の解釈と分離させるべきだとする。この場合、科学的な知識とは、方法という一般的な規則——これは調査の内容や文脈とは概ね独立している——に従うことで発見されるべきものとされる。

守秘義務（confidentiality）
調査対象者が特定される私的なデータについては、報告を控えるということ。

職人技（craft）
特別なスキルと個人的なノウハウを必要とする職業的専門性であり、訓練と長期的な実践によって発達する。

信頼性（reliability）
研究結果の一貫性と信憑性に関わる概念。主観内の信頼性は、ある知見が別の時点で再現されうるかを示し、主観間の信頼性は他の研究者が同じ方法を用いた場合に再現され

うるかを示すものである。

生活世界に関する半構造化インタビュー（semi-structured life-world interview）
インタビュイーの生活世界の記述を得ることを目的とする、計画的で柔軟なインタビュー。記述された現象の意味を解釈することを伴っている。

台本作り（scripting）
インタビューの場における質問とその流れに関するアイデアを記載した、インタビューガイドを準備すること。

脱構築（deconstruction）
あるテクストについての理解を解体し、別の理解を再構築するための扉を開くこと。焦点となるのは、ある概念を使用している人が何を意味しているかではなく、その概念自体がテクストのなかで何を告げ、何を告げていないかである。

妥当性（validity）
陳述の確かさと適合性に関わる基準であり、社会科学では通常、ある方法が研究しているとされていることを実際研究しているのかどうかを意味している。

調査インタビュー（research interview）
構造と目的をもった会話であり、十二分に検証された知見を獲得するという目的のもと、慎重な問いかけと傾聴をもって行なわれる。

直面的なインタビュー（confrontational interview）
インタビュアーが積極的にインタビュイーの見解に対して対抗したり、異論を唱えたりするかたちのインタビュー。

追加質問（second questions）
インタビュイーの答えの後に続けて即座になされる質問のこと。

ディスコース的なインタビュー実践（discursive interviewing）
行為的な側面に注目したインタビュー実践であり、インタビュー状況での言語的・社会的相互作用に焦点があてられる。

ディスコース分析（discourse analysis）
ディスコース（談話、言説）内での相互作用、すなわち、会話のやりとり（トーク）がいかに構築され、ある話題に関するさまざまなディスコース的な呈示にどのような権力作用が働くかに焦点をあてる。会話分析とも関係するが、言語によるやりとりに集中して緻密な分析をするのではなく、より幅広い解釈が許容される。

テーマ設定（thematizing）
研究者が調査の主題となる問題や目的を概念化し、明確な言葉で表現すること。

同僚による妥当化（peer validation）
調査者の解釈を研究者仲間に提示し、その妥当性を議論する手続き。

徳の倫理（virtue ethics）
アリストテレス流の実践的な推論としての倫理。研究者の人間としての人格性やコミュニティとの相互作用を重視する。

ナラティヴ分析（narrative analysis）
テクストの意味や言語学的形式に焦点をあてる分析法であり、インタビューで語られるストーリーのプロットや、時間的・社会的構造に取り組む。

ナラティヴ・インタビュー実践（narrative interviewing）
インタビューのなかでナラティヴを引き出したり、共同で構築したりするインタビュー実践であり、明確なプロット、社会的相互作用、そして時間的展開を伴うストーリーを導く。

認識論（epistemology）
知の本性と根拠について探求すること。

場の設定（staging）
対象者に対し、インタビューのトピックや目的について事前・事後にその概略を説明することでインタビューのための場を設定すること。

フォーカスグループ・インタビュー（focus group interview）
グループ・インタビューの1つで、研究関心に関わる特定のテーマにグループでの議論が焦点化されるように司会者が働きかけるところに特徴がある。

プラグマティズム（pragmatism）
知識はその使用を通して正当化され、私たちが知識に向ける信念の強さは私たちの行為の有効性に依存するとみなす立場。これは知の哲学的な正当化が実践的な効果へと重点を移してきたことと関係する。

プラグマティックな妥当性（pragmatic validity）
ある解釈に対して、それを利用する側がどのような反応をするかに基づく妥当性。より強い意味では、研究者の解釈に基づいた介入が、行動レベルで実質的な変化をもたらすかどうかが問題とされる。

ブリコラージュ（bricolage）
技術的および概念的な種々のディスコース（言説）を混合させて用いることであり、解釈者はこの場合、複数の分析テクニックや理論の間を自由に移動する。

方法（method）
観察およびデータの分析のための、程度の差こそあれ規則に基づいた体系的な手続きのこと。

ポストモダニズム（postmodernism）
近代の普遍的な知のシステムへの懐疑に特徴づけられる哲学の立場の1つ。知がナラティヴ的で言語的、文脈的、相互関係的な性格をもっていることが強調される。

マクロな倫理（macro-ethics）
研究によって生み出された知見が、社会-政治的な文脈でもつ価値や影響に関わる倫理。

ミクロな倫理（micro-ethics）
調査場面での社会的相互作用や調査対象者の保護に関わる倫理。

メンバーによる妥当化(member validation)
研究対象者に研究者の解釈を提示し、その妥当性についての議論を行なう手続き。

倫理審査委員会(institutional review board, IRB)
研究計画書を、倫理ガイドラインに添っているかどうかという点において審査する委員会。

文　　献

Adorno, T. W., Frenkel-Brunswik, E., Levinson, D. J. & Sanford, R. N. (1950) *The Authoritarian Personality*. New York: Norton.［アドルノ／田中義久・矢沢修次郎・小林修一（訳）(1980)『権威主義的パーソナリティ』青木書店］

American Psychological Association (1981) 'Ethical principles of psychologists', *American Psychologist*, 36: 633-638.

Angrosino, M. (2007) *Doing Ethnographic and Observational Research* (Book 3 of The SAGE Qualitative Research Kit). London: Sage.［アングロシーノ／柴山真琴（訳）（2016）『質的研究のためのエスノグラフィーと観察』（SAGE 質的研究キット3）新曜社］

Atkinson, P. & Silverman, D. (1997) 'Kundera's immortality: The interview society and the invention of the self', *Qualitative Inquiry*, 3: 304-325.

Banks, M. (2007) *Using Visual Data in Qualitative Research* (Book 5 of The SAGE Qualitative Research Kit). London: Sage.［バンクス／石黒広昭（監訳）(2016)『質的研究におけるビジュアルデータの使用』（SAGE 質的研究キット5）新曜社］

Barbour, R. (2007) *Doing Focus Groups* (Book 4 of The SAGE Qualitative Research Kit). London: Sage.［バーバー／大橋靖史他（訳）（準備中）『質的研究のためのフォーカスグループ』（SAGE 質的研究キット4）新曜社］

Bellah, R. N., Madsen, R., Sullivan, W. M., Swidler, A. & Tipton, S. M. (1985) *Habits of the Heart: Individualism and Commitment in American Life*. Berkeley: University of California Press.［ベラーほか／島薗進・中村圭志（訳）(1991)『心の習慣：アメリカ個人主義のゆくえ』みすず書房］

Bornat, J. (2004) 'Oral history', in C. Seale, G. Gobo, J. F. Gubrium & D. Silverman, (eds), *Qualitative Research Practice*. London: Sage, pp.34-47.

Bourdieu, P. et al. (1999) *The Weight of the World: Social Suffering in Contemporary Society*. Stanford, CA: Stanford University Press.

Brinkmann, S. & Kvale, S. (2005) 'Confronting the ethics of qualitative research', *Journal of Constructivist Psychology*, 18: 157-181.

Chrzanowska, J. (2002) *Interviewing Groups and Individuals in Qualitative Market Research*. Thousand Oaks, CA: Sage.

Denzin, N. K. & Lincoln, Y. S. (eds) (2005) *The Sage Handbook of Qualitative Research* (3rd ed.). Thousand Oaks, CA: Sage.

Dichter, E. (1960) *The Strategy of Desire*. Garden City, NY: Doubleday.［ディヒター／多湖輝（訳）(1964)『欲望を創り出す戦略』ダイヤモンド社］

Duncombe, J. & Jessop, J. (2002) "Doing rapport" and the ethics of "faking friendship", in M. Mauthner, M. Birch, J. Jessop & T. Miller (eds), *Ethics in Qualitative Research*. London: Sage, pp.107-122.

Eder, D. & Fingerson, L. (2002) 'Interviewing children and adolescents', in J.F. Gubrium, & J. A. Holstein (eds.), *Handbook of Interview Research*. Thousand Oaks, CA: Sage, pp.181-201.

Eisner, E. W. & Peshkin, A. (eds.) (1990) *Qualitative Inquiry in Education*. New York: Teachers College Press.

Elster, J. (1980) 'Metode', in *PaxLeksikon*, Vol.4. Oslo: Pax.

Fielding, N. (ed.) (2003) *Interviewing*, Vols.I-IV. Thousand Oaks, CA: Sage.

Fischer, C. & Wertz, F. (1979) 'Empirical phenomenological analyses of being criminally victimized', in A. Giorgi, R. Knowles & D. L. Smith (eds.), *Duquesne Studies in Phenomenological Psychology*, III. Pittsburgh, PA: Duquesne University Press, pp.135-158.

Flick, U. (2006) *An Introduction to Qualitative Research* (3rd ed.). Thousand Oaks, CA: Sage.［フリック／小田博志ほか（訳）／(2011)『質的研究入門：「人間の科学」のための方法論』春秋社］

Flick, U. (2007a) *Designing Qualitative Research* (Book 1 of The SAGE Qualitative Research Kit). London: Sage.［フリック／鈴木聡志（訳）（2016）『質的研究のデザイン』（SAGE 質的研究キット1）新曜社］

Flick, U. (2007b) *Managing Quality in Qualitative Research* (Book 8 of The SAGE Qualitative Research Kit). London: Sage.［フリック／上淵寿（訳）(2017)『質的研究の「質」管理』（SAGE 質的研究キット8）新曜社］

Fog, J. (2004). *Med samtalen som udgangspunkt* [With the Conversation as Point of Departure]. Copenhagen: Akademisk Forlag.

Foucault, M. (1972). *The Archaeology of Knowledge*. New York: Pantheon.［フーコー／中村雄二郎（訳)(1981)『知の考古学』改訳新版, 河出書房新社］

Freud, S. (1963) *Therapy & Technique*. New York: Collier.

Gibbs, G. R. (2007) *Analyzing Qualitative Data*. (Book 6 of The SAGE Qualitative Research Kit). London: Sage.［ギブズ／砂上史子・一柳智紀・一柳梢（訳）(2017)『質的データの分析』（SAGE 質的研究キット6）新曜社］

Giorgi, A. (1975) 'An application of phenomenological method in psychology', in A. Giorgi, C. Fischer & E. Murray (eds.), *Duquesne Studies in Phenomenological Psychology*, II. Pittsburgh, PA: Duquesne University Press, pp.82-103.

Giorgi, A. & Giorgi, B. (2003) 'The descriptive phenomenological psychological method', in P. Camic, J. Rhodes & L. Yardley (eds.), *Qualitative Research in Psychology: Expanding Perspectives in Methodology and Design*. Washington, DC: American Psychological Association Press, pp.275-297.

Glaser, B. G. & Strauss, A. M. (1967) *The Discovery of Grounded Theory: Strategies for Qualitative Research*. New York: Aldine.［グレイザー＆ストラウス／後藤隆・大出春江・水野節夫（訳）(1996)『データ対話型理論の発見：調査からいかに理論をうみだすか』新曜社］

Gubrium, J. F. & Holstein, J. A. (eds.) (2002) *Handbook of Interview Research*. Thousand Oaks, CA: Sage.

Guidelines for the Protection of Human Subjects. (1992). Berkeley: University of California Press.

Hargreaves, A. (1994) *Changing Teachers, Changing Times*. New York: Teachers College Press.

Hertz, R. & Imber, J. B. (eds.) (1995) *Studying Elites Using Qualitative Methods*. Thousand Oaks, CA: Sage.

Holberg, L. (2004) *The Political Tinker*. Kila, MT: Kessinger.

Holstein, J. A. & Gubrium, J. F. (1995). *The Active Interview*. Thousand Oaks, CA: Sage. ［ホルスタイン＆グブリアム／山田富秋ほか（訳）(2004)『アクティヴ・インタビュー：相互行為としての社会調査』せりか書房］

Howe, R. (2004) 'A critique of experimentialism', *Qualitative Inquiry*, 10: 42-61.

Hvolbøl, C. & Kristensen, O. S. (1983) 'Bivirkninger ved karaktergivning' ['Side effects of grading'], *Psychological Reports Aarhus*, 8(1). Aarhus, Denmark: Aarhus Universitet.

Jensen, K. B. (1989) 'Discourses of interviewing: Validating qualitative research findings through textual analysis', in S. Kvale (ed.), *Issues of Validity in Qualitative Research*. Lund, Sweden: Studentlitteratur, pp.93-108.

Keats, D. M. (2000). *Interviewing: A Practical Guide for Students and Professionals*. Buckingham, UK: Open University Press.

Kennedy, M. M. (1979) 'Generalizing from single case studies', *Evaluation Quarterly*, 3: 661-678.

Kerlinger, F. N. (1979) *Behavioral Research*. New York: Holt, Rinehart & Winston.

Kimmel, A. J. (1988) *Ethics and Values in Applied Social Science Research*. Newbury Park, CA: Sage.

Kvale, S. (1972) *Prüfung und Herrschaft* [Examination and Dominance]. Weinheim, Germany: Beltz.

Kvale, S. (1980) *Spillet om karakterer i gymnasiet: Elevinterviews om bivirkninger af adgangsbegrænsning* [The Grading Game in High School: Interviews with Pupils about Side Effects of Grade-based Restricted Admissions]. Copenhagen: Munksgaard.

Kvale, S. (1996a) *InterViews: An Introduction to Qualitative Research Interviewing*. Thousand Oaks, CA: Sage.

Kvale, S. (1996b) 'Evaluation as construction of knowledge', in R. Hayhoe & J. Pan (eds.), *East-West Dialogue Knowledge and Higher Education*. New York: Sharpe, pp.117-140.

Kvale, S. (1997) 'Research apprenticeship', Nordisk Pedagogik: *Journal of Nordic Educational Research*, 17: 186-194.

Kvale, S. (2003) 'The psychoanalytic interview as inspiration for qualitative research', in P. Camic, J. Rhodes & L. Yardley (eds.), *Qualitative Research in Psychology: Expanding Perspectives in Methodology and Design*. Washington, DC: American Psychological Association Press, pp.275-297.

Kvale, S. (2006). 'Dominance through interviews and dialogues', *Qualitative Inquiry*, 12: 480-500.

Lather, P. & Smithies, C. (1997) *Troubling the Angels: Women Living with HIV/AIDS*. Boulder, CO: Westview Press.

Latour, B. (2000) 'When things strike back: A possible contribution of "science studies" to the social sciences', *British Journal of Sociology*, 51:107-123.

Lave, J. & Kvale, S. (1995) 'What is anthropological research? An interview with Jean Lave by Steinar Kvale', *Qualitative Studies in Education*, 8: 219-228.

Lincoln, Y. (2005) 'Institutional review boards and methodological conservatism: The challenge to and from phenomenological paradigms', in N. K. Denzin & Y. S. Lincoln (eds.), The Sage Handbook of Qualitative Research. (3rd ed.). Thousand Oaks, CA: Sage, pp.165-181.

Loftus, E. L. & Palmer, J. C. (1974) 'Reconstruction of automobile destruction: An example of the interaction between language and memory', *Journal of Verbal Learning and Verbal Behavior*, 13: 585-589.

Lyotard, J. F. (1984) *The Postmodern Condition: A Report on Knowledge*. Manchester, UK: Manchester University Press.［リオタール／小林康夫（訳）(1986)『ポストモダンの条件──知・社会・言語ゲーム』書肆風の薔薇］

Marshall, C. & Rossman, G. B. (2006) *Designing Qualitative Research* (4th ed.). Thousand Oaks, CA: Sage.

Mauthner, M., Birch, M., Jessop, J. & Miller, T. (eds.) (2002) *Ethics in Qualitative Research*. Thousand Oaks, CA: Sage.

Memon, A. & Bull, R. (eds.) (2000) *Handbook of the Psychology of Interviewing*. New York: Wiley.

Miles, M. B. & Huberman, A. M. (1994) *Qualitative Data Analysis*. Thousand Oaks, CA: Sage.

Mishler, E. G. (1986) *Research Interviewing: Context and Narrative*. Cambridge, MA: Harvard University Press.

Mishler, E. G. (1990) 'Validation in inquiry-guided research: The role of exemplars in narrative studies', *Harvard Educational Review*, 60: 415-442.

Mishler, E. G. (1991) 'Representing discourse: The rhetoric of transcription', *Journal of Narrative and Life History*, 1: 255-280.

Mishler, E. G. (1999) *Storylines: Craftartist's Narratives of Identity*. Cambridge, MA: Harvard University Press.

Ong, W. J. (1982) *Orality and Literacy: The Technologizing of the Word*. London: Methuen.［オング／桜井直文・林正寛・糟谷啓介（訳）(1991)『声の文化と文字の文化』藤原書店］

Palmer, R. E. (1969) *Hermeneutics*. Evanston, IL: Northwestern University Press.

Parker, I. (2005) *Qualitative Psychology: Introducing Radical Research*. Buckingham, UK: Open University Press.［パーカー／八ッ塚一郎（訳）(2008)『ラディカル質的心理学──アクションリサーチ入門』ナカニシヤ書店］

Pervin, L. A. (1984) *Personality*. New York: John Wiley.

Piaget, J. (1930) *The Child's Conception of the World*. New York: Harcourt, Brace & World.［ピアジェ／大伴茂（訳）(1954)『児童の世界観』同文書院］

Plato (1953) *V. Lysis, Symposion, Gorgias* (W. R. M. Lamb, trans.). Cambridge, MA: Harvard University Press.［プラトン／中澤務（訳）(2013)『饗宴』光文社など］

Poland, B. D. (2002) 'Transcription quality', in J. F. Gubrium & J. A. Holstein (eds), *Handbook of Interview Research*. Thousand Oaks, CA: Sage, pp.629-649.

Potter, J. & Wetherell, M. (1987) *Discourse and Social Psychology*. London: Sage.

Rapley, T. (2007) *Doing Conversation, Discourse and Document Analysis* (Book 7 of The SAGE Qualitative Research Kit). London: Sage.［ラプリー／大橋靖史（訳）（準備中）『会話分析・ディスコース分析・資料分析』(SAGE 質的研究キット6）新曜社］

Richardson, L. & Adams St. Pierre, E. (2005) 'Writing: A method of inquiry', in N. K. Denzin & Y. S. Lincoln (eds.), *Handbook of Qualitative Research*. Thousand Oaks, CA: Sage, pp.959-978.

Roethlisberger, F. J. & Dickson, W. J. (1939) *Management and the Worker*. New York: Wiley.

Rogers, C. (1956) *Client-Centered Therapy*. Cambridge, MA: Houghton Mifflin.［ロジャーズ／保坂亨・諸富祥彦・末武康弘（訳）(2005)『クライアント中心療法』岩崎学術出版社］

Rorty, R. (1979) *Philosophy and the Mirror of Nature*. Princeton, NJ: Princeton University Press.［ローティ／野家啓一（監訳）『哲学と自然の鏡』産業図書］

Rosenau, M. P. (1992) *Postmodernism and the Social Sciences*. Princeton, NJ: Princeton University Press.

Rosenthal, G. (2004) 'Biographical research', in C. Seale, G. Gobo, J. F. Gubrium & D. Silverman (eds.), *Qualitative Research Practice*. London: Sage, pp.48-64.

Rubin, H. J. & Rubin, I. S. (2005) *Qualitative Interviewing*. Thousand Oaks, CA: Sage.

Ryen, A. (2002) 'Cross-cultural interviewing', in J. F. Gubrium & J. A. Holstein (eds.), *Handbook of Interview Research*. Thousand Oaks, CA: Sage, pp.335-354.

Schön, D. A. (1987) *Educating the Reflective Practitioner*. London: Jossey Bass.

Schwandt, T. A. (2001) *Dictionary of Qualitative Inquiry*. Thousand Oaks, CA: Sage.［シュワント／伊藤勇・徳川直人・内田健（訳）(2009)『質的研究用語事典』北大路書房］

Seale, C. (2004) 'Quality in qualitative research', in C. Seale, G. Gobo, J. F. Gubrium & D. Silverman (eds.), *Qualitative Research Practice*. London: Sage, pp.407-419.

Seale, C., Gobo. G., Gubrium, J. F. & Silverman, D. (eds.) (2004) *Qualitative Research Practice*. London: Sage.

Seidman, I. E. (1991) *Interviewing as Qualitative Research*. New York: Teachers College Press.

Sennett, R. (2004) *Respect*. London: Penguin Books.

Shakespeare, W. (1951) *Collected Works*. London: Collins.

Siegel, S. (1956) *Nonparametric Statistics for the Behavioral Sciences*. New York: McGraw-Hill.［ジーゲル／藤本熙（監訳）(1983)『ノンパラメトリック統計学：行動科学のために』マグロウヒルブック］

Silverman, D. (2006) *Interpreting Qualitative Data* (3rd ed.). London: Sage.

Silvester, E. (ed.) (1993) *The Penguin Book of Interviews: An Anthology from 1859 to the Present Day*. London: Penguin Books.

Spradley, J. (1979) *The Ethnographic Interview*. New York: Holt, Rinehart & Winston.

Stake, R. E. (2005) 'Case studies', in N. K. Denzin & Y. S. Lincoln (eds.), *Handbook of Qualitative Research*. Thousand Oaks, CA: Sage, pp.443-466.

Strauss, A. M. & Corbin, J. (1990) *Basics of Qualitative Research*. Newbury Park, CA: Sage.［ストラウス＆コービン／操華子・森岡崇（訳）(2012)『質的研究の基礎：グラウンデッド・セオリー開発の技法と手順』医学書院］

Tanggaard, L. (2007) 'The research interview as discourses crossing swoods', *Qualitative Inquiry*, 13(1): 160-176.

ten Have, P. (1999) *Doing Conversational Analysis*. Thousand Oaks, CA: Sage.

Tesch, R. (1990) *Qualitative Research: Analysis Types and Software Tools*. London: Falmer.

Tilley, S. A. (2003) 'Transcription work: learning though co-participation in research practices', *Qualitative Studies in Education*, 16: 835-851.

Time 100 (1999). New York: Time Books.

van Maanen, J. (1988) *Tales from the Field*. Chicago: Chicago University Press. ［ヴァン＝マーネン／森川渉（訳）(1999)『フィールドワークの物語』現代書館］

Weitzman, E. A. & Miles, M. B. (1995) *Computer Programs for Qualitative Data Analysis*. Thousand Oaks, CA: Sage.

Wengraf, T. (2001) *Qualitative Research Interviewing*. Thousand Oaks, CA: Sage.

Yow, V.R. (1994) *Recording Oral History*. Thousand Oaks, CA: Sage. ［ヤウ／吉田かよ子ほか（訳）(2011)『オーラルヒストリーの理論と実践：人文・社会科学を学ぶすべての人のために』インターブックス］

人名索引

Adams St. Pierre, E.　200
Adorno, T. W.　47
Angrosino, M.　viii
Atkinson, P.　9

Banks, M.　viii
Barbour, R.　viii, 107
Bellah, R. N.　48, 113, 114
Bornat, J.　111
Bourdieu, P.　4, 5, 13, 114, 115, 177, 183, 205, 213
Brinkmann, S.　45, 47, 135

Chrzanowska, J.　71, 108
Corbin, J.　160, 180

Denzin, N. K.　9, 14
Dichter, E.　7
Dickson, W. J.　7
Duncombe, J.　46

Eder, D.　104
Elster, J.　72

Fingerson, L.　104
Fischer, C.　163
Flick, U.　vii, viii, 63, 89, 125, 135, 150, 192
Fog, J.　46, 135
Foucault, M.　138, 169, 181
Freud, S.　7, 28, 35, 193

Gee, J. P.　117
Gibbs, G. R.　vii, 9, 151, 169
Giorgi, A.　162, 163
Giorgi, B.　163
Glaser, B. G.　8, 60, 189
Gubrium, J. F.　9, 14, 112, 119

Hargreaves, A.　3, 4, 13, 176, 205
Hertz, R.　105
Holberg, L.　221
Holstein, J. A.　9, 14, 112

Howe, R.　69
Huberman, A. M.　174, 189
Husserl, E.　14, 30, 182
Hvolbøl, C.　67

Imber, J. B.　105

Jensen, K. B.　166
Jessop, J.　46

Keats, D. M.　102
Kennedy, M. M.　194, 195
Kerlinger, F. N.　188
Kinmel, A. J.　40
Kristensen, O. S.　67
Kvale, S.　8, 30, 45, 47, 58, 62, 73, 76, 78, 117, 135, 138, 161, 172, 197

Lather, P.　205
Latour, B.　187, 197
Lave, J.　61, 62, 72, 73, 221
Lincoln, Y. S.　9, 14, 40
Loftus, E. L.　106
Lyotard, J. F.　31, 113, 118

Mauthner, M.　38
Merleau-Ponty, M.　30
Miles, M. B.　150, 160, 174, 189
Mishler, E. G.　9, 73, 107, 110, 117, 118, 145

Ong, W. J.　142

Palmer, R. E.　106, 164
Parker, I.　40, 44
Pervin, L. A.　188
Piaget, J.　7, 14, 104
Plato（プラトン）　24, 35
Potter, J.　112, 118, 170

Rapley, T.　vii, 9, 111, 112, 143, 169
Richardson, L.　200
Roethlisberger, F. J.　7

241

Rogers, C. 26, 213
Rorty, R. 14, 219, 221
Rosenthal, G. 111
Ryen, A. 102

Schön, D. A. 60, 76, 212
Schwandt, T. A. 9, 30
Seale, C. 9
Sennett, R. 11, 15, 60, 88
Siegel, S. 67
Silverman, D. 9
Silvester, E. 6
Smithies, C. 205
Socrates（ソクラテス） 24, 25, 35, 116, 183

Spradley, J. 9, 80
Strauss, A. M. 8, 60, 160, 180, 189

Tanggaard, L. 128
ten Have, P. 147, 167
Tesch, R. 163
Tilley, S. A. 211

Weitzman, E. A. 150, 160
Wertz, F. 163
Wetherell, M. 112, 118, 170

Yow, V.R. 43, 111

事項索引

■あ行

アクション・リサーチ 60, 157, 193, 215, 216
アクティヴ・インタビュー 112
一般化 64, 66, 132, 193, 194
　──可能性 57, 227
意味：
　──単位 162, 163
　──の解釈 28, 164, 227
　──の縮約 162, 227
　──への注目 18
インタビュー ix, 6, 10
　──ガイド 54, 56, 65, 86, 88
　──質問 61
　──社会 9
　──対象者の人数 66
　──での質問 87, 91
　──の対象者 101
　──の対話 172
　──の舞台 3, 84
　インフォーマルな── 6, 14, 63, 69
　エリート・── 105, 223
　子どもへの── 7, 103, 104
　再── 157
　事実探求型── 106
　質的── ix, 7, 8, 19, 20, 31

　人生誌的── 59, 111
　生活世界に関する半構造化── 10, 17, 76, 80, 230
　探索的な── 42, 58
　直面的な── 59, 112, 113, 175, 230
　ディスコース・── 112, 171
　ナラティヴ・── 108, 110, 111, 231
　半構造化── 86, 111
　フォーカスグループ・── 7, 8, 47, 70, 71, 107, 108, 215, 232
　文化をまたいだ── 102
　漏斗型── 87
インタビュアー ix, 28, 65
　──の問い 88, 90, 227
　すぐれた── 125
インタビュイー ix
インフォームド・コンセント 38, 40-43, 46, 48, 87, 201, 227
受け取り手による妥当化 192, 227
エスノメソドロジー 167
演繹的 60
オープン・コード化 160, 180

■か行

懐疑の解釈学 165, 171
解釈 92, 156

――を呈示する質問　92
解釈学　9, 31, 142, 164, 219, 220, 227
　　――的円環　164
　　第三次の――　219
概念探求型インタビュー　107
会話　1, 219, 228
　　――分析　64, 146, 149, 167, 168, 218, 228
書き言葉　141
学術的責任　135
仮説検証的インタビュー　59
括弧入れ　20, 164
カテゴリー化　159-162, 165, 228
間主観的（間主観性）　132, 167, 186
　　――な知　186
感受性　21, 45, 95, 126, 136, 148, 158
間接的な質問　87, 92
帰納的　60
義務の倫理　40, 228
客観性　185-187, 200
クライエント中心療法　27
グラウンデッドセオリー　60, 160, 189, 190
ケアの倫理　40, 228
経験経済　9
計量的な客観性　186
研究者
　　――という役割　41
　　――の人格性　45
研究（者の）設問（リサーチクエスチョン）　88, 89, 228
言語学的な知　219
言語学的分析　165, 203, 228
言語ゲーム　142, 166
言語論的転回　9, 165
現象学　9, 18, 31, 80, 162, 163, 228
行為者モデル　168
公共哲学　48
口述史　59, 106, 111
　　――インタビュー　111
構造化　18, 59, 86, 87, 110, 111, 150, 204
　　――のための質問　92
肯定的な経験　22
行動変容アプローチ　61
鉱夫アプローチ　30, 214
鉱夫メタファー　29, 30, 105, 158, 218
功利主義的な倫理　40, 44, 229
コード化　69, 87, 151, 159-162, 186, 229
コミュニケーション的な妥当性　191, 229

語用論　167, 205
混合法　67, 69, 229
コントロール質問　64
コンピュータ・ツール　150, 151

■さ行
再インタビュー　157
作業日誌　66
サーベイ　54, 69, 70
参与観察　9, 69, 70
仕組まれた同僚性　3, 176
事実確認的な読み　190
事実探求型インタビュー　106
実証主義（的）　29-31, 55, 72, 135, 187, 188, 229
実証的　8, 29, 60, 76
　　――な知識　59
質的インタビュー　ix, 7, 8, 19, 20, 31
質問紙（調査）　18, 44, 66-69, 76, 133
自由に漂う注意　7
守秘義務　42-44, 229
状況に埋め込まれた知　218
条件つきの純粋さ　20
焦点づけ　20
症例のストーリー　204, 208
職人性　ix, 54, 73, 124, 125, 132, 136, 189, 217
職人技　ix-xii, 11, 12, 72-74, 152, 210, 211, 213, 217, 219, 229
事例研究　70 ,194
人格性　45, 49
人生誌　59, 66
　　――的インタビュー　59, 111
信憑性　187, 189
信用性　129, 187-189, 201
信頼性　44, 57, 149, 170, 185, 187, 188, 229
心理療法　ix, 69, 73
生活史　59, 111
生活世界　6, 9, 18-20, 31, 132, 156
　　――に関する半構造化インタビュー　10, 17, 76, 80, 230
精査のための質問　91
生産的な循環　219
精神分析　7, 73, 144, 164, 220
　　――的アプローチ　61
積極的傾聴　95
善行　44

ソクラテス的な産婆術　177, 183
ソクラテスの質問法　114

■た行

体験世界　ix, 18, 32, 60, 69, 87
体験的な読み　190
第三次の解釈学　220
対象からの反論　187
対人的状況　21
対人力動　88
台本作り　86, 230
対話　23, 172, 205
　——的な間主観性　186
　哲学的——　23-25, 204, 205
多義性への注目　20
脱構築　171-173, 230
妥当化　73, 189, 190
　受け取り手による——　192, 227
　同僚による——　192, 231
　プラグマティックな——　192, 193
　メンバーによる——　157, 179, 192, 233
妥当性　57, 149, 171, 187-189, 230
　コミュニケーションによる——　191, 229
旅人メタファー　29, 105, 158
探索的なインタビュー　42, 59
探索的な研究　65, 66, 108
逐語録　110, 142, 145-150, 156, 158, 176, 203, 210, 211
知識の交換価値　192
知識の使用価値　192
徴候的な読み　190, 198
直接的な質問　87, 92
直面的なインタビュー　59, 112, 113, 115, 175, 230
追加質問　95, 134, 212, 230
ディスコース　9, 32, 94, 106, 111, 112, 118, 128, 142, 169-171, 191
　——インタビュー　106, 111
　——分析　111, 169-171, 231
哲学的対話　23-25, 204, 205
デブリーフィング　42, 43, 85, 86
テーマ設定　58-60, 62, 231
転用可能性　132, 201
投影的な質問　92
統計的一般化　194
道徳的探求　37

導入のための質問　91
同僚による妥当化　192, 231
特定化のための質問　91
徳の倫理　40, 231
トライアンギュレーション　190

■な行

内容分析　160
ナラティヴ　9, 29, 108, 111, 112, 142, 168
　——・アプローチ　204, 207
　——・インタビュー　105, 108, 110
　——・インタビュー実践　231
　——分析　88, 168, 181, 202, 231
　メタ——　32
認識論　9, 29-32, 171, 231
ネオ・プラグマティズム　219

■は行

発見学習　211
話し言葉　141
場の設定　84, 231
パラダイム　32, 69, 70
半構造化インタビュー　86, 111
反省的実践家　212
非指示的　27, 107
　——面接　8
開かれた質問　2, 13
フィールドワーク　69
フォーカスグループ　8, 47, 107, 108
　——・インタビュー　7, 47, 70, 71, 107, 215, 232
プライバシー　43, 44, 202
プラグマティズム　193, 217, 232
　プラグマティックなアプローチ　32, 70
　プラグマティックな妥当性　193, 232
　プラグマティックな知　217
　プラグマティックな問い　218
ブリコラージュ　158, 173-175, 232
ブリーフィング　42, 85
文化をまたいだインタビュー　102
分析的一般化　194
変化の許容　21
ポストモダン（ポストモダニズム）　2, 3, 9, 30-32, 112, 132, 135, 200, 232
補助的方法　70
掘り下げのための質問　91

■ま行

マクロな倫理　46, 232
ミクロな倫理　46, 232
メタファー　29, 30, 165, 173, 174
メンバー・チェック　203, 206
メンバーによる妥当化　157, 179, 192, 233
目撃証言　106
文字起こし　38, 142, 144, 166, 168, 169, 213
　──の記号　147

■や行

誘導的質問　11, 29, 104, 133, 164

■ら行

来談者中心アプローチ　61
ラポール　46
臨床法　7, 14
臨床面接　23, 25, 27, 28
倫理審査委員会　39, 233
倫理的ガイドライン　40, 42
倫理的課題（な問題）　11, 39
倫理的責任　133
倫理プロトコル　39
漏斗型インタビュー　87
漏斗型テクニック　43

著者紹介
スタイナー・クヴァール（Steinar Kvale）
デンマークのオーフス大学の教育心理学教授で、同大学質的研究センターのセンター長。2008年没。著書に『インター・ビュー——質的調査インタビュー入門』（未訳）、『心理学とポストモダニズム』（編著、こうち書房、2001）等がある。

訳者紹介
能智正博（のうち　まさひろ）
東京大学大学院教育学研究科教授。著書に、『臨床心理学をまなぶ6――質的研究法』（東京大学出版会、2011）、『ディスコースの心理学』（ミネルヴァ書房、2015）等がある。

徳田治子（とくだ　はるこ）
高千穂大学人間科学部准教授。著書に、『乳幼児のこころ』（有斐閣、2011、共著）、『質的心理学ハンドブック』（新曜社、2013、分担執筆）等がある。

 SAGE質的研究キット2
質的研究のための「インター・ビュー」

初版第1刷発行	2016年 4 月15日
初版第6刷発行	2022年12月 5 日

　　著　者　スタイナー・クヴァール
　　訳　者　能智正博
　　　　　　徳田治子
　　発行者　塩浦　暲
　　発行所　株式会社　新曜社
　　　　　　101-0051　東京都千代田区神田神保町3-9
　　　　　　電話（03）3264-4973（代）・FAX（03）3239-2958
　　　　　　e-mail：info@shin-yo-sha.co.jp
　　　　　　ＵＲＬ：https://www.shin-yo-sha.co.jp/
　　組　版　Katzen House
　　印　刷　新日本印刷
　　製　本　積信堂

ⓒ Steinar Kvale, Masahiro Nochi, Haruko Tokuda, 2016 Printed in Japan
ISBN978-4-7885-1475-1　C1011

―― 新曜社の本 ――

SAGE 質的研究キット 全8巻 （＊は既刊）

＊1．質的研究のデザイン	フリック, U.／鈴木聡志（訳）	
＊2．質的研究のための「インター・ビュー」	クヴァール, S.／能智正博・徳田治子（訳）	
＊3．質的研究のためのエスノグラフィーと観察	アングロシーノ, M.／柴山真琴（訳）	
4．質的研究のためのフォーカスグループ	バーバー, R.／大橋靖史他（訳）	
＊5．質的研究におけるビジュアルデータの使用	バンクス, M.／石黒広昭（監訳）	
＊6．質的データの分析	ギブズ, G. R.／砂上史子・一柳智紀・一柳梢（訳）	
＊7．会話分析・ディスコース分析・ドキュメント分析	ラプリー, T.／大橋靖史（訳）	
＊8．質的研究の「質」管理	フリック, U.／上淵寿（訳）	

ワードマップ・シリーズ

質的心理学 創造的に活用するコツ	無藤隆・やまだようこ・南博文・ 麻生武・サトウタツヤ（編）	四六判288頁 本体 2200円
フィールドワーク　増訂版 書を持って街へ出よう	佐藤郁哉	四六判320頁 本体 2200円
グラウンデッド・セオリー・アプローチ 理論を生みだすまで	戈木クレイグヒル滋子	四六判200頁 本体 1800円
現代エスノグラフィー 新しいフィールドワークの理論と実践	藤田結子・北村文（編）	四六判260頁 本体 2300円
エスノメソドロジー 人びとの実践から学ぶ	前田泰樹・水川喜文・ 岡田光弘（編）	四六判328頁 本体 2400円
会話分析・ディスコース分析 ことばの織りなす世界を読み解く	鈴木聡志	四六判234頁 本体 2000円
ＴＥＡ理論編 複線径路等至性アプローチの基礎を学ぶ	安田裕子・滑田明暢・ 福田茉莉・サトウタツヤ（編）	四六判200頁 本体 1800円
ＴＥＡ実践編 複線径路等至性アプローチを活用する	安田裕子・滑田明暢・ 福田茉莉・サトウタツヤ（編）	四六判272頁 本体 2400円

質的心理学ハンドブック	やまだようこ・麻生　武・サトウタツヤ・ 能智正博・秋田喜代美・矢守克也（編）	A5判600頁 本体 4800円

（表示価格は税抜きです。）